和同開珎からバブル経済まで

歴史・経済・化の点から る

お金の日本史【完全版】

IZAWA MOTOHIKO
井沢元彦

KADOKAWA

目次

第八章　敗戦からの高度経済成長　431

装丁／大原由衣

第一章

和同開珎の謎

一、大中華思想からの脱却

貨幣以前の時代

お金とは一体なんだろうか？　難しい言葉で言えば**貨幣とは硬貨と紙幣**であり、前者の代表が金貨であり後者の代表がドル紙幣といったところか。一口に貨幣と言うが、実は硬貨が紙幣に発展するまでは相当な時間がかかった。

経済学には貨幣論といった分野があるが、その通説によれば貨幣とは**商品交換の媒介手段で、価値尺度、流通手段、価値貯蔵の機能を持つもの**だと言われている。

何か難しそうだが、それほどでもない。まず貨幣以前、つまりお金がなかった時代を考えてみよう。

農村がある。当然米や野菜がとれる。しかし自分たちだけでは消費しきれない。また魚などの海産物も食べてみたい。それは漁村でも事情が同じで、自分たちだけでは消費しきれない魚が獲《と》れる。これを米や野菜に取り換えられると食生活も向上する。そこで最初は物々交換で双方欲しいものを手に入れていた。多分それぞれの村を相互訪問していたのだろう。しかしそんな面倒なことをしなくても、双方の村の中間点に交換場を設ければ移動距離は半分ですむ。

こうして誕生したのが市場である。市場で交換される米や海産物は商品と呼ばれるようになる。どんなものでもそうだが、**物々交換の場合は交換比率というのが問題**になる。米と魚はどんな割合で交換するか、そのうちに適正な基準が決まっていく。その適正な基準、つまり「価格（値段）」を客観的に表示できるものがあれば便利だ。米一合と干し魚三枚が適正な交換比率ならば、それを客観的な数字で表しそれを象徴するものを作ればいい。たとえば、その価値を一文《もん》と呼び、それは銅のコイン、つまり硬貨一枚で表すとするわけだ。これが貨幣の機能の第一の価値尺度である。

そうなればいちいち商品を動かさなくても、漁村の人間が市場で、あるいは生産地の農村で、貨幣を持っていくだけで商品を手に入れることができる。これは便利だ。これが貨幣の機能の二番目である流通手段（となる）ということである。

また商品が大量に余ってしまったような場合、それをそのまま倉庫で保存しておくという手もないわけではないが、それよりも市場で貨幣に交換しておけば、商品の腐敗あるいは劣化を気にせずに価値を保存することができる。これが貨幣の三番目の機能の価値貯蔵である。

ずっと後のことだが、この価値貯蔵を代行して人々から貨幣を集め、それを経済活動の資金として貸し付けて利息を取るという商売が始まった。金融業である。そもそも金融が成立する大前提に貨幣経済の成立がある。

貨幣というものはそもそも「仮想通貨」である。

一万円札の原価は二〇円余だ。それでも日本国政府が一万円の価値があると保証することになっているから一万円として流通している。

つまりお金の歴史とは、政府というものがきちんと成立した時点から始まった。もちろん日本もその例外ではない。

カネはなぜ「金」という字を使うのか

お金（最初は硬貨、紙幣は後）は物々交換が盛んに行われる状況の中でしか発展しない。もちろん平和、つまり安定した国家があるということも重要な条件だ。戦争中は略奪が当たり前だから、お金などとりあえずは必要ない。兵士の給料も硬貨で払われるようになったのはずっと後のことで、日本は戦国時代でも米（という現物）で給与が支払われたことがあった。

お金つまりカネはなぜ「金」という字を使うのか？　それは**硬貨（コイン）は金、銀、銅などの「金」属でつくられている**からだ。もっとも、古くはその材料として石や貝殻が用いられたこともあった。しかし石は重すぎ、貝殻は軽くていいのだが壊れやすい。そういう欠点を補うものとして、コインの材料には金属が使われるようになった。

鉄は古典的な金属では最も硬く、それで刀をつくれば素晴らしい武器となり、斧《おの》をつくれば森林伐採が効率的になる。にもかかわらず、コインには全く使用されなかった。サビという「病気」があるからだ。人間の汗は水分と塩分というサビの原因物質でできている。鉄でコインをつくれば手入れが大変だ。ちなみに人類がこのサビを気にせずに鉄をふんだんに使えるようになったのは、**ステンレススチールという大発明**のおかげである。鉄にニッケルとクロムを混ぜた合金とすることによって、極めてさびにくくなった。包丁から軍艦まで、鉄の大敵である塩水を気にせず、大いに使えるようになったのである。

昔はそんな技術はない。だから金銀という**サビない金属が珍重**された。特に金は永遠不変であることから、いろいろな文明において永遠不滅の生命を象徴するものとされた。古代エジプトのツタンカーメンの黄金のマスクはあまりにも有名だが、実は古代エジプトでは金は一切産出しなかった。すべて輸入品だったのだが、エジプトはそのために膨大な代価を支払っている。それほど貴重なものだった。貴重なのは産出量が少ないからでもある。

しかし銀でも全土に流通させるコインをつくるとなると量が足らない。そこでまず**古代中国で注目されたのが銅**だった。銅は厳密にはサビないわけではなく、緑青《ろくしょう》がコーティングとなって全体の劣化を防ぐのだが、とにかくそのままの形で長持ちするという利点がある。現代でも銅像を建てようという人はいるが、鉄像にしようという人はいない。しかも比較的溶けやすく細工もしやすい。
　中国では**銅銭は既に秦《しん》の始皇帝の時代からあった**。始皇帝の前の時代は戦国時代で七つの国が覇権を争っていたが、その中の秦国の王が初めて中国全土を統一し始皇帝と名乗った。これ以降中国全土の支配者は国王ではなく皇帝と名乗るようになったのだが、始皇帝は遊牧民族に対する防壁「万里の長城」を建てたばかりでなく統一貨幣もつくった。それが半両銭《はんりょうせん》と呼ばれるもので、円形で中央に穴（この場合は四角の穴）があいている銅銭である。**この円形方孔（日本の五円玉や五十円玉は円形円孔）**が以後の銅銭の基準となった。

中国との間にあった文化の差

　始皇帝の時代は紀元前三世紀である。それから二〇〇年たってようやくキリストがこの世に誕生し、紀元後の世界となった。それから三〇〇年、つまり紀元後三世紀になって日本列島（日本という国はまだない）にようやく邪馬台国《やまたいこく》が誕生した。

　邪馬台国の女王卑弥呼《ひみこ》と「三国志」の諸葛孔明《しょかつこうめい》はほぼ同時代の人間である。邪馬台国にはまだ文字がなくポンチョのような貫頭衣《かんとうい》をきた卑弥呼が掘立《ほったて》小屋、つまり礎石がなく柱を地面に突きさしただけの館に住んでいたころ、諸葛孔明は石造りの宮殿に住み馬車で移動し、今とほとんど変わらない中華料理を食べ、頭には冠をつけ書物を読んでいた。**中国と日本はそれだけ**

文化の差があったのだ。それより六〇〇年前の秦の始皇帝の時代には、日本は弥生《やよい》時代である。文化はほとんどない。

もっともこれから日本はこの「文化大マラソン」で素晴らしい俊足を飛ばし、中国に比べて「一時間遅れのスタート」ながら、明治維新の時には中国を完全に追い抜いた。そして今、たとえば経済力や軍事力では再び追い抜かれたが、まだまだ日本の方が一流国である。

その理由は中国がまだ民主主義国家となっていないからだ。現在世界で一流国家であるかないかの最大の条件は、民主主義を達成しているか否かということである。中国はこの点、日本よりはるかに遅れている。そのことに気がついている中華民族もいる。香港人や台湾人である。もちろん中国本土を支配している最大の反進歩勢力である中国共産党は民主主義の根本精神がわかっていないし、わかろうともしていない。そして民主主義を共産主義の最大の敵と見て、つぶしにかかっている。それが二〇二〇年から香港で行われていたことだ。

中国人は偉大な民族であることは間違いないのだから、早くこの過ちに気づくべきだと私は考えているが、なかなか難しい。一言で言えば儒教という、民主主義を徹底的に否定する思想がいまだに中国人をとらえているからだ。このことについては拙著『逆説の世界史』の第一巻「古代エジプトと中華帝国の興廃」（小学館文庫）、『絶対に民主化しない中国の歴史』（KADOKAWA刊）を見ていただきたい。

とにかく一つ認識していただきたいことは、かつて中国はマラソンにたとえれば一時間先を

行くランナーであり、我々の先祖はまさに**その「後塵《こうじん》を拝する」しかなかった**ということだ。
秦から漢《かん》そして「三国志」の時代を経て隋《ずい》へと王朝は交代したが、基本的に統一国家としての中国の形は崩れなかった。中国は東アジア最大の帝国であり、その首長である皇帝は**周辺国家の首長を国王**と呼び、**中国皇帝に従うべき臣下**と考えた。この原理原則に忠実に従ったのが朝鮮半島の国家であり、高句麗《こうくり》、百済《くだら》、新羅《しらぎ》の三国に分かれていた半島を、隋の後を継いだ唐《とう》と組んで統一したのが新羅であった。この代償は大きかった。これ以降、朝鮮半島は実質的に中国の一部となった。反抗すれば陸続きの中国に大軍で攻められるのだからやむを得ない。しかし日本は違った。中国との間には深い海がある。ならば中国の属国である必要はない。

独自の国号と天皇の称号で中国に反旗

「お金」の話のはずなのに、政治の話ばかりではないかと思ったあなた、実は**「お金」は政治や国家の独立と切っても切れない話**だからなのだ。早い話、今の日本国政府が、円貨は何かと不便だから廃止してアメリカドルか中国元に切り替えましょう、と言ったらどうか。海外旅行のとき両替しなくて済むからと、もろ手をあげて賛成するだろうか？　相当「日本が嫌いな日本人」でも「それじゃまるでアメリカ（あるいは中国）の属国ではないか」と不満を漏らすだろう。その通り、独自の通貨を発行するというのは**その国が独立国であることの証明**ともいえるのである。

しかし前に述べたように、古代の東アジアでは超大国中国に周辺国家は尻尾を振っていた。だから周辺国家の首長は中国皇帝の臣下であることを示す「国王」という称号を名乗っていた。いや正確に言えば皇帝に「土下座」して代わりにその称号をもらっていたのである。だから元号も中国のものをそのまま使っていた。「時」を支配するのが王者の特権であるからだ。周辺国家では銅銭も中国製がそのまま通用した。独立国ではないのだから苦労して独自の貨幣をつくる必要はない。「独立国家でありたい」などという大それた望みさえ捨てれば、中国製の銅銭は極めて出来がいい。それを流通させておけばいいのである。

ところが東アジアの中で唯一、この**大中国に反旗を翻した「こしゃくな」国家**があった。我々の国日本である。日本と名乗る以前は卑弥呼も**「倭王《わおう》（倭国の国王）」という称号**を中国から与えられて喜んでいたらしい。大和《やまと》朝廷も初期のころの首長は国内では大王《おおきみ》と名乗り、対外的には倭国王の称号を得て喜んでいた。

ところが国家として成長するにつれ、我々の先祖は「中国何するものぞ」と考えるようになった。中国が西にある「日没するところ」ならば、我々の国は「日出《いづ》るところ」であり、ここから日本（日の本）という国号が生まれた。当然その首長は中国皇帝と対等なのだから国王などという格下の称号は名乗るべきではない。そこで**天皇と自称**するようになった。**独自の元号**も立てるようになった。東アジアでは唯一のことである。

天皇という称号はどうも天武《てんむ》天皇のころに確定したらしいのだが、その一代前で後に天智《てんじ》天皇と呼ばれることになる中大兄《なかのおおえの》皇子はとんでもない野望を抱いた。超大国である唐に戦争を仕掛けようというのである。対等意識がなければ絶対に出てこない発想だが、中大兄皇子の目的は唐の応援を得て百済をほろぼした新羅をたたき、日本の影響下のもとに朝鮮半島に百済を再興しようというものだった。かくして**日本・百済連合軍と唐・新羅連合軍が朝鮮半島で激突**した。**白村江《はくそんこう》の戦い**（六六三年）である。ご存じのように日本軍は惨敗を喫し、三国時代には保持していた朝鮮半島の利権をすべて失った。唐の反攻を恐れた天智天皇は史上初めて都を琵琶《びわ》湖《こ》のほとりに移し防備を固めた。近江《おうみ》京である。

実はこの**近江京で日本最古の貨幣が発行された**ことを多くの人が知らない。

その貨幣の名を**無文銀銭《むもんぎんせん》**という。

日本最初の「通貨」は何か

もうずいぶん昔の話だが、学校では**和同開珎《わどうかいほう》**（わどうかいちん、と読む説もある）が日本最初の通貨だと教えていた。いや、本書の読者層にはそう習った人の方が多いかもしれない（笑）。

それはあながち間違いとは言えない。なぜならそれより先につくられた近江京の無文銀銭は一般には流通していなかったと考えられるからだ。流通する貨幣のことを通貨というからには、

左上より時計回りに、無文銀銭（7世紀半ば～8世紀初め／奈良県石神遺跡出土）、富本銭（7世紀後半／奈良県飛鳥池遺跡出土）、和同開珎（708年）、開元通宝（621年）

日本最初の通貨はやはり和同開珎で良いではないかという考え方もある。

もっとも無文銀銭をつくった天智天皇の後の天武天皇は、**富《ふ》本《ほん》銭《せん》**という和同開珎と同じ円形方孔の銅銭をつくっている。実はこの銅銭、古くから文献に絵柄（四角形の穴を挟んで富と本という字が縦に入れられている）は載っていたが、実物は確認されていなかった。幻の硬貨だったのである。

ところが昭和になって奈良県で実物がいくつか発見され、その後他県でも見つかった。その結果、七〇八年（和銅《わどう》元）に発行された和同開珎より古い硬貨だと折り紙がついた。ただし確実に流通したとみられる和同開珎ほど**流通の事実が明確に証明されていない**ので、今のところはやはり和同開珎が日本最初の「通貨」と考えたい。

では天智の近江京でつくられた無文銀銭はいったいどういうものだったのか。その実物は「無文」という名称でわかるように**何の文字の表記もなく**、しかも、**きわめて粗末なつくり**で銀貨というよりは銀塊に近いものである。なぜそんなものをつくる必要があったのか。

やはり、当時の政治状況を合わせて考えねばならないだろう。近江京の主、天智は当時の中国である唐と戦争した人物である。当然「中国何するものぞ」という感覚は誰よりも強かったはずだ。しかも近江京は唐の反攻を想定して建てた都である。そこで、軍需物資の調達や様々な費用の支払いに何を使うか、まさか唐の銅銭を使うわけにもいかないだろう。それでは「独立国家」の体面が保てない。そこで取りあえず地金でも価値のある金属、つまり**銀でとり急ぎ貨幣をつくる必要があった**のではないだろうか。

ところで私は、天智と天武は「唐と協調するか否か」で対立があったと考えている。そして先に即位した天智が強硬路線をとり唐に惨敗したため、これに反対する勢力が天武を擁立した。その両者の戦い（正確には天智の息子と天武の戦い）、つまり**反唐派と親唐派の国運をかけた一大決戦が壬申《じんしん》の乱（六七二年）だった**と考えている。単なる相続争いなら全国を巻き込んでの大乱にはなりにくい。

肝心なのは、この大乱に勝利した天武が「銅銭を用いよ、銀銭は使うな」という命令を出したと『日本書紀』に記録されていることだ。それ以前に銀銭（つまり無文銀銭）がある程度使われていたこと、そしてそれを封じ込めるために天武が新たな銅銭（富本銭）を発行したことが間接的に確認できるということだ。

和同開珎は日中協調路線の産物

世の中には便利な言葉がある。「協調路線」というのもそれだ。富本銭も和同開珎も無文銀銭とくらべて、唐の銅銭に極めてよく似ている。和同開珎が**唐（中国）と日本の協調関係の下に生まれた産物**であり、唐の銅銭「開元通宝《かいげんつうほう》」がモデルであることは誰もが認める定説である。

ところがこの**「協調」という言葉の複雑な意味**を理解している人はあまりいない。唐のひとつ前の隋の時代には、日本の聖徳太子が「そちらが中国ならこちらは日本（日出るところ）であり、両国は対等だ」という強硬外交を展開していた。そこから「中国のトップが皇帝なら、日本のトップは（中国皇帝の臣下であることを示す）国王ではなく天皇である」という主張も生まれてくる。

だが、中国こそ世界最高の国家であり周辺国家はすべて中国皇帝の臣下である国王が治める国である、という中華思想を絶対のルールとしている唐はそれを受け入れない。だからこそ中大兄皇子（天智天皇）は唐に戦争を仕掛けた。その天智政権を壬申の乱で叩《たた》きつぶしたのが天武天皇である。天武の方針は「唐と仲良くする」だ。それゆえに**遣唐使が復活**するのだが、ここで気がついていただきたい。中華思想の唐は日本が対等な国家であることも、その首長を天皇と呼ぶことも絶対認めない。ならば日本は遣唐使を復活するために「日本は唐の臣下であること、したがって日本のトップは天皇ではなく日本国王である」と認めたのか、ということである。

結論をいえば、日本は絶対にそれを認めなかった。そこで読者は大きな疑問に直面するはずである。ならば、どうしてその日本からの遣唐使を唐は認めたのか？

はっきり言えば**双方が立場を「あいまい」にした**のである。日本からの使者は唐に入ると「日本国王の使者」のフリをしていた。しかしそれが事実ならば、唐は日本の「トップ」を日本国王に任じ正式な辞令をだし金印を与えなければいけない。このことを冊封《さくほう》という。たとえば朝鮮半島の新羅国王は国王が代替わりするたびに唐から冊封使を迎えて辞令を受けていた。これも正確に言えば国王が亡くなっても王子は直ちに即位しない。国王の任命権はあくまで唐の皇帝にあるからだ。これは時代が下っても同じで、朝鮮半島のトップは高麗《こうらい》であれ朝鮮であれ国王にすぎず、当時の中国であった明《みん》や清《しん》の皇帝からの辞令を土下座に等しい礼をして受け取ってから即位していた。しかし当時の唐は日本に対しては**冊封らしいことは何もしなかった**。

その中国が初めて日本の天皇を対等な相手として認めたのは、なんと明治になってからのことである。ちなみに東アジアでいまだに天皇という称号を認めず**「日王《イルワン》（日本国王）」と呼んでいるのが韓国のマスコミ**である。二〇一九年の即位の礼でもそう呼んでいた。実に無礼な態度である。韓国では朝鮮半島の国々がずっと中国皇帝の臣下であった（独立国ではなかった）、という真実の歴史が教えられていないので、そういうことにもなるのだろうが、日本の親韓派はこの点をまったく批判しない。歴史を知らないのか韓国に媚《こ》びているのか、いずれにせよ誤った態度であることは間違いない。そして、おわかりだろう、これが当時の「協調」の真実なのである。

東アジア史の理解に不可欠な中華思想

さて、中国の基本的国家観である中華思想は、日本史も含めて東アジアの歴史を考えるのに絶対にマスターしておくべき概念なのだが、どうも日本人には理解している人が少ない。日本人は基本的に相手を立てて謙虚に自分を反省する「和」の文化だが、中華思想はその対極にある徹底的に傲慢な思想なので、わかりにくいのかもしれない。

平たくいえば、**中国以外にまともな国家はないし、中国文化以外にまともな文化はない**、という考え方だ。もっとも、彼らがそういう考え方に到達したのも無理もないとはいえる。前にも述べたように、諸葛孔明が活躍していたころ、日本では「原住民」が掘立小屋に住んでおり文字もなかったのである。中国人が自信満々になったのも当然かもしれない。

ただし、この考え方は近代になってから大きな「しっぺ返し」を受けたことは明記しておこう。アヘン戦争の時、当時の中国であった清はなすすべもなくイギリスに敗れた。そしてそのイギリスを見習っていち早く西洋近代化した日本にも戦争で負けた。中国文化以外にまともな文化はないという民族の驕《おご》りが、そうした結果を招いたのである。

しかし今語っているのはそれより一〇〇〇年以上昔の話だ。中国はそれ以前に独自の文字「漢字」も生み出していた。これは本来、漢文つまり古代中国語の表記に使うものである。しかし、我々の祖先は日本語もそれで表記できるように漢字をあて字として用いた。今の暴走族が「夜露死苦《よろしく》」と書くように、日本民族最古の古典『万葉集』は漢字の音《おん》と訓《くん》を借り日本語を表記している。これを我々の祖先は「万葉仮名」と呼び、その漢字を簡略形（伊→イ、似→いのように）にして片仮名《カタカナ》・平仮名《ひらがな》を生み出した。それにしても**なぜ「仮」なのか？**

本当の文字ではないからだ。これはあくまで仮のものだからである。奈良の後の平安時代に成立した『古今和歌集』には真名序《まなじょ》と仮名序という二種類の序文がつけられていた。おわかりだろう。**真名とは「真の文字」すなわち漢字**を意味し、**真名序とは漢文の序文**を意味する。言ってみれば日本語の詩集に英語の序文がついているようなものだ。それが「正式」だという考え方が、少なくとも平安時代前期まではあったのである。

しかしそのうち片仮名はカタカナとしか表記しなくなり、これが「仮字」であることは忘れられ、文学が独自の発展をとげた。『源氏物語』もここから生まれた。この人類最初の近代的小説ともいわれるものは中国文明にはまったくない。なぜないのかを説明するのは本題ではないし、紙数も相当かかるので省略するが、一言で言えば**「小説」とは「フィクション」であり「ウソ」**であるから、そんな「ウソ」にはまったく価値がないという儒教から来た考え方なのである。

だからこそ、一〇〇パーセント儒教に毒されなかった日本は「文化マラソン」で「一時間遅れのスタート」ながら、この分野では既に一〇〇〇年前に中国を追い越していた。中国で近代小説が生まれたのは魯迅《ろじん》あたり、つまり日清戦争に負けたあとである。

さて本題は「お金」だが、こうした状況の中でコインを中国以外の国がつくるということが、いかに大変なことかわかっていただけただろうか。

ハングルを文字と呼べなかった韓国

この時代の中国のことは「中国様」と書いた方がわかりやすいかもしれない。「絶対のご主人様」ということだ。日本と違って**中国と陸続きの朝鮮半島の国々はこれが徹底**していた。新羅も高麗も、日本のカタカナのような自分の国の言葉を独自に表現する文字を公式にはつくろうとしなかった。知識階級はすべて中国語の読み書きができ会話も不自由しなかったから、いや不自由しないように努めていたから、朝鮮語などという「方言」を読み書きしようとは誰も思わなかったのだ。

しかし朝鮮王朝になって名君といわれる世宗《せいそう》大王は、庶民が朝鮮語を自由に読み書きできるように新しい文字をつくろうとした。それは今ハングル（偉大な文字）と呼ばれているものである。ところが、実はこの世宗の計画に**親族も家臣たちも一斉に反対**した。なぜだかおわかりだろうか？　反論の文書が史料として残されているが、そこには「モンゴルや日本のような野蛮国では文字と称するニセモノをつくっているが、そんなことは絶対にすべきではない」とある。「中国様」がおつくりになった完ぺきな文字「漢字」があるのに、そんなものをつくるのは「贋金《にせがね》づくり」と同じだということだ。

こういう思想を事大主義《じだい》と呼ぶ。「大に事《つか》える」ということで、この場合は「中国様」に奴隷のように仕えるという意味である。激しい反対にほとほと手を焼いた世宗は、これを文字ではなく**「訓民正音《くんみんせいおん》、民に正しい発音を教えるもの」**だと言わざるをえなかった。いわば文字ではなく発音記号だ。だから「中国様」に対する無礼にはならないということだ。つまり今「ハングル」と呼ばれているものは、一五世紀半ばにつくられて以来ほぼ四〇〇年にわたり「訓民正音」だった。では「発音記号」はいつから「文字」に昇格したのか？

近代になり日本が日清戦争に勝ったからである。中国の近代文学もそうだったが、中国が日本に敗北したことによって、初めて事大思想の見直しが行われた。別の言葉で言えば民族文化の尊重である。そこで初めてハングルになった。ハングルはそもそも学者がつくった文字だから合理的でわかりやすい部分がある。そこで朝鮮民族は手のひらを返したように**「ハングルは世界最高の文字だ」**などと言い出した。おわかりだろう、「日本のカタカナ、ひらがな、などより出来がいい」ということだ。

これも儒教に毒された言い方で、儒教には基本的に対等な関係というものはない。上か下かである。どうにも困ったものだが、特に現代の韓国人には、せっかく朝鮮独自の「文字」をつくらせた名君世宗でも、これを文字とは呼べなかった歴史があったことを振り返ってもらいたいものだ。

さてコインである。実は朝鮮半島の国家が**独自のコインを出したのは西暦九九六年**のことで、新羅は滅び高麗の時代になっていた。一方日本が独自のコインを出したのは、年代がはっきりしている和同開珎でも奈良時代の七〇八年だ。**約二九〇年も日本の方が早い**。現代の韓国人は「古代朝鮮が日本にあらゆる技術を教えてやったのだ」と「上から目線」で強調する。ならば、この話は逆であっても不思議はないはずだが、そうではない。理由はおわかりだろう。

ソウルに残る「大清皇帝功徳碑」の真相

前に近代以前の朝鮮半島の国家は「中国様」に対して「土下座」していたと述べた。こういうことを書くと、これまでは「土下座」とは誇張しすぎだなどと反論する人がいた。日本と韓国の関係について本当の歴史をまったく知らないのに、さも知っているようなふりをして韓国の肩をもつ日本人がいるから注意しなければいけない。大手マスコミの元ソウル特派員などでもそういう人々がいる（全部がそうというわけではないが）。読者はくれぐれもこうした不公正なニセモノにだまされないように注意していただきたい。

「土下座」は誇張でも何でもない。わかりやすくするために「土下座」と言ったが、本当はもっと屈辱的な**三跪九叩頭《さんききゅうこうとう》という「拝礼作法」**である。三回ひざまずくだけではなく土下座のように坐《すわ》り九回頭を大地にたたきつけるというもので（インターネット等で動画を見ることもできる）、朝鮮国王は中国皇帝およびその正使にそれを強要されていた。

ところが朝鮮国王が「中国様」に逆らったことが一度だけある。明が滅ぼされ清になる時、朝鮮国は野蛮な遊牧民族の清王朝を嫌い滅びゆく明王朝に味方した。激怒した清国軍は大挙して朝鮮国に侵入し従わねば皆殺しにすると脅した。国王仁祖《じんそ》は三跪九叩頭をして何とか命だけは助けられたが、清は「お前たちを助けてやったのだから感謝する石碑を立てよ」と命令した。それが今も**ソウルに残る「大清皇帝功徳碑」**である。ちなみに「功徳」とは「助けてやったのだから感謝しろ」ということだ。

国を愛する人間なら「ふざけるな」と言いたいところだろう。だが歴史の貴重な史料でもある。だから川に沈められたりしたこともあったが、一九九〇年代ぐらいまでは、ソウル近郊の記念公園の中に三跪九叩頭の場面を示す説明板と共に保存されていた。「歴史を直視せよ」ということだろう。この姿勢は高く評価できる。

ところが二〇一九年（令和元）八月に私がソウルに取材に行った時、石碑は何の関係もない目立たない場所に移され、しかも説明板は撤去されていた。それどころか肝心の碑文が全文漆《しっ》喰《くい》のようなもので塗りつぶされていたのである（写真参照）。イタズラならば原状回復しなければならないが、当時、管理当局に聞いたところその予定はまったくないとのことだった。「中国様」に何度も屈辱的な目にあわされたからこそ、近代以前の朝鮮人の中にはいっそのこと日本の属国になってしまった方がはるかにマシだ、と考えた人も大勢いたのである。しかも日本が提案したのは「吸収」ではなく「合併」（日韓併合）だった。「それならば」と賛成した人も多数いたのである。それが歴史の真実だが、「反日種族主義」にとことん染まり「日本は絶対悪」にしたい人々は、それを認めないし、証拠であるこの石碑ほど邪魔なものはない。だから塗りつぶした。そういう連中が同じ口で日本に対しては「歴史を直視せよ」などと言うのだから話にならない。こうした連中を支持する日本人ジャーナリストや学者もいる。とんでもない話で、それは**「嘘の国」**への迎合で韓国の将来のためにもならない。

大清皇帝功徳碑（筆者撮影）

念のためだが「嘘の国」という言葉も決して誇張ではない。他ならぬ韓国人歴史学者による歴史論『反日種族主義 日韓危機の根源』（李《イ》栄薫《ヨンフン》編著、文藝春秋刊）では冒頭から現在の韓国史がいかに嘘に塗り固められているか告発している。

朝鮮国家のコインはなぜ日本より二九〇年も遅れたか

ひょっとしたら「お金」の話はどこへ行ったと思っている読者がいるかもしれない。実はこれはコインの話でもある。朝鮮が日本に遅れること約二九〇年、ようやく発行した独自のコイン、言い方が不正確だった。実は**「独自」ではないコイン**がある。

ちょっと頭が混乱した人もいるかもしれないから、内容を整理しよう。

まず日本独自のコインは、それ以前に無文銀銭、富本銭があったものの、はっきりと流通が確認できる「通貨」としては西暦七〇八年に発行された和同開珎が最初のものである。

それに遅れること約二九〇年、朝鮮半島の国家が独自のコインを出したのは新羅ではなく次の高麗で九九六年のことだ、もっともこの「独自」ということは間違っていると私は訂正した。

それはどういう意味か？

実はその銘文は**「乾元重宝《かんげんじゅうほう》」**であり、これは中国の唐時代の貨幣の銘を模写したもので、銅銭ではなく鉄銭だった。そして最初の銅銭は二年後の九九八年に出されたが、それは同じく唐の「開元通宝」の型をとって鋳造《ちゅうぞう》したもので、こちらの方は**完全な「中国コインのコピー」**だった。だからこそ「独自」という言葉を使うのは不適当だと私は考えたのである。

日本にも「貨幣史」の専門学者はいる。もちろん日本人の「朝鮮貨幣史」の専門家もいる。

本書を上梓《じょうし》するにあたって彼らの著作に目を通した。さすがに専門家であるがゆえに素人の気づかない点を教えられることも多かった。そのことについては謝意を述べたい。

ただ残念ながら、ほとんどすべての日本の歴史学者に言えることだが、**宗教的、思想的な考察が欠けている**。たとえば、日本の黎明《れいめい》期、朝鮮半島の国家の方が技術水準が高かったことは事実である。ならばなぜ、朝鮮半島の国家がコインをつくるのが日本よりも約二九〇年も遅れたのか、不可解ではないか。もちろんそうしたことに対し一応の説明はある。たとえば「朝鮮半島では布（反物）が貨幣の代わりに流通していた」などというものである。これで納得してはいけない。曲がりなりにも「貨幣が流通」、つまり物々交換でない貨幣経済の世界が存在していたのならば、どう考えても反物などよりコインをつくった方が便利ではないか。合理的に考えたらそうなるはずだ。しかし、明らかに朝鮮民族は合理的な考え方をしていない。

そこで、もう一つの「不合理」として、ハングル、いや「訓民正音」の例を紹介したのである。訓民正音は一四四六年の成立だが、日本ではカタカナが遅くとも九世紀つまり八〇〇年代に成立している。なぜ朝鮮は日本に六〇〇年も後《おく》れをとったのか。解答はもう述べている。「中国様」こそ唯一の文明であり自分たちのご主人様だという中華思想、そして事大主義のなせるわざである。それは**思想であり一種の信仰**つまり宗教なのだから、政治経済文化すべての分野に及んでいる。つまり朝鮮民族は「コインなら中国製という完ぺきなものがある。それを使えばいい。**我々が独自のコインをつくるなど『中国様』に対して失礼だ**」と考えたのだ。

おそらく上流階級は中国のコインを用い、下層階級の貨幣のない不自由など考えようともしなかった。文字の場合と同じである。ただ九九六年は唐が滅んで中国本土は混乱していたから、やむを得ず「これはコピーでございます、あくまで本物は中国製です」という意を込めてコインをつくったのだろう。

こうした思想的背景を知れば和同開珎の持つ重大なメッセージ性も理解できるはずだ。

二、新貨幣のメッセージ

唐全盛時代に和同開珎で「独立宣言」

高麗が九九八年に初めてのコインを出した背景をさらに詳しく述べると、**当時中国を支配していた王朝がどう見ても「まとも」ではなかった**ことがわかる。中国の中でも代表的な王朝である唐は、朱全忠《しゅぜんちゅう》という「極悪人」に滅ぼされた。最初は唐の皇帝の臣下として「全忠（極めて忠義なる者）」の名前までいただいておきながら、この男は主君の皇帝に無理やり位を譲らせ自分が皇帝となり、のちに主君を暗殺し後梁《こうりょう》という王朝を建てた。これ以後、中国は宋《そう》の成立まで、五代十国という統一政権がない混乱期に入る。もちろん儒教の考え方では、臣下の身でありながら主君を殺して建てた王朝は正統なものとは認められない。

そこで高麗では唐が滅んでしまった今、儒教を守り中華思想を守る**「まともな」国家は我が国しかない**という自負を込めて、**唐のコインをコピーし発行した**のだろう。逆に言えば、そんな事情がなければ朝鮮民族は絶対にコインをつくろうとはしなかっただろう。「中国様」に対して失礼だからである。もう一度、ハングル、いや訓民正音が成立したときの事情を思い出していただきたい。ここが、このあたりの**歴史を理解するためのキーポイント**である。

さて、それだけの知識を踏まえて考えれば、唐の全盛期とも言うべき八世紀初頭に日本が独自のコイン和同開珎を出したことの意味が明確になるはずだ。おわかりだろうか？　残念ながら、これまでの歴史学では盲点になっている部分だが、ここまで本書を読んでいただいた読者にはわかるはずだ。

まず、**歴史学界の通説**と言うべきものを引用しておこう。日本を代表する百科事典である『世界大百科事典』（平凡社刊）は、その発行のいきさつについて次のように述べている。

「日本古代の銭貨。皇朝十二銭のはじめ。銀銭と銅銭がある。七〇八年（和銅一）正月、武蔵国秩父郡から和銅が献上され、元号を和銅と改めたのをうけて、（中略）五月に初めて銀銭を行い、八月に初めて銅銭を行ったと《続日本紀》に見えるのが、その発行を示す史料である。銭文〈和同〉の意味については、年号、吉祥句の両説があるが、両方の意味を含めたと見るべきであろう」

思い出していただきたい。元号とは何であったか？　それは東アジア社会において最も優れた国家である中国を支配する皇帝が、唯一定めることのできる「時の支配」を象徴するものであった。だから高麗など日本以外の国は、**中国の元号をそのまま使っていた**のである。

それに対して、当時の日本は「元号を和銅と改め」「年号（元号）の意味を含めた」独自のコインを発行したのである。もう一度言うが、高麗などでは中国以外の国家が元号を定めること、それを記念して中国製ではない独自のコインを発行するなど、「中国様」に対して無礼の極みなのである。それを日本はあえてやった。意図は明白ではないか。「和同開珎」は唐つまり中華思想に対する**日本の「独立宣言」である**ということだ。そう考えるといろいろなことが見えてくる。

無文銀銭こそが真の対中独自通貨

和同開珎以前に存在した日本の硬貨は、既に述べた通り無文銀銭と富本銭（銅銭）だが、この**富本銭は厭勝銭《えんしょうせん》だったのではないか**という説がある。厭勝銭とは流通を目的とする通貨ではなく、呪術つまり「まじない」の道具に用いる硬貨で中国が発祥である。つまり富本銭が発行された天武天皇のころ、日本は貨幣経済が未発達で通貨の必要はなく、試験的に厭勝銭をつくってみたのではないかという考え方である。

実は私はこれに反対で、富本銭は通用したかどうかは別にして、**流通を目的につくられた**と考えている。その理由を語る前に、和同開珎をもう一度思い浮かべていただきたい。

これが中国に対する独立宣言だとしても、不十分なところもあるのにお気づきだろうか？

まずは形である。円形方孔《ほうこう》、中国の銭の形と同じではないか。そして文字も漢字を用いている。漢字とは言うまでもなく中国の文字だ。それに、これがなければ独立宣言とは言えない「和同」についても正式には「和銅」だ。発音は同じにしても少し中国に対して「遠慮」しているといえないこともない。

さて、ここで考えていただきたい。中国に対する一切の遠慮をかなぐり捨てて銭をつくったとしたらいったいどういうものになるか？

銭の基本形である円形にするのはやむをえない。またいずれ詳しく説明するが、中央に穴をあけることは製造工程で必要だ。だが**漢字は絶対入れるべきではない**、それでは中国のマネになってしまう。しかし、カタカナ、ひらがなはまだない。となると文字は入れられない。また**材質も銅でない方がいい**。中国に対抗するつもりなら銅より価値の高い金属でつくるべきだ。こういう発想で硬貨をつくると、無文（表面に漢字は記されていない）の銀銭、つまり無文銀銭になるではないか。

前にも述べたとおり、無文銀銭がつくられたとされる近江京は、負けはしたものの超大国唐に戦いを挑んだ天智天皇の都である。国を出て戦争をしたのだから、外国商人から武器や軍事物資の調達をしたこともあっただろう。その場合、まさか米や布で決済するわけにはいかないし、敵国である唐の銅銭を使うわけにもいかない。天智天皇はその時代の東アジアで最も「中国何するものぞ」と思っていた人間だ。メンツにかけてもそんなことはできない。ならばどうするか？　国際的に通用する銀で、形は不細工でもいいが量目だけは正確な硬貨をつくる必要があった。それが無文銀銭だったということだろう。

その政権は、唐に敵対すべきではないという天武天皇によってつぶされた。当然、天武天皇は中国を見習った形の銅銭を新たに発行し、無文銀銭など使ってはならぬと命令を下した。それが『日本書紀』に記録されている命令の実態だろう。

しかしそうは言っても、銀貨には銀の地金の持つ独自の価値がある。これに対抗するには新たな銀貨を発行する必要がある。そこで先の『世界大百科事典』の記述を覚えておられるだろうか。和同開珎は**銅貨ではなく、まず銀貨として造られた**のである。

コインの四角い穴は何のためにあるのか

ここで皆さんに質問したい。「和同開珎」は日本の独立宣言と前に述べたが、それでも、このコインは中国式であることは事実だ。円形方孔、つまり形は円形で真ん中に四角い穴が開いている。では西洋のコインを思い浮かべていただきたい。古代ギリシャでもローマでもいい。穴が開いているものは一つもないことに気がつかれただろうか。実は近代以前の世界のあらゆるコインの中で**穴が開いているのは中国式だけ**なのである。

ではこの穴は何のためにあるのか？　というのが私の質問である。

ひもを通して銭をまとめるためだろう、という答えが多いのではないか。確かに日本では銭の穴にひもを通した一〇〇〇枚のかたまりを一貫文《かんもん》として取引に使っていた。それを記念して日本政府は今でも五円玉と五十円玉を穴あき銭にしている。いまや中国も穴あき銭は発行していないから、世界でも極めて稀なものである。昔の日本ではコインの穴がそのように使われた。しかしそれだけのためにわざわざ穴をあけたのではない。

ここで「中国式コイン」の製造工程をご紹介しよう。一番基本的なことだが、**中国ではコインは鋳造《ちゅうぞう》するもの**であった。材料（銅など）の金属を溶かして型に流し込んで成型する鋳物《いもの》だったのだ。

日本の富本銭は完成以前の形で掘り出されたことがある。一見すると木の枝のような鋳棹《いざお》の先に円形の銭がそれぞれくっついている形である。溶けた銅は鋳棹の中を通ってそれぞれの鋳型に流れ込む。それが冷えたら一つひとつの銭を鋳型からはずす。しかしその時連結していた部分は余分な出っ張りになる。これをやすりなどで削り落とさねばならないが、一枚一枚やるのは手間がかかる。そこで四角い棒に銭を通して出っ張りの部分を揃えてやすりにかけるのである。丸い穴だと銭はしっかり固定されず左右に動くが、四角い穴だとその心配がない。だからこそ「四角」なのだ。

ここで読者の皆さんには新しい疑問が浮かんだのではないか。ならば、なぜ西洋のコインには穴がないのか？　お答えしよう。**西洋のコインは鋳物ではない**からだ。

鍛造《たんぞう》というつくり方がある。金属を溶かさずハンマーなどで型に合わせて打ち抜いたり、叩いて整えるやり方である。日本でも金貨である大判小判はそれでつくられていたから、時代劇などでそのシーンをごらんになった方もあるのではないか。ではなぜ鋳造にしないのか？　西洋のコインは原則として金貨や銀貨であり、地金としての価値をもつものであった。したがって同じコインで重さが違うのは困る、正確に金銀の量を保つためには鍛造でつくる方がいい。今はともかく、昔の技術では鋳造で鋳物の重さを均一にすることは困難だったのである。

ではなぜ中国では問題なかったのか。地金ではなく中国政府がその価値を保証する「信用通貨」だったからだ。贋金でさえなければ、多少の量目の狂いは問題なかったのである。

とにかく**鋳造は当時の最先端技術**であった。コインがつくれるということは、その技術を持っているということだ。そして「中国何するものぞ」と考えた我々の先祖は、そのハイテク技術で東アジア初、いやおそらく人類初の偉業に挑戦した。

鋳造技術は古代社会最高のハイテク技術

これは私の偏見かもしれないが、団塊の世代の人々は日教組の教師を中心とする「自虐史観」の教育を受け、その影響が強く残っているようだ。たとえば**「古代において高度な技術はすべて中国大陸から朝鮮半島経由で渡ってきた」**という思い込みである。これは現代の韓国でも反日教師たちが盛んに生徒たちに吹き込んでいることで、許しがたいのはそれに迎合する日本の教師もいることだ。

確かに朝鮮半島経由で渡来した技術もある。それは否定しない。また前にも述べたように、邪馬台国の女王卑弥呼と「三国志」の諸葛孔明は同時代人で、日本と中国との間に文明の格差があったことも事実だ。しかし実は諸葛孔明の時代ですら日本の方が高い技術力を持っていた分野がある。いやひょっとしたら、もっと前からかもしれない。しかもその技術というのは超ハイテク技術であり、おそらく当時東アジアどころか世界一のレベルを保持していた。

にわかには信じられないかもしれない。念のために言うが、私は超国家主義者ではない。歴史的事実を無視して、何でもかんでも日本が世界一だなどと強弁するつもりはまったくない。しかし卑弥呼の時代、つまり**弥生時代に世界一のハイテク技術を日本が持っていた**ことは紛れもない事実なのである。

その確たる証拠がある。しかもその存在をほとんどの日本人は知っているし、見たことがある人も大勢いるはずである。にもかかわらず、それが古代社会最高のハイテク技術の産物だったことを多くの日本人が認識していない。まさに日本の歴史教育の大きなひずみといえよう。

もったいぶるのはやめて、そのハイテク技術とは何か申し上げよう。他ならぬ**銅の鋳造技術、つまり銅で鋳物をつくる技術**だ。その物的証拠が**銅鐸《どうたく》**である。銅鐸は何に使われたか今一つはっきりしていないが、たぶん「鐘《かね》」であり原型は中国にあったようだ。しかし、中国の鐘と銅鐸がまったく違うのは、その「厚さ」である。これまでに見つかったもので最も薄いものはなんと二ミリ、二センチではない、二ミリである。

銅鐸は小さいものでも高さ数十センチはあるから、この厚さ、いや薄さは驚異的で「紙のように薄い」と表現しても過言ではあるまい。そして**現代の日本の最先端の工業技術でも、これと同じものは復元できない**。もちろん旋盤で削ればいくらでも薄くできるが、溶けた銅を型に流し込み成型するという鋳造技術では、弥生人の技術の方が優れていたのだ。もちろん、日本より古い古代エジプト、バビロニア、インド、ギリシャ・ローマ、そして中国にもこんな素晴らしい技術は存在しなかった。

袈裟襷文銅鐸

私は世界史も書いているが、古代エジプト文明の代表的産物であるピラミッドについても、ダイヤモンドや鋼鉄製のドリルやカッターのない時代に、なぜあんなに見事に石を切ることができたのかという謎がある。しかしこの「銅鐸の謎」もある意味でそれに匹敵するほどのものであることはご理解いただけただろう。何しろ現代日本の最先端技術よりも上なのだから。

そして我々の先祖はこのハイテク技術の伝統を生かして、当時世界のどこの文明にも存在しなかった世界一巨大な鋳物をつくった。これも日本人なら一度は目にしたことがあると言っていいのではないか。

世界一の銅像「奈良の大仏」

読者の方々は、それが何かもう見当が付いているだろう。

その話をする前に、弥生人の銅鐸というハイテク技術の産物に果敢に挑戦した現代日本の町工場があったので紹介しておきたい。二〇一二年（平成二四）、大阪府東大阪市の鬼虎川《きとらがわ》遺跡で出土した銅鐸の鋳型をもとに、市が町工場の鋳造業「上田合金」（当時）に復元を依頼した。ここはイージス艦の部品製作も手がける、まさにテレビドラマ化された「下町ロケット」（原作 池井戸潤）に出てくるような中小企業だが、大変な苦心の結果、高さ三一センチ、重さ約三キロ、そして肉厚三ミリの精巧な銅鐸の復元に成功した。上田富雄社長は「銅と錫《すず》を混ぜた合金を鋳型に厚さ三ミリの薄さでまんべんなく流し込む作業が難しかった。弥生時代の鋳物師の魂を感じた」と話した（よみがえった黄金色の銅鐸 『ものづくりの魂』 二二〇〇年後の東大阪で復元。産経新聞大阪夕刊 二〇一二年一月三〇日付）。

大変な偉業であることは間違いないが、現代人が現代の材料、現代の工具、そして現代の技術を用いても**「三ミリの壁」にはなかなか到達できない**ということでもある。こうした精密な技術は日本のお家芸だが、弥生時代からそうだったというわけだ。

逆に、大きなものをつくるのが不得意かといえばそうでもない。たとえば日本海軍の戦艦「大和《やまと》」「武蔵《むさし》」は当時、世界最大の巨艦であった。第二次世界大戦で敗戦国となったことによる技術の中断がなければ、今頃ジャンボ旅客機の製造国は日本だったかもしれない。現に日本の新幹線は世界的な高速鉄道ブームの先鞭《せんべん》をつけるものだった。

そして奈良時代、聖武《しょうむ》天皇の発願で当時世界一の銅像である「奈良の大仏」盧舎那仏《るしゃなぶつ》が、七五二年（天平勝宝《てんぴょうしょうほう》四）に完成した。造仏作業は七四五年から始まったが、国力のほとんどをつぎ込んだ大事業であった。大仏の高さは台座部分まで含めれば現在では約一八メートルだが、度重なる火災で補修を繰り返しており、創建当初は一回り大きかったのではないかと推測されている。その「容器」の大仏殿は現代でも木造建築としては世界最大級のものである。

いずれにせよ八世紀半ばの世界で、**こんな巨大な銅像はローマ帝国にも唐にもない**。文字通り世界一と言っていいだろう。しかも忘れてならないことは、完成当初の大仏は見た目では今とまったく違う姿をしていたことだ。多くの日本人は仏像の本当の姿を知らない。「わび」「さび」「しぶみ」が好きな日本人は、木目の美しさを生かした木彫仏や地金の色を残した金銅仏を好むが、悟りを開いた如来《にょらい》（盧舎那仏もその一人）の姿は本来金色に輝いていなければいけない。それが仏教本来のルールなのだ。だからこの時、**奈良の大仏も金色に光り輝いていた**。

だが巨大な仏像を全部黄金でつくるわけにはいかない、とても黄金が足りない。だから銅や木でつくった仏像を光り輝かせるには、とりあえず金箔《きんぱく》を貼るという手があった。薄く引き伸ばした金を漆という接着剤で全身に貼り付けるのである。しかし、長持ちはしない。地が金属なら金メッキした方がはるかに長持ちする。しかし、これも極めて高度な技術だ。

奈良時代の日本は世界最高水準のハイテク大国

奈良の大仏をつくった仏師は、白村江の戦いで負けた時日本に亡命してきた百済人の子孫の国中公麻呂《くになかのきみまろ》、と伝えられている。実はこの辺が誤解を生むもとになっている。誤解とは例の「古代の先端技術はすべて中国大陸から朝鮮半島経由でもたらされた」だ。公麻呂が百済系ということで、何となく大仏をつくる技術も百済経由で朝鮮半島から来たと錯覚してしまう向きがある。確かに仏像自体は百済経由で日本に来たから、その基本的な造形を日本人は百済人から学んだ。

しかし、仏像を巨大な銅の鋳物として仕上げた技術は、**日本独自の世界最高の技術**である。繰り返すが、当時の中国大陸や朝鮮半島には、いやローマ帝国にも肉厚二ミリの銅鐸もなければ世界最大の銅像もない。自虐史観の教科書にはこのことは言及されていないが、まったくの事実なのだから、そのことを日本人はよくよく認識すべきだろう。

その高さ十数メートルの銅像全体にかつては金メッキが施されていた。メッキとは金属の表面に別の金属を皮膜のように定着させる技術だが、これも外来技術と思っている人が多い。しかしこれは**「滅金《めっきん》」という日本でつくられた和製漢語（中国語ではない）が語源**らしい。これも日本で発達した技術ということだ。

金メッキとは具体的にはどうするのか。水銀という金属は金を吸収して一体となる性質がある。つまり水銀という「液体」は金という「固体」を溶かしてペースト状にしてくれる。これは一見、金がなくなってしまったように見えるから、この状態を我々の先祖は「滅金」と呼んだのだ。このペーストをたとえば銅像に塗り、乾いたところで熱すれば水銀だけが蒸発して金は表面に薄い膜となって残る。金メッキの完成である。もっともこの時、有毒な水銀ガスが発生するので工人たちはそれを吸い込み、少なからず犠牲者が出たという。ちなみに「滅金」のことを日本では**「鍍金《ときん》（塗金）」**とも言った。文字通り「金を塗る」ということだ。

突然だが、私は日本将棋も「とった駒が使える」ことでチェスなどを超えた世界最高のゲームになったと考えている。そしてもう一つの特徴が、チェスや中国象棋は「殺し合い」だが、日本将棋は「金銀玉香など宝物の争奪戦」となっていることだと分析している。その下級の駒「歩」が「出世」して裏返しになると何になるか、ご存じだろう。そう「と金」になり「金将」と同じ動きができるようになる。要するにこの語源も「鍍金（塗金）」ではないかと思うのだ。

さて奈良時代の日本がそれまで蓄積された技術をもつ世界最高水準のハイテク大国であったことは理解していただけたと思う。そしてそのハイテク大国の、中国からの独立宣言と言うべきものが、和同開珎であり奈良の大仏であったということなのだ。だが、ひょっとしたらあなたは、「和同開珎は日本で初めて銅が発掘されたことを記念してつくられた」と思い込んでいないだろうか。そんなはずはないではないか。弥生時代から銅鐸はあり和同開珎以前に富本銭が鋳造されていたのだから。では**「和銅」という年号はいったい何を記念した**のだろうか？

自然銅（和銅）が採掘されて和銅改元

ここで日本貨幣史の専門書を繙《ひもと》くと、和銅と改元した時の詔《みことのり》（天皇の命令書）に、次のような注目すべき文言がある。当時、武蔵国（現在の東京都および埼玉県と神奈川県の一部）から発見された和銅《にぎあかがね》は、詔では「自《おのずから》に成れる和銅」と表現してあったのだ。これは現代語で言えば「自然銅」になる。普通の銅とどこが違うのか？

「銅はふつう鉱石を精錬して得られるものだが、自然界ではごく稀に、純銅の塊として採取されることがある」「その形は、樹枝ないしさんごに似ていることが多い」（『貨幣の日本史』東野治之著　朝日選書）。ちなみにその色は真新しい十円玉のような赤みがかったものだっただろう。日本には古くから「五色《ごしき》の金《かね》」という言葉があり、金を黄金《くがね》（こがね、とも）、銀を白金《しろがね》、銅を赤金《あかがね》、鉄を黒金《くろがね》、鉛を青金《あおがね》と呼んでいた。

大和朝廷以前の弥生時代から銅鐸が鋳造されていたことでもわかるように、日本国内で銅はそれ以前にも大量に採掘されていたが、ここで**初めて極めて珍しい自然銅（和銅）が採掘された**ので、それを記念したということだろう。そういうものが発見される場所は鉱山であるケースが多いのだから、逆に言えば**当時の日本には稼働している銅鉱山が何カ所かあった**ということにもなる。大量の銅が採掘されていなければ、和同開珎や東大寺の盧遮那仏（奈良の大仏）をつくろうという機運は出てこない。

一方、金鉱については有名なエピソードがある。大仏をつくる計画を立てた聖武天皇が金メッキに使う黄金が足りないと悩んでいたところ、ちょうど陸奥国《むつのくに》の国司の百済王敬福（くだらのこにきし　きょうふく、亡命百済人の子孫）から砂金を大量に発見したとの報告があり、合わせて九〇〇両の黄金が献上されたというのである。その場所は現在の宮城県遠田《とおだ》郡《ぐん》涌谷町《わくやちょう》で、国史跡の黄金山《こがねやま》産金遺跡がある。当時、金はすべて輸入品だったから、天皇は大量の金の発見を、大いに喜んだという。また当時政府高官であった大伴家持《おおとものやかもち》（『万葉集』の編者と目される）は「すめろきの　みよさかえんと　あずまなる　みちのくやまに　くがねはなさく（天皇の御《み》代《よ》　栄えんと　東なる　陸奥山に　黄金花咲く）」と賛歌を詠んだ。

「和銅」と改元して「記念硬貨」とも言うべき和同開珎を鋳造したのは、白村江の戦いで敗れはしたものの、東アジア（当時の全世界）において唐と対等の国家であることを示すための一連の事業のスタートだった。和銅の発見はそのきっかけにすぎず、前々から貨幣発行のタイミングを見計らっていた。つまり**スタートが和同開珎でゴールが盧舎那仏**ということだ。その過程で問題だった金の不足が自前で解消できることになり、当時の朝廷はますます自信を深めたのである。

これも現代日本人があまり意識していないが、この発見はマルコ・ポーロが命名した「黄金の国ジパング」の第一歩だった。近代まで日本は世界最大の産金国だったのである。

三、黄金の国・日本の失敗

中国はほとんど金が産出しない国家

さて、読者の皆さんにはこれまでの人生の中で、テレビや映画で見た様々な時代劇や歴史ドラマを思い浮かべていただきたい。

たとえば日本の江戸時代、もちろん銅銭も使われていたが、一分銀という銀貨、小判という金貨が使われていたことを思い出すはずである。時代劇には当たり前のように小判が出てくる。確かに長屋暮らしの町人にはあまり身近ではなかったが、まったく無縁だったわけでもない。特に江戸時代後期になるとインフレが進み小判の価値も下落したので、様々な場所で小判が使われるようになった。つまり近代以前の日本は**「庶民でも金貨を手にするチャンスのある国」**だったのである。

最近は中国の古代を舞台にしたドラマや、いわゆる韓流《はんりゅう》時代劇も気軽に見ることができる。

では、そこで金貨が登場したのをご覧になったことはあるだろうか？　金塊ではない、金でつくった貨幣である。ご覧になったことはないはずである。なぜなら、**中国はほとんど金が産出しない国家だった**からだ。既に述べたように、西の方でもエジプトではまったく金は産出されなかったのだが、周辺にはヌビアなど金産出地域があったので、ツタンカーメンの黄金のマスクも輸入した金でつくられたのである。

これは有名な話だからご存じかもしれないが、**有史以来発掘された金の総量は約一八万トン余り、オリンピックプールのたった四杯分**でしかない。金はサビないし変色もしない。いつまでたっても黄金色の輝きを失わない。だから不老不死を象徴する極めて縁起の良いものでもあった。つまり金については、どの文明でも同じ評価をしていたから、金貨つまり金でつくった貨幣は世界中どこでも通用した。

お手元に金貨があったら、ちょっと見ていただきたい。古代ローマの金貨でも、日本の天皇在位記念金貨でも構わない。実は金貨のデザインには共通性がある。和同開珎などの中国式銅銭と比べてみれば、その特徴がよりよくわかる。

まず金貨は文字だけではなく何らかの絵が浮き彫りにされている。王家の紋章であったり、皇帝の肖像であったり、吉祥をもたらす獣や植物だ。もちろん真ん中に穴などはない。国を越えて通用したから**「字」よりも「絵」がデザインの重点項目**だったのだ。文字は浮き彫りになっているが、それは国名や皇帝名であり、その価値を表す数字が書かれている。貨幣の単位であったり金そのものの量であったりするが、ここで多くの読者は初めて気がつくのではないか。中国式銅銭にはそのようなものがない。

中国式銅銭に穴があるのは鋳造の製造工程で必要だから、ということは前に説明した。もっともそれはあとづけの理屈で、この穴はそもそも呪術的な理由から開けられたという説もあるのだが、とにかく製造工程で穴を利用することは確かである。そして西洋式コイン、特に金貨は量目を重視するので鍛造でつくられることも述べたが、もし中国が金の産出国であったなら、当然古代社会で中国金貨もあったはず、という点に気がついていただきたい。つまり**中国は銅銭をつくるしかなかった**のだ。逆に日本は金産出国なのだから、そのことに早く気がつくべきだったのである。

今も昔も「体制」づくりが苦手な日本

日本人は緻密で品質の高いものをつくる名人だが、一つの体系あるいは体制をつくるのはそんなに得意ではない。GAFA（ガーファ）という言葉をご存じだろうか？　Google（グーグル）、Apple（アップル）、Facebook（フェイスブック）、Amazon（アマゾン）の四大企業（当時）を総称する言葉だが、少し前まではいわゆるサイバースペース（インターネットが生み出す仮想世界）をこれらの四大企業が独占しているという意味で使われた。

この中には日本企業は一つも入っていない。コンピューター関連で言えばフラッシュメモリやリチウム電池は日本人の発明であり、また、車などのモノづくりは得意なのだが、現代でも**GAFAのような「体制」づくりは苦手**ということである。

これまで述べたように、奈良時代の日本は「中国何するものぞ」という国家意識のもとに様々な事業を行ってきた。和同開珎もその重要な一環で、要するに東アジアにおける「通貨発行国」は中国だけではないぞ、わが日本もなれるのだ、という意味があった。「なれる」というのには二つの意味があって、一つは中国の臣下ではないということ、もう一つは技術的にも可能（中国に劣らない技術がある）ということだった。

ところが当時の日本は、銅貨とは違う貨幣を発行し中国とはまったく違う体制をつくろうとはしなかった。現代ではパンダ金貨を発行している中国も、近代以前は金がほとんど産出せず、ローマ帝国のように大量に流通する金貨を発行することができなかった。日本は東北地方で金が発見されて以降、毎年金の産出量は拡大していき、**江戸時代までは世界最大の金保有国だったのだから、その利を生かして金貨を発行すればよかったのだ。たとえば大きな金貨をつくり、「中国銅銭四〇〇〇枚とならら交換してやる」と宣言すれば日本の面目は大いに立つし、中国のメンツは丸つぶれである。

さて、銅銭四〇〇〇枚という数字、あなたはどう思いましたか？　中途半端ですか、それとも四〇〇〇枚は多すぎる？　いえいえ、これはレート通りの数字です。

室町時代のころから、銅銭の穴にひもを通し一〇〇〇枚まとめたものを一貫文と呼び、四貫文すなわち四〇〇〇枚と金一枚を交換するようになった。金貨の形はばらばらだったが（量目は同じ）江戸幕府はそれを統一して一両小判を発行し、また一貫文に相当する銀貨もつくった。それが一分《ぶ》銀で四分で一両ということになる。

またそれまでに銅銭は貨幣の単位としては「文」と呼ばれるようになっていた。戦国大名の真田《さなだ》信繁《のぶしげ》（幸村《ゆきむら》）の旗印は「六文銭」だが一枚の重さは一匁《もんめ》と呼んだ。約三・七五グラムである。現代日本政府が発行している五円玉はこのことを記念して現在も三・七五グラムでつくられている。ただ材質が純銅ではなく少し重い黄銅なので中国式銅銭よりは小ぶりになる。

とにかく**四〇〇〇文＝四分＝一両というレート**がかつて存在したわけだが、戦国時代末期には豊富な産金量を生かし一枚で一〇両分に相当する天正《てんしょう》大判もつくられた。これは近代以前、世界最大の金貨だった。つくったのは豊臣《とよとみ》秀吉《ひでよし》であり、秀吉といえば天智天皇以来数百年ぶりに、中国（当時は明）と正面切って戦った男でもある。

奈良時代の日本は独自の通貨体系をつくるところまでは知恵が回らなかった。

独自通貨発行は開戦準備のため

要するに通貨発行というのは単なる財政上の措置などではなく、**国家の独立と当時の経済状**

況が密接に絡んだ重要イベントだということがおわかりいただけたかと思う。

そして残念ながら人間はいつも常識に縛られ、そこから脱却することが難しいということもご理解いただけただろう。

基本的に金は産出されないから銅貨（銅銭）しかないという**「中国式通貨体制」は、世界的視野でみれば極めて異常なもの**で、世界有数の金産出国になった日本はそれに縛られる必要がなかったのに、どうしても「通貨とは銅銭のことである」という常識から離れることができなかったのだ。

それでも、**奈良時代に日本は金貨を発行した**ことがある。**開基勝宝《かいきしょうほう》**というものだが、ほとんど流通はしなかった。これが発行されたのは七六〇年、形の上では淳仁《じゅんにん》天皇の治世になるが、実はこの天皇は明治になるまでは「廃帝《はいたい》」と呼ばれ、歴代の天皇には数えられていなかった。この時代は恵《え》美《みの》押《おし》勝《かつ》（藤原仲麻呂）という男が天皇をないがしろにして権勢をふるっていた時代なのである。作家・海音寺潮五郎は押勝が新羅攻略を企てていたのではないかと述べているが、私もこれに賛成だ。

新羅は王国で新羅国王は当時の中国である唐の皇帝の家臣ということになる。つまり新羅を攻めれば唐と戦うことにもなる。ここで、六六三年に白村江で唐・新羅連合軍と戦って敗れた中大兄皇子（天智天皇）のことを思い出していただきたい。彼も「中国式通貨体制」に縛られない独自の通貨「無文銀銭」を発行しているではないか。唐と戦争するなら外国商人から武器や軍需物資を調達することもある。それなら独自の金貨をつくった方が手っ取り早いし、唐と戦うのに唐の銅銭で決済する（日本の和同開珎は国際的には通用しない）などという面目丸つぶれのマネをしなくても済む。

確かに奈良時代の日本人は「中国式通貨体制」という常識に縛られていたが、中国の他にも世界があるということは理解していた。たとえば「日本が中国を追い越した儀式」とも言うべき東大寺廬舎那仏（奈良の大仏）の開眼供養は、開基勝宝発行の八年前の七五二年のことだが、その導師をつとめたのは唐人僧ではなく仏教の本場インド出身の菩提僊那《ぼだいせんな》であった。考えてみれば当たり前で、「中国を超える儀式」に中国人の手を借りるわけにはいかない。菩提僊那は婆羅門僧正《ばらもんそうじょう》とも呼ばれるが、シルクロードを踏破して唐の寺院で布教していたところを、三顧の礼で日本に招かれたというわけだ。僧正は奇《く》しくも金貨発行の年七六〇年に亡くなった。

つまり**独自の金貨を発行したということは、開戦準備のためだった**と解釈できるのである。白村江では大惨敗を喫した、唐と事を構えるのは危険だという見方も当然あっただろうが、それに対する有力な説得材料があった。当時、唐の玄宗《げんそう》皇帝は楊貴妃《ようきひ》の美貌に溺れ政治をないがしろにしたため七五五年に安禄山《あんろくざん》の乱が起こっていた。これは通常の反乱のレベルを超えていた。なんと安禄山は都の長安に匹敵する大都市洛陽《らくよう》を占拠し数年にわたって支配したのである。日本が新羅を攻めても、唐が援軍を出すことなど不可能な状況だったのだ。

「つなぎ」の女帝が改革を実行

結局、恵美押勝は、その意図を国家の危機と捉えた新しい天皇に征伐された。その人は一度は上皇となり政界を引退していたのだが、再び天皇の座に戻って（これを重祚《ちょうそ》と呼ぶ）それを成し遂げたのだ。確かに唐には朝鮮半島から撃退されたという深い恨みがある。しかしここで兵を挙げ運良く朝鮮半島を制圧したとしても、敵国である唐と陸続きになり将来的には緊張状態が続くことになる。それを避けたかったのだろう。その天皇とは称徳《しょうとく》女帝、奈良の大仏をつくった聖武天皇の娘だった。

それにしても、七世紀末から八世紀にかけて**日本は女帝の時代**である。壬申の乱（六七二年）の勝者であった天武天皇が亡くなった後、残された皇后は即位して持統《じとう》天皇となり、国家を大改革した。この「持統の大改革」については拙著『天皇の日本史』（角川文庫）に詳しく述べてある。興味ある方はそちらをご覧いただきたい。

持統の子孫は男子がひよわで次々に若死にしたので、持統を見習う形で女帝が続いた。持統の二代後の元明天皇も女帝で男子が成長するまでの「つなぎ」だったが、平城京（奈良）への遷都、和同開珎の鋳造を実行したのはこの天皇である。また『古事記』を完成させたという事績もある。

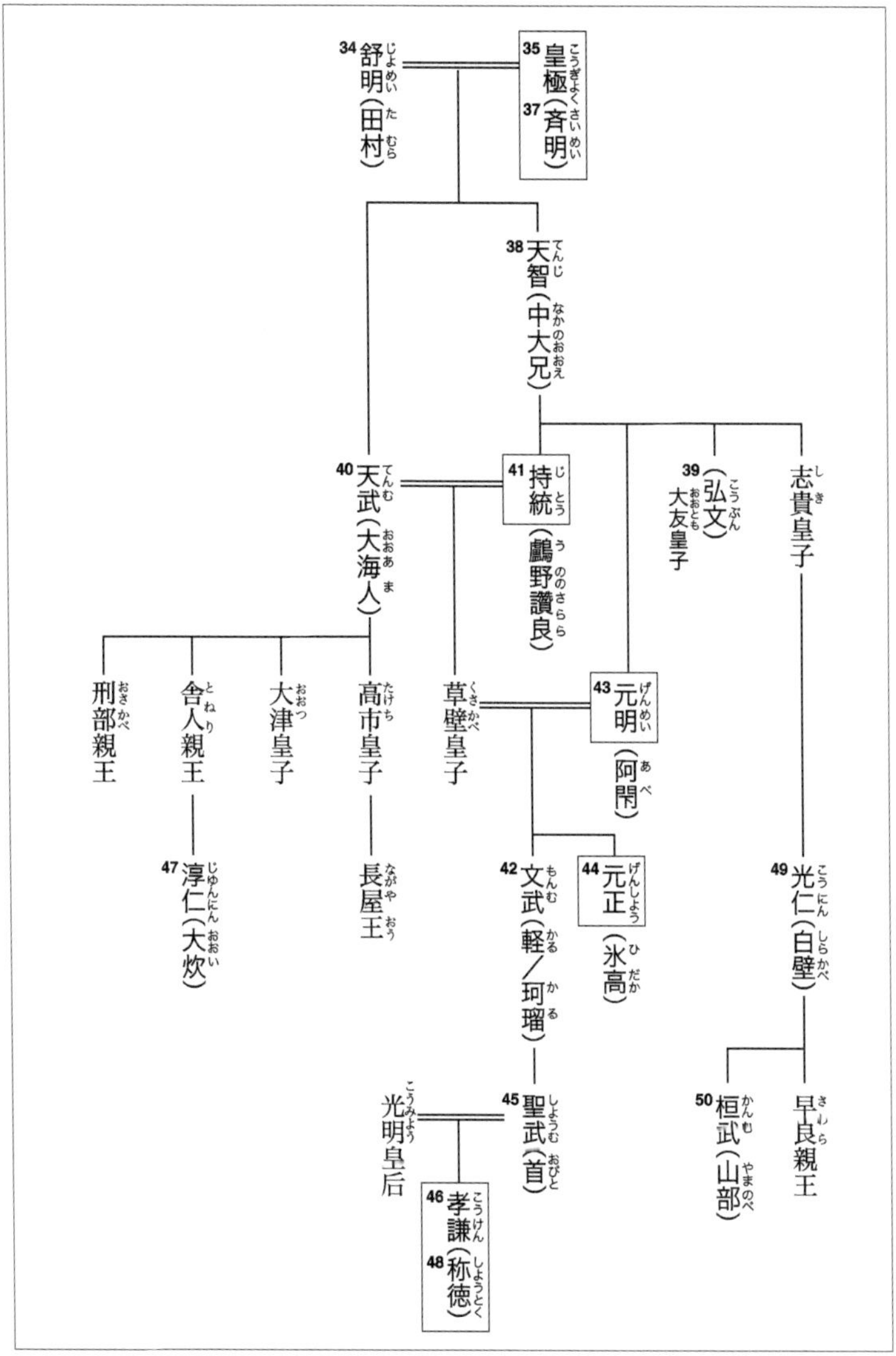

34 舒明《じょめい》（田村《たむら》）
35 皇極《こうぎょく》
37（斉明《さいめい》）
38 天智《てんじ》（中大兄《なかのおおえ》）
40 天武《てんむ》（大海人《おおあま》）
41 持統《じとう》（鸕野讃良《うののさらら》）
39（弘文《こうぶん》）
大友皇子《おおとも》
志貴皇子《しき》
刑部親王《おさかべ》
舎人親王《とねり》
大津皇子《おおつ》
高市皇子《たけち》
草壁皇子《くさかべ》
43 元明《げんめい》（阿閇《あべ》）
47 淳仁《じゅんにん》（大炊《おおい》）
長屋王《ながやおう》
42 文武《もんむ》（軽《かる》／珂瑠《かる》）
44 元正《げんしょう》（氷高《ひだか》）
49 光仁《こうにん》（白壁《しらかべ》）
光明皇后《こうみょう》
45 聖武《しょうむ》（首《おびと》）
50 桓武《かんむ》（山部《やまのべ》）
早良親王《さわら》
46 孝謙《こうけん》
48（称徳《しょうとく》）

そうした女帝たちのバトンを受けて、なんとか一人前の男子に成長した聖武天皇が奈良の大仏を創建した。しかし聖武天皇と藤原氏出身の光明皇后の間には男子が一度は生まれたものの赤ん坊のうちにこの世を去り、またしても孝謙女帝の時代になったというわけだ。

今の日本史は、この奈良時代の日本が唐つまり中国をライバル視し、**良くも悪くもその強い影響を受けていた**ことを無視している。和同開珎の鋳造なども奈良時代の技術の発展の一環としてしかとらえていない。だから大仏はつくれなくても銅銭をつくるぐらいの技術力を持っていたはずの朝鮮半島の国家が、なぜ唐がガタガタになるまで銅銭を発行しなかったのか、というところにも気がつかない。失礼ながら、そういう事実すらご存じないのではないか。確かに日本史専門の学者から言えば「専門外の朝鮮半島の話」である。

私は、**中国も日本をライバル視してその動向に影響を受けた**と考えている。念のためだがそんな史料は一切ないだろう。中国、つまり中華の国（世界で一番優れた国家）のメンツにかけても、「この点については日本を見習った」などといえるはずがないからだ。しかし事実は事実として残る。大改革を実施した持統天皇が皇后から天皇として正式に即位したのが六九〇年のことだが、そのまったく同じ年に中国では空前絶後の大事件が起こっていた。

中国は儒教の国で男尊女卑が絶対のルールだ。中国は昔から夫婦別姓だが、それも子供は父親のＤＮＡを持っているから父親の姓を名乗れるが、妻はあくまで員数外つまり「女の腹は借り物」という感覚で、女性尊重どころか女性蔑視の最たるものである。その中国で**最初にして**

最後の女帝が誕生した。差別的な感覚だが「女が皇帝になっちゃった」のである。

女帝が君臨する国・日本をみた則天武后

中国史唯一の女性皇帝、日本では彼女のことを**則天武后《そくてんぶこう》**と呼ぶのが一般的だが、それは最終的に彼女が権力を奪われ唐の皇帝の皇后の形で葬られたからだ。

しかし、彼女は一時紛れもなく皇帝として即位し、唐の皇帝李一族とは別の、彼女の実家の武一族の支配する新しい中国（国号は周、中国史上他にも存在した「周」と区別するため武周と呼ばれる）を建てた。だから、その皇帝としての名**「聖神皇帝武《ぶ》則天《そくてん》」、略して武則天**と呼ぶべきだろう。

ところで少し話が前後したので整理しておこう。日本の古代史における最大の事件は外国との戦争である白村江の敗戦（六六三年）、そしてその後始末とも言うべき、日本を真っ二つに割った内乱である壬申の乱である。白村江は言うまでもなく実質的には唐との戦いであった。ではこの時、唐を仕切っていたのは誰か？　なんと、武則天いやこの時代はまだ唐の皇帝高宗《こうそう》の皇后であったから則天武后と呼ぶべきかもしれないが、彼女なのだ。高宗皇帝は聖武天皇とよく似た病弱で気の弱い性格だったので、何事も彼女の言いなりだった。

つまり**日本は彼女に負けた**。それればかりではない、勢いに乗った彼女の唐は朝鮮半島で最後まで逆らっていた高句麗も新羅との同盟で滅ぼした。実は朝鮮半島で最も強かった国家は高句麗であった。日本も広開土《こうかいど》王《おう》（好太王《こうたいおう》）には痛い目にあわされている。中国から見れば朝鮮半島で最も不愉快な国が高句麗であった。それに白村江の戦いは彼女に滅ぼされた百済を再興するためだった。要するに彼女は、それまでの中国皇帝つまり「男ども」が成し遂げられなかった朝鮮半島の属国化、そしてその路線に逆らう「こしゃくな日本」の封じ込めを、新羅を手先に使うことによって見事成し遂げたのである。

男なら中国皇帝を名乗ってもいいぐらいの大功績を挙げたが、女は絶対皇帝になれないというのが中国の固い掟《おきて》である。彼女は悔しかったに違いない。しかしそこで「参考」になったのが、日本だったのではないか。

どんな国でも戦争するとなれば敵国の情報はできるだけ集める。白村江の戦いのおり、日本の指導者は中大兄皇子だったが、実はその直前まで中大兄の母親が天皇（斉明《さいめい》天皇）だった。斉明が病死したので中大兄が即位せずに指揮をとったのだ。しかも斉明天皇は初の女帝ではない。その時より約五〇年も前の飛鳥《あすか》時代に推古《すいこ》天皇という東アジア初の女帝がいた。**「なんだ、女だって即位できるじゃない」**と則天武后がわが意を得たのではないか。

そして彼女は皇帝の座についた。前に述べたように、その即位の年六九〇年に日本では持統天皇という女帝が生まれている。これが日本最初の女帝なら「中国が日本を見習った」ことはありえない。昔のことだから情報が伝わるにも今と違って長い時間がかかる。しかし、日本はその時点で三人目の女帝（推古、皇極《こうぎょく》と斉明は重祚した同一人物、それに持統）なのだ。それゆえ海の向こうに女帝が君臨する国がある、という情報は確実に則天武后の耳に届いていたはずである。

日中女帝の共通点は「仏教を尊重」

六九〇年（持統《じとう》四）、つまり日本では持統天皇が即位し、中国では聖神皇帝武則天が即位した年は、**「東の日本天皇、西の中国皇帝」**がともに女帝だったという極めて珍しい時代の始まりだった。

ちなみに歴史事典で武則天の項を見てみると、即位後の彼女は仏教を重視したとある。中国には三教（三つの宗教）という言葉がある。先祖崇拝の儒教、神仙（中国伝統の神々や仙人）を尊ぶ道教、そして外来の仏教だが、彼女が仏教を選んだのは三教の中で仏教が一番女性を差別しないからだろう。

私が仏教をはじめて学んだころは「釈迦《しやか》も女人《にょにん》の成仏《じょうぶつ》は難しい」と言ったと教えられたが、最近の研究ではインドの仏教には女性差別はほとんどなく、差別は中国で強調されたという意見もあるようだ。とにかく仏教は、中国の伝統的な男尊女卑の考えに基づく民族宗教の儒教や道教よりは、世界宗教であるがゆえに女性を蔑視しない部分があるとは言えそうだ。

しかし、日本の女帝たちと中国唯一の女性皇帝武則天とは性格がまったく違う。武則天は女性には珍しい権力欲の塊のような人物で、自分の産んだ子供をライバルの皇后を追い落とすために絞殺するような悪女だった。中国三大悪女の一人である。

一方、日本の女帝たちは天皇家の男たちを支えることに徹していた。なぜ即位したかといえば権力欲のためではなく、息子や孫がより良い状況で天皇になれるようにである。この点は日本と中国では天と地ほども事情が違う。

有能なところは共通性があった。武則天は男たちが成しえなかった朝鮮半島の「領土化」を実現したし、持統はそれまで男たちが伝統に縛られまったく手をつけられなかった「首都移転」問題を見事に解決している。一言で言えば持統女帝は日本国が建国以来ずっと抱えていた難問を、仏教の力を借りて見事に解決したのである。私は**持統大帝と呼んでもいい人物**だと思っているが、同じ年に中国皇帝となった武則天との共通点はまさに仏教の尊重にある。

いくら昔は交通が不便でまともな通信手段がなかったといっても、**「仏教を重んじる女帝」同士互いの存在を意識していた**と私は考えている。日本は特にそうだ。何しろ国運をかけた大戦争で大惨敗を喫した当の相手なのである。では、中国に、そして武則天に日本が勝つにはどうしたらいいか？　朝鮮半島が制圧された以上、攻め込むという選択肢はない。ならば仏教国として中国の上を行くというのはどうか。

実は当時の中国で最大の仏像は石仏でしかなかった。洛陽郊外の龍門という場所に唐の前の王朝北魏《ほくぎ》によって大石仏群が造営されていた。その一角に新たに唐が築いた高さ約一七メートルの大仏があった。そのため、そのあたりは奉先寺と呼ばれていたのだが、しょせんは石仏である。大きな崖を少しずつ刻んでいけば必ずつくれるものだ。しかし、鋳物の大仏をつくるのは極めて難しい。

鋳造で世界一の巨像をつくるという破天荒アイデア

持統女帝の直系の曽孫にあたる聖武天皇が、東大寺の盧舎那仏いわゆる奈良の大仏をつくった。そしてこれが八世紀半ばという時代においては、世界一の技術水準の産物と言っていいことは既に述べたところだ。

しかし本当にこの時代の中国つまり唐には、石仏ではなく鋳造の大仏はなかったのか？　実は記録だけならある。九世紀後半に唐で出された書物に**聖善寺という寺に高さ八三尺（約二五メートル）の銀製の鋳造仏があった**と書かれている。

しかしこれは信じられない。もしそれほどの、しかも銀製の大仏があったとしたら、もっと多くの人間が見ているはずだし、唐の前の隋から国家の正式な使者（遣隋使）を派遣していた日本でも話題に上らないはずがない。しかしそんな記録はまったくないし、いくら銀は産出する中国でも、それだけの量を仏像に使用したとは考えられない。そして仮に百歩ゆずってこれが本当の話だったとしても、日本が世界一の技術国だったという事実は揺るがない。なぜなら奈良の大仏は鋳造仏であると同時に全身に金メッキを施したものだからだ。「世界一の国家」を自称する唐には、大仏といってもやはり石仏しかなかったのだろう。持統女帝のライバルで中国唯一の女帝武則天が誇りにしていたのは奉先寺の石仏だった。**高さは奈良の大仏とほぼ同じ**である。これは偶然ではなく、持統女帝には武則天が誇りにしている大仏と同じ大きさのものを、簡単にできる石仏ではなく高度な技術がないと決して不可能な鋳造の金メッキ仏としてつくり、鼻を明かしてやりたいと考えたのではないか。ただし、それは彼女の時代には不可能だった。何よりも金メッキの材料である金が国内では発見されていなかった。しかし持統女帝はその夢をいつか実現してほしいと子孫に伝えていたのではないか。

聖武天皇が、正確に言えば聖武天皇と光明皇后夫妻が、大仏をつくらねばならないと考えたことには別のきっかけがあった。そのことは本題ではないのでここでは触れない。しかしきっかけはどうあれ、鋳造で世界一の巨像をつくるというアイデア自体は持統「大帝」のものではなかったか、と私は考えている。

並外れた人間でなければ、そんなアイデアは考えつくものではない。聖武天皇はまじめで穏やかな人柄だが、そういう破天荒なアイデアを考えるタイプではない。

歴史を考える際、人間はどうしても結果にひきずられる。奈良の大仏は確かに建立された。それを知っている後世の人間は、それをつくるというアイデア自体も常識として当時からあったように錯覚してしまうのだ。それが「結果にひきずられる」ということで、実際にあのような鋳造による巨像は、エジプトにもバビロニアにもギリシャ・ローマにもないことをもっと認識すべきだろう。

しかし**大仏建立が古代日本における一つのピークであった**ことは事実である。それ以後、唐が安禄山の乱をきっかけに衰え、日本は張り合うべきライバルを失ってしまった。遣唐使自体も平安時代の八九四年に廃止された。こうなると日本はやることがなくなってしまう。お金の発行についても同様だ。

稀少な金を一留学生でも持つ黄金の国

古代における日本と中国の関係は、**現在の日本とアメリカの関係にちょっと似たところがある**。まず国のサイズはあちらの方が大きい、だが日本はそれに対抗しようとして様々な背伸びをした。戦争にも及んだが、これは敗れた。ライバルではあるが強い影響も受けている。

古代の日中関係は、最初は朝鮮半島を介して始まったとみられるが、邪馬台国の卑弥呼の時代は三国時代の魏に、大和朝廷の初期のころは宋に、日本の首長は「倭国王（中国皇帝の臣下）」にしてもらうことで満足していた。しかし国力・技術力がともに発展する中で大和朝廷は中国と対等な国家であることを目指し、その首長は「天皇」と名乗るようになった。中国皇帝と対等であり臣下ではない、ということだ。そしてとうとう中大兄皇子（天智天皇）は中国（唐）と直接戦ったが、これは大惨敗を喫した。

しかし、その天智政権を倒した天武天皇の皇后（実は天智の娘でもある）は、天武の死後に持統天皇となって国を立て直した。その大改革は日本の宮都を中国式に改革し日本に定着させる（藤原京→平城京《へいじょうきょう》）というもので、これは大成功を収め国家の基礎が強化された。そのうえで持統天皇の曽孫聖武天皇が取り組んだのが金メッキを施した鋳造の大仏の建立という、人類の技術史の新たな一ページを開くものだった。

「碁敵は憎さも憎し懐かしし」というのは落語のマクラだが、両国の関係はそんなものだっただろう。結局「天武王朝」は独身の女性である称徳天皇をもって断絶し、壬申の乱の「負け組」で冷や飯を食わされていた天智天皇の系統に皇位が戻る。「天智王朝」の復活である。「初代」の光仁天皇は老齢で即位したので何もできなかったが、息子の桓武《かんむ》天皇は平城京を捨て平安京に遷都するという大胆な政策を実行した。これは「天武王朝」の遺産を大仏ごと奈良仏教ごと捨てたということだ。

だからこそ**「新王朝」にふさわしい新しい仏教**を必要とした。その要請に応えたのが唐から**天台宗《てんだい》を伝えた最澄《さいちょう》**と**真言宗《しんごん》を伝えた空海《くうかい》**だ。二人はともに国家の多大なる支援を受けたのだが、ここに有名なエピソードがある。最澄と違って無名の僧であった空海は本来二〇年かけて仏教を学ぶ予定だった。しかし既に修行を積んでいた空海は唐の高僧から密教の奥義を伝授され、わずか二年で留学を切り上げることになった。そのとき国家から支給されていた残り一八年分の留学費用で大量の経典や仏具を調達して日本に持ち帰ったのだが、その支払いにはすべて砂金を使い唐の人々を大いに驚かしたというのだ。

前にも述べたように、中国では金がほとんど産出しない。だから通貨としての金貨はなかった。価値を認めなかったのではない。あまりにも稀少なので、ダイヤモンドで通貨をつくれないのと同じことだったのだ。

ところが空海はその「ダイヤモンド」で買い物をしたのである。それも大臣でも貴族でもない一留学生が、だ。「日本という国はなんと黄金に恵まれた国か」中国人はそう思ったし、その情報は中国から発信され世界に広がっていくのである。

朝廷が惰性で出していた「皇朝十一銭」

安禄山の乱をきっかけに衰退に向かった唐に使者を送る価値はないと、朝廷に「遣唐使の廃止」を建言したのは、のちに怨霊神として祀り上げられる菅原道真だった。八九四年のことである。そして九〇七年に唐は滅んだ。

菅原道真が神になった事情については「日本政治史」では避けて通れないテーマである。しかし、本書は『お金の日本史』なのでその面から語ると、中国との正式な交流がなくなった結果、**日本は国際社会というものを意識しなくなった**。ちょうど鎖国時代の日本がそうであったように、経済圏も日本国だけになってしまった。これも厳密に言うと中国との民間貿易はあったのだが、それほど規模も大きくなく経済が縮小した。

既に述べたように、銅銭中心の経済体制というのは、中国では金があまり産出しないという特殊事情によるもので、日本が中国以外の経済圏を知っていれば別の発展の仕方もあったのだろうが、とりあえず朝廷は金貨、銀貨も発行することな**く銅銭だけを発行**し続けた。**「皇朝《こうちょう》十二銭《じゅうにせん》」**である。それぞれ違う天皇によって発行された一二種類の銅銭という意味で、第一番目の和同開珎はあまりにも有名だが、それ以外の一一種類についてたった一種類でも名前を言える人はほとんどいない。コインマニアなら別だが、これらはあまりにも影が薄いのである。

まず発行量自体が少なかった。民間貿易の決済には金や銀が使われたから、銅銭は日本国という狭い経済圏だけを対象にしたものである。しかもこれも政治の話だが、平安時代になって藤原摂関政治が確立すると、朝廷という政府は藤原氏に「養分」を吸い取られ国家財政が破綻《はたん》していく。いわば朝廷が政府としての機能を果たさなくなっていき、その結果武士団という本来は非合法の集団が政権を乗っ取り、幕府という軍事政権が日本を仕切っていく形となる。それへの過渡期である平安時代後期の日本には、技術はあってもまともな銅銭をつくるカネがなかった。つまり和同開珎以外の「皇朝十一銭」はコインとしての質も良くないのである。銅よ

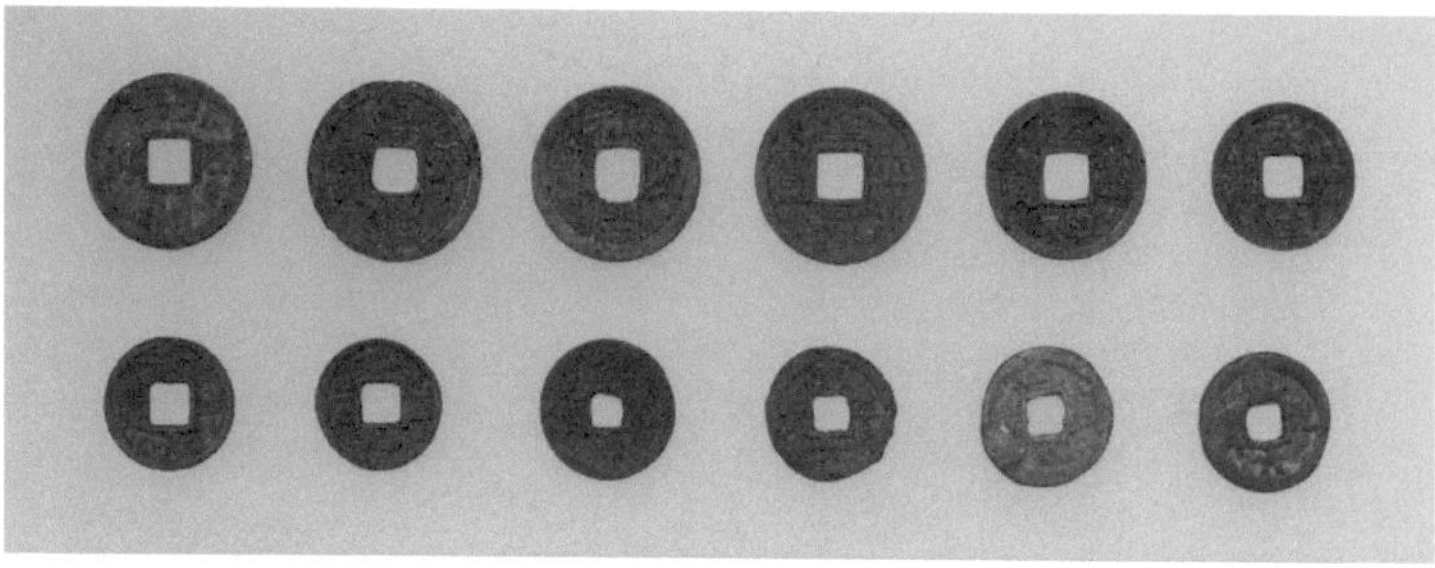

皇朝十二銭

りも鉛の成分が多いものもあり、傷みやすく価値も低い。言葉は悪いが**朝廷が「惰性」で出していたようなもの**で、だからこそ名を知る人も少ない。

だが皮肉なことに、中央政権が機能しなくなると地方の武士団の活動が活発化し、交流や流通も盛んになった。となると、やはり貨幣が必要である。

唐が倒れた後、中国はしばらく統一政権がなかったが、日本で「皇朝十二銭」の最後である**乾元大宝**《けんげんたいほう》が鋳造された九五八年の二年後の九六〇年、ようやく新しい統一政権の宋が誕生した。そしてこの新しい中国「宋」は、政権が安定化してくると早速新しい銅銭を大量に発行し始めた。

ここで日本人の貨幣を望んでいる人々――それは国内の商人であり多くの所領をもち経済力のあった巨大寺院や神社であり新興の武士団であったろうが――は次のように考えた。「この良質で安価な宋銭を大量に輸入して通貨とすればいいではないか」ということだ。

日本は金銀産出量世界一だった⁉

平安時代後期から日本は宋銭の大量輸入を始め、それによって貨幣経済の基礎を作っていくのだが、その前に語っておかねばならないのは、日本で産出した金がどうなったかだ。

一留学生にすぎない空海が唐の都長安で大々的に砂金を使って買い物をし、唐の人々を仰天させたことは既に述べたが、ここで読者の皆さんにぜひ認識してもらいたいことがある。日本は資源のない国だと、私などは昔から耳にタコができるぐらい教えられてきたのだが、前述のとおり**金と銀の産出量ではかつては世界有数**、いやひょっとしたら**世界第一位の産出国**であった時代がある。

実はこんなことは書きたくないのだが、「お金の日本史」とは実は「マヌケの日本史」でもある。日本はせっかく膨大な金と銀を産出しながら、その優位を生かすことができず、みすみす外国勢力にそれを奪われてしまったからだ。意外に聞こえるかもしれないが、それは本当の話である。私は超国家主義者ではないのだが、もしそうだとしたら「日本は天皇を戴《いただ》く神々に祝福された国で、その証拠に金銀の産出量も世界一だった」と自慢するだろう。つまりそういう人々もこの事実には気がついていないということだ。

平安時代のころは、日本は膨大な埋蔵量を誇る金銀を生かしていたとは言えない。なぜなら金という金属は鉛や銀が混ざった形で掘り出されることが多く、それを分離して精錬する技術は日本には存在しなかったからだ。

しかし自然の力は金鉱石からうまく金を分離してくれる。川の水が金鉱石を破壊し比重の重い金は分離されて川の底に沈む。それが砂金だ。東北地方で初めて発見され大仏の金メッキ用に献上された黄金もすべて砂金だった。それは膨大な埋蔵量のほんの一部だったのだが、それでもこんなに大量に産出する国は世界広しといえども日本しかなかった。実は日本国中に金鉱石は埋まっていたが、埋蔵量があまりにも多いのでその一部が砂金として流出した、それが東北地方だったということだ。

平安時代後期、朝廷は藤原氏の横暴によって統治能力を失った。だから、今こそチャンスだぞと、かつて桓武天皇の時代に服属させられた**蝦夷《えみし》の末裔《まつえい》**が反乱を起こした。**前九年の役《えき》（一〇五一年）、後三年の役（一〇八三年）**である。統治能力を失った朝廷に反乱をおさえる力はない。そこで朝廷は新興の武士団源氏に恩賞をちらつかせて反乱を鎮圧させたが、東北をそのまま支配することは許さなかった。彼等非合法集団の力が大きくなりすぎるからである。

代わって東北の支配を任されたのは、かつて都から赴任した下級貴族の子孫である奥州《おうしゅう》藤原氏だった。純粋な武士よりこちらの方が朝廷も安心できたということだろう。もちろん源氏をタダ働きさせたのは朝廷の陰謀なのだが、**源氏はむしろ奥州藤原氏を恨んだ**。「オレたちが汗水垂らし血を流してまで平定した東北を自分のものにしやがって」ということだ。

だが奥州藤原氏はうち続く戦乱で死んでいった人々を慰霊するべく、奥州を「一大仏教国」にしようと考えた。通常は地方の一豪族には到底無理な話である。しかし**東北にはあふれんばかりの砂金があった**。だから彼らは黄金文化を築くことができた。その象徴が岩手県にある中《ちゅう》尊寺《そんじ》金色堂《こんじきどう》である。

中尊寺金色堂と黄金の国ジパング

奥州藤原氏というと中尊寺金色堂しか思い浮かばない人もいるかもしれない。実は世界遺産としての指定内容は「平泉《ひらいずみ》―仏国土（浄土）を表す建築・庭園及び考古学的遺跡群」ということになっており、特別史跡・特別名勝の毛越寺《もうつじ》庭園や同じく特別史跡に指定されている観自在王院跡、無量光院跡などその範囲は広い。もし観自在王院や無量光院が現在そのまま残っていれば、京都の寺々にも引けは取らないだろう。なぜそれらが残っていないかというと、**源頼朝《みなもとのよりとも》に徹底的に破壊されたから**なのである。

前に述べたように、朝廷は源氏を利用して東北の反乱を鎮めたのに、その地を治め黄金の利権を手にしたのは奥州藤原氏だった。**悪いのは朝廷なのだが、源氏はそれを逆恨みした**のである。だから自分に逆らった弟源義経《みなもとのよしつね》が平泉に逃げ込んだのをいいことに、源頼朝は義経の首を差し出せば許してやると藤原氏をだまし、結局は大軍で攻め込み平泉を焼き払った。金色堂を残したのは、そこまで徹底的に破壊すれば藤原氏が怨霊と化すと思ったからかもしれない。いずれにせよ、単なる地方政権にすぎない平泉が世界遺産に指定されるほどの「仏国土」になったのは、莫大な砂金の力であったことは間違いない。

この時代、中国は宋だが、遊牧民のモンゴル族にほろぼされ元《げん》が成立する。その都を訪れたのがイタリア人旅行家の**マルコ・ポーロ**だ。彼の見聞を口述したものには、中国人から聞いた話として「海の向こうにジパングという国があり、莫大な黄金を産出し宮殿も黄金でできている」などと書かれている。**『東方見聞録』**である。ジパングというのは元の時代には「日本」を「ジッポン」と発音したからではないかと私は考えるのだが、マルコ・ポーロ自身は日本に来ていない。しかし、中国と日本は昔から様々な交流があるのだから、彼がこういう話を日本を「見聞」した人間から聞いたことは充分あり得る。

では「宮殿も黄金でできている」とはどういうことか？　私は**中尊寺金色堂のことを伝え聞いた**のではないかと思う。金色堂の建立は一二世紀前半で、『東方見聞録』の成立は一三世紀末だから時間はあう。金はいくらでも薄く延ばせるので、「金箔を押す」という職人芸が日本で発達した。これを使えばどんな大きな建物でも黄金でできているように見せかけることができる。また平泉が「仏国土」を築くためには宋との交流もあったに違いない。併せて考えると、この説の可能性は高いのである。

話を宋銭に戻そう。なぜ宋銭導入という話になったかといえば、当時の中央政府である朝廷が機能を果たしていなかったからだ。そして、その中で源氏や平氏といった武士団が発展し朝廷をしのぐようになっていくわけだが、最初に政権を取ったのは農業重視の源氏ではなく商業そして貿易重視の平氏であった。そして武士として初めて日本を支配することになる**平清盛**《たいらのきよもり》**こそ、宋銭導入の最大の仕掛け人**であった。

第二章

中世社会の闇
――幕府腐敗と寺社勢力

一、海を渡る戦略物資

平家は日本史上最初の国際派

誰が言い出したのか、**「平家、海軍、国際派」**という言葉がある。実は日本史では**「勝ち組」になれない人々**を指すのだそうだ。これに対する言葉は完全には固定されていないが「源氏、陸軍、国内派（国粋派）」といったところだろう。そういえば平清盛《たいらのきよもり》だけでなく織田信長《おだのぶなが》も平氏を自任していた。しかし最終的に勝ったのは源氏の徳川家康《とくがわいえやす》だった。

この「平家、海軍、国際派」の財政面を考えるならば、当然**商業重視、貿易重視**ということになるだろう。海軍（昔の言い方では水軍）が充実していなければ安全な貿易路は確保できない。海の上は基本的には無警察状態だからだ。

世界遺産に指定された安芸《あき》の宮島すなわち広島県の厳島《いつくしま》神社は平清盛の遺産でもある。あの満潮時には竜宮城のように海に浮かぶ形になる見事な造形、そして清盛一族の奉納品である

「平家納経《のうきょう》」は本来は仏教の経典（巻物）だが、「各巻とも金銀の優美な金具で飾られた表紙に、経の大意を描いた美しい見返し絵をつけ、料紙は表裏とも金銀の切りはくをまき、野毛あるいは、あし手を散らすなど意匠をこらしてある。また、水晶の軸に金銀の装飾金具をつけ、螺鈿《らでん》をするなど当時の工芸技法の粋を尽くしている（広島県教育委員会ホームページより）」という素晴らしいもので、国宝に指定されている。

厳島神社造営にもこの平家納経の制作にも膨大な費用がかかったはずだが、その費用の源泉は海外貿易である。貿易というのは世界のどこでも、どんな時代でも莫大《ばくだい》な富をもたらす。これより後のことになるが、ヨーロッパの片隅にあるスペイン、ポルトガルが世界の大海洋帝国になったのもそうだし、ちっぽけな島国にすぎないイギリスが世界の大英帝国となったのも貿易の利である。ではなぜその利益を厳島神社につぎ込んだのかといえば、**厳島の神は海上交通の安全を守る神**であったからだ。

日本の歴史の中で「平家」（平氏の中で最も栄えた清盛の系統をこう呼ぶ）こそ、まさに最初の「国際派」であり強力な「海軍（水軍）」も保持していた。朝廷は力も衰えていたし、遣唐使《けんとうし》の廃止以後は中国との交流を持とうとはしなかった。しかし、民間の貿易（日宋《にっそう》貿易）は続いていたし拡大もしていた。双方足らざるものを補い共存共栄できるのが貿易の利点である。清盛は都に近く古くから天然の良港として知られていた**大輪田泊《おおわだのとまり》を大々的に改修**し、日本からは銀を輸出。宋からは医薬品、美術品、工芸品、経典や書籍、そして銅銭を大量に輸入し莫大な利益を上げ、朝廷が日本に定着させることに失敗した貨幣経済を実現しようとしていた。そのためにこの地（現在の神戸市）に都を移すことすら考え、一時、天皇家を無理やり移住させて事実上の「遷都」を果たした。**福原京**がこれである。政治重視でもなく、軍事（防衛）重視でもない、経済重視の都が初めて日本に誕生した。

しかし、その寿命は半年に満たなかった。貨幣経済などまったく意に介さない巨大な敵が東国《ごく》に出現したからだ。

源頼朝《みなもとのよりとも》率いる源氏を中心とした鎌倉武士団である。

コメができない土地は日本人にとって無価値

日本の古称（古い呼び方）にはヤマトとか大八島《おおやしま》などがあり、『古事記』では「豊葦原の瑞穂《みずほ》の国《くに》」と呼んでいる。読んで字のごとく**「広々とした稲（コメ）の豊かに実る国」**という意味だ。

私は天皇家とは「外の世界」からこの日本列島に大規模な稲作つまりコメ作りを持ち込んだ、弥生《やよい》人の王だと考えている。その証拠に天皇家の神事はすべて農耕儀礼である。

それに対して狩猟や漁労で食糧を確保していたのが先住民の縄文人で、日本の中央部は弥生人に征服されたが東北は縄文人の国だった。しかし平安時代、その東北も天皇家に征服され、彼らは海を渡って北海道に逃げた。昔の船でも津軽海峡を渡ることはできる。しかし日本は大和《やまと》朝廷も鎌倉幕府も北海道を征服しようとはしなかった。その地を蝦夷地《えぞち》と呼び先住民たちの支配に任せた。理由は簡単でコメが収穫できなかったからだろう。他にどんな物産が産出しようと**コメができない土地は日本人にとって無価値**なのだ。

奈良時代に朝廷はすべての土地は天皇家のものだと決め、それを人民に貸与して耕作させるという生産システムをつくった。当然、人民はその賃貸料を国家すなわち天皇家に支払わねばならない。それを大和朝廷は「租《そ》」と呼んだ。具体的には収穫されたコメのことで、基本的な税でもあった（のちに年貢と呼ばれる）。現代でも最も基本的な税金のことを租税という。ただしこれは「お金」で払う。この形が完全に定着したのは明治以降のことであって、それ以前は**「税」とは基本的にコメのこと**だった。

その天皇家の土地（農地）を最初は藤原氏が、次は武家政権が次々と奪っていったのが日本の歴史である。奪われた土地は最終的に明治維新の折、「版籍奉還《はんせきほうかん》」という形で天皇家に一括返還されたのだが、平安時代後期は特に東国つまり最初は縄文人の土地であった関東や東北では農地は多くなかった。そこで中央から都落ちしていった元貴族の特に源氏によって開墾され、大農園が築かれた。それは国家の許可を得ていない不法な土地の開拓である。

当然その財産権を国は認めないし、その土地を略奪しようとする者から国は守ってくれない。だから彼らは豊かな財力を自分たちの自衛能力の向上に使った。具体的に言えば、武器を買い訓練を積み強力な武装集団となった。これが**武士団**である。ただ、平家の場合はその財力の基盤は農業ではなく商業であり貿易であった。だから彼らはいち早く成長し朝廷に食い込み、その棟梁《とうりよう》である平清盛は、自らは太政大臣《だいじよう》となり娘徳子を高倉天皇に嫁がせ、生まれた男子を天皇（安徳天皇）にすることもできた。まさにわが世の春である。

しかし平家の日本統治計画には、日本の基幹産業である農業を実質的に担当している武士団、つまり**武装開拓農民配慮がまったくなかった**。このスキを突いたのが源頼朝である。頼朝は「オレについてくれれば、お前たちの農地の所有権を朝廷に認めさせる」というマニフェストを掲げた。そこで平家以外の武士という武士（開拓農民であった平氏も）は頼朝に味方した。それゆえ、平家政権はあっと言う間に崩壊したのである。そして新しく成立した武士の政府は幕府と呼ばれた。コメ政権でもあるから貨幣経済など必要ではない。

貨幣経済の発達に不可欠な「あるもの」

のちに武士と農民は分離する。兵農分離である。

こう言えばおわかりのように、武士が政権を取った**鎌倉時代は兵農一致**だった。さすがに源頼朝のような大将クラスは自ら鍬《くわ》を取ったりしないが、そもそも彼らは開拓農民であったし経済基盤はコメ作りなのだから、下級武士はふだんは農業に従事していた。

ただ頼朝の出現までは、武士のやっていることは国家の土地を不法に開拓し不当な利益を上げる違法行為であった。武士たちが強大な軍事力と経済力を持っていたので、朝廷はそれを黙認はしていたが承認はしていなかった。

ところが貴族や有力寺社（東大寺や日枝《ひえ》神社等）が同じことをやると、奈良時代以来の**墾田《こんでん》永世私財法《えいせいしざいほう》**（荒地を開墾して田畑に変えた者にはその土地を与える）で自分の農地（私有地）にできるし、平安時代に入ると藤原氏は私有の農園を「これは別荘の庭園だ」と言い出した。田畑ではない花畑（?）だから課税対象にはならない、国家に税（コメ）を納めなくてもいいという理屈だ。こういう農地を**荘園《しょうえん》**（別荘の庭園）と呼ぶが、この**藤原氏の考えた「脱税システム」**によって中央政府である朝廷は国家を維持する財源を失ってしまった。

国家財政が破綻《はたん》したのだから、反乱が起こっても鎮圧する組織も予算もない。もちろん国家の治安を維持する能力もないから、藤原氏の圧政を逃れて地方に在住した元貴族たちは開拓した農地すなわち自分の財産を、独立の武装集団と化し自分の身で守るしかなかった。これが武士団である。

しかし、武士団が開拓した土地は武士の私有地として認められないのに、藤原氏が同じことをやれば私有が認められた上に免税になる。こんな不公平はない。だから武士たちの怒りが爆発し、その怒りを背景に立ち上がったリーダー源頼朝は、まず**日本国惣地頭《そうじとう》**という地位を朝廷に認めさせた。これは**朝廷が武士たちの土地の私有を認めた**ということだ。地頭とは地主（農地の所有者）の意味で、そのトップが源頼朝なのだから、頼朝は自分の権限で（朝廷の承認を得なくても）配下の武士を各地の地頭に任ずることができる。これが頼朝の権力の経済的な源泉であった。だが、確かにこれは非合法な存在であった武士の地位を飛躍的に高めたが、独立政権というところまではいっていない。

そこで頼朝は、朝廷に代わって武士団が日本全国の治安を維持することも認めさせた。具体的には頼朝は国単位で有力武士を、その土地の治安担当責任者すなわち**守護《しゅご》に任命する権限**も得た。これがのちに守護大名に発展していく。

そして最後の仕上げが**征夷大将軍《せいいたいしょうぐん》**への就任だった。建前としては京都から東国に派遣された軍団長である征夷大将軍が、天皇家から統治権を委任され当地に軍政を敷く、という形である。このような将軍が駐屯する陣営を中国語で**幕府**と呼んだことから、彼らの政権も幕府と呼ばれるようになった。すなわち武士による軍事政権の誕生である。

この軍事政権は、完全な「国内派」のコメ政権だったので、基本的に自給自足であり物資や人員の調達もコメで決済した。貨幣は必要ない。では貨幣経済が完全に消失したかというと、そうではなかった。

鎌倉幕府による治安回復で商業流通が隆盛

鎌倉幕府は貨幣経済の発達に不可欠な「あるもの」を実現した。それはいったい何か？

平和である。もっと具体的に言えば、**治安の回復**ということだ。

平安時代とは現代語に訳せば「平和時代」になるはずだが、前半期はともかく後半期はひどい時代だった。藤原氏が「荘園」という脱税システムで、朝廷という政府の財政を破綻させたからである。何をやるにも金がない。

この時代を知るのに一番いい映画は、あの黒澤明《くろさわあきら》監督の名作「羅生門《らしょうもん》」である。冒頭に出てくるのは平安京つまり首都京都の正門である「羅生門（羅城門）」だ。しかし崩壊寸前である。その用材をひっぺがしホームレスたちが焚火《たきび》をして暖を取っている。首都の正門が崩れているのに政府はそれを修復できないどころか、ホームレスを取り締まる人員もいないという状況だ。

その都にやってきた美人妻連れの侍が盗賊に襲われ、妻はレイプされ侍は殺されてしまうという悲劇が起こる。その犯人多襄丸《たじょうまる》が名優三船敏郎《みふねとしろう》ふんする盗賊なのだが、つまり都のすぐ近くの街道にも盗賊が横行していた、ということなのだ。

本来ならそれを取り締まるのは、律令《りつりょう》という中央政府の法律体系の中にある刑部省《ぎょうぶしょう》（現在の警察庁と裁判所を兼ねる）の仕事なのだが、予算がないから開店休業状態であり、特別に定められた令外官《りょうげのかん》（律令の規定にはない官職）の警察機構の**検非違使《けびいし》が業務を代行**している。多襄丸を逮捕したのも検非違使だ。

しかし、検非違使は首都だけで地方の治安維持はできない。だから**地方ではやりたい放題**。その中で大農場主となった武士団が、それぞれの「縄張り」を「自治」していた。それをまとめ上げ、東国（関東以北）では朝廷公認のものとしたのが鎌倉幕府である。

だから鎌倉幕府の統治は**最初は東国だけで、西国は相変わらず朝廷**（天皇家と藤原氏）が支配していた。だが日本の半分しか支配していないことに不満を抱いた後鳥羽《ごとば》上皇が、幕府に「反乱（承久《じょうきゅう》の乱）」を起こして敗北したために、幕府の支配は全国に広がった。

とにかく幕府が日本全土を支配し治安を回復させた。こうなると商業、流通が盛んになる。あなたが平安時代後期の商人だったとしよう。本拠は京で、地方に絹でもいいし特産品でもいいが、何かを仕入れに行くとしよう。決済のためにはカネを持って行かねばならない。つまり行きの道中はカネを持っており、帰りの道中は金目の商品を持っているわけだ。多襄丸のような盗賊にとっては絶好の狙い目である。要するにこんな時代には危なくて商売などできないし、貨幣経済など発達しようもない。

だが、平和が実現した。

鎌倉幕府自体はコメ政権だったが、西日本では相変わらず日宋貿易も行われていた。海外から陶磁器や書籍、工芸品、あるいは薬などがどんどん入ってくる。平和になれば産業も発達し絹織物や木製品など国産の産物も豊かになる。京は相変わらず日本随一の都会であり、平和が実現したため輸入品や諸国物産の集まるマーケットになった。

こうなれば貨幣経済も進展する。

東国はコメ決済、西国は銭決済

日本は昔から「関東と関西」という地域差がある。実はこの起源はきわめて古く、七世紀の壬申《じんしん》の乱の勝者の天武《てんむ》天皇が、東国からの軍事勢力の移動を警戒するために作った関所に由来する。**「関所の西側」「関所の東側」**という意味だ。

最も有名なのが現在の岐阜県にあった不破《ふわ》の関で、後世そのあたりを関ケ原《せきがはら》と呼ぶようになった。あの徳川家康と石田《いしだ》三成《みつなり》が戦った関ケ原であり、実は壬申の乱の最大決戦もこの場所で行われた。その時、天武天皇（当時は大海人皇子《おおあまのみこ》）が本陣を置いたところに、家康も本陣を置いている。場所も良いし縁起も良いということだろう。

昔は関東を東国、関西を西国《さいごく》と呼んだが、そもそも平安京を建てた桓武《かんむ》天皇が征夷大将軍坂上田村麻呂を派遣したころは、東国は「縄文人」のテリトリーだった。だからこそ未開拓地、つまり田畑がないところが多く、藤原氏に追い落とされ都落ちをした源氏たちには大農園をつくるチャンスがあったということだ。逆に西国は古くから開発され、新たな大農園をつくる場所はない。そこで西国に本拠を置いた平家は水軍を強化し、貿易業にいそしみ財を築いた。

つまり**西国の方が先進地帯**であった。東国は基本産業といえばほとんど農業だが、西国には「商社」も「ショッピングモール」もある。平安時代は基本的に「二つの国」は分離していたが、承久の乱で天皇家が敗れたことに加えて、鎌倉幕府が全国の武士たちに京の治安維持を義務として課したため、都市としての京は発展し文化が全国に波及した。

鎌倉幕府直属の武士、これを**御家人**《ごけにん》という。御家人は基本的に地頭であり、そして各国の中で最も有力な地頭が幕府からその国の守護に任命される。これが次の室町時代には守護大名に発展していく。鎌倉幕府は朝廷から日本全体の治安維持を請け負うという形で政治を委任されているので、武士たちの京都警護は重大で神聖な義務であった。

ちなみに費用は自腹である。そのために幕府は御家人の所領《しょりょう》（自己所有の農地）を安堵《あんど》（承認）しているのだから、その**「御恩《ごおん》」**に対して自分の収入で**「奉公《ほうこう》」**しなければならない、というのがこの時代の仕組みであり同時に武家社会の倫理であった。

何でもコメで決済できるのが「地方」である。特に東国はそうだ。東国を一歩も出なければ貨幣経済のサークルに入る必要もない。しかし京に出てきたらそうはいかない。何でも銭（主に宋銭）で決済する社会なのである。金貸し（金融業者）との付き合いも生まれる。この時代、軍事的には東国が西国を支配したが、経済的には逆に西国が東国を影響下におく形となった。

鎌倉幕府は「自給自足政権」だから、その基盤は強固で安定していた。逆に言えば崩れる要素はないということだ。ところがまさに想定外の大事件が幕府の基盤を崩す大きなきっかけとなった。それは日本史だけではなく世界史上の重大事件である。

モンゴル帝国の台頭だ。歴史上始まって以来、中国の方から日本に攻めてきたのである。

農耕民族の生命を守った万里の長城

中国大陸いやユーラシア大陸は、昔から**農耕民族と遊牧民族の争いの場**だった。

平和な時、具体的には食糧が十分に満たされている時、争いごとは起こらない。農耕民族（漢民族）は定住し自分の田畑で穀物を育て豊かに暮らしていた。一方、モンゴル人など遊牧民族は羊を飼うことによって暮らしている。だから、羊のエサである草が枯れてしまう冬には暖かい土地を求めて移動する。

「遊牧」とは移動しながら牧畜することである。移動には馬が必要だから、男も女も子供もすべて乗馬の達人である。また食べるということは羊を殺すことだから、武器の扱いにも慣れている。しかし基本的には、**農耕民族は田園地帯、遊牧民族は草原地帯**に住んでいるから棲《す》み分けができる。

ところが問題は気候不順で植物が育たなくなった時だ。農耕民族は収穫を蓄積できるからそれほど困らない。だが移動を常とする遊牧民族にはそんな余裕はない。したがって生きるためには、馬に乗って農耕民族の村を襲い食料や女子供を略奪し、女には子供を産ませ子供は奴隷にした。

馬に乗った兵隊を騎兵というが、遊牧民族は子供のころから騎兵の訓練を受けているようなものて軍隊としてはきわめて強い。一方、農耕民族はそんなに強くないから略奪も防げないし、復讐《ふくしゅう》しようにも遊牧民族はいつも移動しているから敵の拠点すらわからない。

それゆえ、農耕民族vs.遊牧民族の戦いは**初めのころは農耕民族の連戦連敗**であった。それに終止符を打ったのが初めて中国全土を統一した秦の始皇帝である。彼は万里の長城の建造者としても有名だが、なぜそんなものを造ったのか？ 遊牧民族の侵入を防ぎ農耕民族の生命と財産を守るためである。**万里の長城は遊牧民族と農耕民族の国境線**でもあるのだ。それができたことによって漢《かん》民族は力を蓄積し、まさに漢王朝の時代には強力な軍隊を編制し、逆に匈奴《きょうど》つまり遊牧民族を「征伐」すらできるようになった。

ところが、どんな民族でも平和が長年続くと平和ボケになる。漢、隋《ずい》、唐の間はよかったが、宋の時代になると平和ボケが頂点に達した。漢民族にとってはきわめて間の悪いことに、万里の長城の向こう側の草原地帯に稀代《きだい》の英雄が出現した。

チンギス・ハーン（ジンギスカン）である。万里の長城建造以後、遊牧民族は基本的に漢民族からの略奪ができなくなり、仕方がないので同じ民族同士で殺し合っていた。チンギス・ハーンも若いころは同じモンゴル人の別の部族の奴隷にされていた。だが彼は「同じモンゴル人ではないか。団結して再び漢民族に対抗しようではないか！」という信念で見事に一つの国をつくった。とりあえずはモンゴル帝国と呼んでおこう。

そしてチンギス・ハーンはついに万里の長城を越えて漢民族のテリトリーに侵入し、征服して新しい中国をつくった。それが後に**「元《げん》」**と呼ばれる。その軍事力の中核は世界最強のモンゴル騎兵である。ヨーロッパの騎士（騎兵）もモンゴル騎兵にかなわなかった。ロシアも東ヨーロッパも征服され朝鮮半島の高麗《こうらい》もやられた。

そして彼らはついに魔手を日本に伸ばした。

元はなぜ日本を攻めたのか？

私はもともとは歴史の専門家ではなかった。文学部歴史学科は出ていないし、大学院で日本史をやったわけでもない。すなわちプロの歴史学者ではない。それなのに**なぜプロの向こうを張って「素人」が歴史をやっているか**といえば、彼らの方法論ではとらえきれない歴史の真実があることに気がついたからだ。

拙著の愛読者は先刻ご存じのことだが、そんなバカなことがあるかと思われる向きには、ぜひ私の三〇年にわたる日本史研究のエッセンスをまとめた『日本史真髄』（小学館新書）をお読みいただきたい。プライベートな発言なのでお名前を明らかにできないが、この本を読んだ「絶対に他人の本を褒めない評論家（笑）」の方から大絶賛をいただいたし、外交の現場で働いてきた方からも「自分は日本史を何も知らなかったことに気がつきました」というありがたい言葉をいただいた。

蒙古襲来絵巻（模本）

何を自慢しているのだ、と思われる向きがあるかもしれないが、そういう私でも決してプロの歴史学者の業績を無視しているわけではない、と申し上げたかったのである。十分に参考にしている。最も参考にしている場合、私は必ずお名前を挙げているのだが、逆に向こうの業界の方はいつの間にかカメレオンのように私の説を取り入れている、と思われるケースもある。

学者同士、論文を引用したのなら必ず断らなければいけないが、「外の世界」のことは勝手に使っていいということらしい。私はそんなことはしない。

そこで正直に言うが、プロの歴史学者に対しここのところは「一本とられたな」と思ったのが、まさにモンゴル帝国の日本攻略つまり「元《げん》寇《こう》」に関する部分なのである。

元はなぜ日本を攻めたのか？

育て上げた膨大な軍事力のはけ口として、また征服した宋（南宋）や高麗の降伏兵士の有効活用として、つまりそれだけの理由で日本を攻めたものだと私は思い込んでいたのである。これは歴史学界の通説通りだ。私は『逆説の日本史』シリーズ（小学館刊）をライフワークとしているが、やみくもに通説を否定しているわけではない。「これは通説通りだ」と思うところは素直（笑）に従っている。

ところが、歴史学者の服部英雄氏は著書『蒙古《もうこ》襲来』（山川出版社刊）の中で、**この侵略は日本の「資源」が目的だった**のではないかと通説にはなかった指摘をしたのである。そのことに私はもっと早く気がつくべきだったのに、全然気がつかなかった。情けない話である。

読者の疑問は「日本に資源なんかあったっけ？」だろう。実は中国大陸にも朝鮮半島にもまったくと言っていいほど産出しない「鉱物」が、日本の特に九州には豊富にある。それが欲しい国家にとっては日本はまるで宝の山のように見えただろう。それは金でもなければ銀でもない、**火薬（黒色火薬）の原料となる硫黄《いおう》**である。

当時の画像記録である「蒙古襲来絵詞《えことば》」にも、日本の鎌倉武士が元軍の「鉄炮《てつはう》、火薬を鉄の容器に詰めたもの、現在の手榴弾《しゆりゆうだん》」に悩まされるシーンが出てくる。元軍は騎兵だけでなく世界最初の火薬兵器を大々的に使った軍団でもあった。その原材料の一つである硫黄はノドから手が出るほど欲しかったはずである。

硫黄と硝石こそ歴史を動かす戦略物資

中国人に人気のある観光スポットとして温泉地がある。日本の温泉は大人気といってもいい。実は中国大陸には温泉らしい温泉がない。火山噴火の多い日本列島と違い、中国大陸には活火山がない。もちろん朝鮮半島にもろくな温泉はない。つまり活火山や温泉につきものの**硫黄はほとんど産出しない**のである。

まったくなかったわけではない。たとえば硫化鉄《りゅうかてつ》には硫黄が含まれており、精錬の過程で硫黄が採取できる。金や銀を精錬するときも同じである。しかし手間がかかる。日本は天然の純度一〇〇パーセントの硫黄がその辺りにごろごろしているのである。

人類史上初めての火薬である黒色火薬は硫黄と木炭と硝石《しょうせき》（硝酸カリウム）で作る。木炭はどこでも作れるが、硫黄と硝石は鉱物として入手するしかない。硝石は人工的に製造することは可能なのだが、その方法が開発されたのはずっと後世で、この時代の人はまったく知らない。また日本に攻めてきた元のその後を調べてみたが、征服戦争において騎馬軍団の活躍は顕著だが、火薬兵器を多用した形跡はない。

ひょっとしたらこれは日本攻略に失敗したからではないだろうか。硫黄が無限に供給できる日本、いや九州の一部を手に入れただけでも元帝国の軍事力は人類史上最強のものになり、元が世界最大の大帝国になったかもしれない。つまり日本が元を撃退したことは、東アジアの末端で起きた小さな事件ではなく、**世界史の流れを変えた大事件**だった可能性があるということだ。

現代社会は石油という資源で動いていることは誰もが認識している。そのひとつ前の時代は石炭だった。日露戦争において日本の連合艦隊の旗艦「三笠《みかさ》」は、石炭を燃やす蒸気機関で動く船で煙突が複数あった。しかし太平洋戦争における連合艦隊最大の戦艦「大和《やまと》」は石油燃料で動いた。だからアメリカの対日石油禁輸措置が日本をして戦争に踏み切らせる大きな原因となった。今でもホルムズ海峡の防衛が極めて重要なのは、タンカーによる石油輸送ルートだからである。

では、いわゆる中世の時代は、そうした歴史を動かす戦略物資はなかったのか？　お気づきだろう、それが**硫黄と硝石**なのだ。この二つを併せ持つ者は強力な軍事大国をつくることができる。

元寇つまり日本と元の戦争は日本が勝利した。元の立場から見れば硫黄の大量確保には失敗した。しかし戦争後も民間の貿易は続いていたから、硫黄は日本の有力な輸出品となったのである。逆に、元は日本が硝石の入手ルートを確保しないように手を打った形跡がある。つまり対日硝石禁輸措置である。鎌倉幕府は大和朝廷と違い、朝鮮半島を攻略しようなどと考えたことはなかったので、中国側が心配するほど硝石にはこだわらなかったのだが、もし日本が好戦的になり硝石の輸入ルートも獲得したら、どういうことになるだろうか。

それが信長・秀吉《ひでよし》の戦国時代に起こったことなのである。

寺社勢力が利権と財力で金融業進出

何度も述べたとおり、史上初めての武家政権である**鎌倉幕府は「コメ政権」**であった。農民政権といってもいい。農民は土地に縛りつけられるので、どうしても保守的になる。つまり海外進出などは考えなくなる。

実は歴史上、日本が外国に攻めていったのは、基本的に天皇政権の時代だった。飛鳥《あすか》時代がそうだし明治以降もそうだ。元寇は向こうから攻めてきたのでやむを得ず戦った防衛戦争である。その保守的な武士が初めて海外を目指したのが信長・秀吉の時代で、彼らが農業ではなく商業や貿易に基盤を置いた政権であることを考えると、その頂点に達した豊臣《とよとみ》秀吉が中国を攻略しようとしたことも、決して意外ではないと理解してもらえるはずだ。

さて、そのコメを基盤とした自給自足政権である鎌倉幕府は、元寇によって大打撃を受けた。何とか撃退したものの、その費用はすべて自腹である。幕府という中央組織も、その手足である御家人もそうだ。領土を得たわけでもなく賠償金を取れたわけでもない。つまり**すべて「借金」になってしまった**のである。これでは組織が弱体化する。

一方、幕府の支配は東国から西国に及んだとはいえ、西国は貨幣経済の発達した先進地帯で、借上《かしあげ》などという金融業者すらいた。これが室町時代には、彼らが多くの蔵を持っていたことから土倉《どそう》、また造り酒屋を兼業していたことから酒屋と呼ばれ、**土倉、酒屋といえば金融業者**を意味するようになる。

酒（日本酒）というのも象徴的な商品で、原材料はコメだがそれを加工して付加価値を付けたものである。これは実は平和と繁栄を象徴する商品であることにもお気づきだろうか。食うや食わずの貧しい時代には、コメは食糧であって贅沢《ぜいたく》品の材料になどできない。それができるということは生活に余裕があるということだ。

酒屋は自らの商売で利益を上げそれを金融業に回したのだが、土倉は今で言う質屋《しちや》であって質草を担保に銭を貸した。その保管のために多数の蔵が必要になったというわけだ。では土倉の場合、開業資金となる資本は誰が提供したのか。

それは寺社である。寺社とは寺院と神社を合わせた言い方だが、日本人の歴史常識からすっぽり抜けているのがこの部分だ。もともと日本は神道の国だった。神社しかなかった。そこへ飛鳥時代に仏教が入ってきて最初は争いになった。しかし、もともと争いの嫌いな日本人は神仏混合という、極めてユニークなアイデアを思いついた。つまり、**日本の神と仏教の仏は同じものだ**と決めてしまったのである。

明治時代、神仏分離をしてしまったので、それが当たり前と現代の日本人は思っているが、実は日本の歴史では一〇〇〇年以上にわたって、たとえば京都を見下ろす山の上にある比叡山《ひえいざん》延暦寺《えんりやくじ》、そのふもとにある日吉大社《ひえたいしや》は同じ「宗教団体」だった。そして寺社勢力は朝廷の時代から様々な特権をあたえられ、利権を確保し莫大な財力も持っていた。だから金融業にも進出できた。

鎌倉幕府は一応日本全体を軍事的には支配していたが、元寇ショックもあって経済的には西国の「金融資本」に支配された形となっていた。組織としてはガタガタで統治能力もなく貨幣経済にも対応できていない。

つまり人々は新しい政権を求めていた。

二、将軍家の腐敗と蓄財

民主的な相続法が武家社会を弱体化させる

天皇家には武士たちに日本を奪われてしまったという不満があった。

しかしそれは自業自得というものだ。そもそも武士という階級を誕生させたのも、天皇が「軍事を放棄」したためだ。ではなぜ、世界中の権力者の中で日本の天皇家が唯一「軍隊を運営すること」をやめたのかといえば、日本の伝統的宗教である**神道では「死に触れる」ことを「ケガレ」と考える**からだ。

ケガレはあらゆる不幸の根源であり、徹底的に避けなければならないものだ。これは神道の聖典とも言うべき『古事記』にある信仰で、天皇はもちろんその信者である。ヨーロッパの歴史を研究するならキリスト教およびイスラム教の知識は不可欠だということは常識だが、日本の歴史を研究するのに神道の知識が必要だとは多くの歴史学者の先生方は考えていない。困ったものである。

要するに天皇家の不満は「駄々《だだ》っ子」のようなものだ。「政権は返せ、だが軍事は担当しないぞ」なのだから。そして鎌倉幕府が成立したとき、そう思った後鳥羽上皇は鎌倉幕府への不満を抱く武士たちを扇動して、幕府をつぶそうとした。承久の乱（一二二一年）である。だが、幕府とは「武士の、武士による、武士のための政権」なのだから、少数の不満派をあおったところで倒幕など成功するはずもない。

しかし、それから一〇〇年以上もたって**後醍醐《ごだいご》天皇**が試みた倒幕運動は見事に成功し、一時的に政権は天皇家に戻った。**建武《けんむ》の新政**（一三三三年）である。後鳥羽は失敗したのに、なぜ後醍醐は成功したのか。やり方を変えたわけではない。後醍醐も幕府に不満を持つ武士たちを味方につけ、幕府を倒そうとした。うまくいったのは、元寇ショックで幕府という組織がガタガタになり、**「武士のための政権」ではなく「執権北条《ほうじょう》氏のための政権」**に成り下がっていたからだ。

皮肉なことに当時の相続法も問題だった。江戸時代の武家社会は長男がすべての財産を相続し、次男以下は「部屋住み」「厄介者」として兄の世話になって暮らすしかなかった。ところが鎌倉時代の武家社会は大変「民主的」で子供の数で財産を等分した。男子だけでなく女子も相続に加わることがあった。

たとえば一〇〇〇石《ごく》のコメが穫《と》れる田を五人の子供が父親から相続したとしよう。等分するから一人二〇〇石である。しかし長男はこの二〇〇石の財力で父親と同等の御家人としての義務を果たさなければいけない。御家人の地位を継承できるのは長男だけだからだ。だがそんなことはとても無理だから、結局田畑を抵当に入れて金融業者から金を借りることになる。返済できるわけもなく、結局御家人は所領を失う。

そんなこともあって、何とか新しい世の中にしなければいけないという思いが、すべての日本人にあり、だからこそ後醍醐の言葉に武士も耳を傾けた。しかし実現した後醍醐の政治は武士の権利をほとんど認めず、公家《くげ》を優遇するものだった。期待を裏切られた武士たちは**ニューリーダー足利尊氏**《あしかがたかうじ》のもとに団結し、新しい「武士のための政府」をつくった。

のちに室町幕府と呼ばれるものだ。

経済学的知識がまったくなかった朝廷の人々

足利尊氏、新田義貞《にったよしさだ》ら鎌倉幕府を裏切った有力御家人の助力により、後醍醐天皇はわずか二年半だったが天皇家の政権を回復した。そのとき後醍醐がやろうとしたことの一つに新しいコインの発行がある。和同開珎《わどうかいほう》に始まる「皇朝十二銭《こうちょうじゅうにせん》」（天皇家の発行による一二種のコイン）は乾元大宝《けんげんたいほう》（九五八年）をもって終了していた。朝廷は国産のコインで日本に貨幣経済を定着させることに失敗していたのである。

後醍醐はそれなら自分がやってみようと思ったのだろう。乾坤《けんこん》通宝という銅貨だけでなく紙幣もつくろうと計画して担当者まで任命した。乾坤とは天地を意味する言葉だから気宇壮大ではあるし、紙幣は既に中国大陸では流通していたが日本では初の試みである。しかし実物は現在にいたるまで見つかっていない。おそらく計画倒れに終わったのだろう。

朝廷製のコインはなぜ貨幣経済をバックアップできなかったのか？　仕方のないことだが、それを発行した朝廷の人々に経済学的知識がまったくなかったからである。

貨幣経済を定着させるためには質の良いコインを大量に発行しなければならない。ところが朝廷は新しいコインを発行するごとにデザインを変えていたのだ。しかも新しいコインは前のコインの一〇倍の価値があるなどという無茶な命令を出した。政府の命令だからみんな従おうと思ったのだろうが、経済は生き物である。そうはいかない。

第一章で述べたように、貨幣には価値貯蔵機能がある。たとえば生魚を長期間保存しておくことは難しいが、それを銭に換《か》えてしまえばいつまでも保存できる。ところが、政府はそうした銭の価値を保証せねばならないのに、逆に十分の一に切り下げてしまったのである。これが紙幣だったら、怒り心頭に発してもしぶしぶ両替に応じるしかないだろう。しかし銭は違う。地金（金属）としての価値があるから銭を蓄えていた人は結局それを鋳つぶして、商品にして売りさばくようになってしまったのだ。銅が不足し高値で売れたからである。

こうした問題の解決策として金貨、銀貨をつくるという手がある。金貨なら銅貨の一〇倍の価値があると政府が保証すれば、たとえ一〇倍の価値はなくても流通したかもしれない。しかし当時の日本は中国に対して強い対抗意識は持っていたのだが、中国にはない豊富な金を生かすという発想ができなかった。

銅鐸《どうたく》や奈良の大仏をつくった日本にはもともと豊富な銅資源があった。しかし火山国であることに関係があるのか、多くは硫化銅であり、熱すれば簡単に純銅に近くなる酸化銅と違って、日本の技術では硫化銅から銅を分離することはできなかった。したがってコインにできるような良質の銅は次第に国内で確保できなくなり、銅の価格は上がっていたのである。平安貴族たちはなぜ通貨が広く使われないのか、言葉を変えて言えば、なぜ中国のように貨幣経済が発達しないのか、不思議に思って、コインをつくるたびにそれが流通するように**神仏に祈っていた**という。これではどうしようもない。

では、どうしたらいいか？　銅鉱石は豊富にあるのだから、何とかこれをコインにできるような方法を考えればいい。新技術の導入？　そうではない、奇想天外なアイデアを思い付いた男がいた。室町三代将軍**足利義満**《よしみつ》である。

源道義こと足利義満の奇想天外な知略

室町三代将軍足利義満は**金閣寺**を建てたことでも有名だが、**怪物といっていいほどの政治家**

であり卓抜した経済的センスを持っていた。

ここで、「中国」とはいかなる意味であったかもう一度思い出していただきたい。世界の中心であり、その周辺は野蛮人の住む領域にすぎないが、そうしたところの首長が「中国様」に貢物《みつぎもの》を献上すれば、そのトップである皇帝が首長をその地域の国王に任命してくれる。要するにこの場合の国王というのは、中国皇帝の家臣である周辺国家の長という意味だ。

われわれ日本人は国家の草創期にはそうした待遇を喜んで受けていたが、そのうちに民族としての自覚が芽生え「あちらが中国（世界の中心）なら、こちらは日本（太陽の昇る場所）だ」という対等意識を持つようになり、その頂点に立つ君主を天皇と称するようになった。

しかし中国は極めてプライドが高く、中国と対等の関係を築こうとしてくる国家を絶対に認めようとしない。だから国と国との対等貿易というのは存在しなかった。**日本は中国とずっと民間貿易のみを行ってきた**。

しかし中国と国家同士の「貿易」をやる方法はなくはない。それは高麗や琉球《りゅうきゅう》のようにプライドを捨てて貢物を献上すればいい。すると中国は世界一の国家のメンツにかけてその数倍の価値をもつ高価な品をくれる。自分たちの方が絶対偉いと考えているから、そういう行動に出るのだ。逆に言えば独立国家であるというプライドさえ捨ててしまえば、この形で「貿易」をして大いに儲《もう》けることができる。俗に言う「エビでタイを釣る」ことが可能になる。

足利義満のとった奇想天外な方法とはこれだった。まず天皇を差し置いて日本の代表者のようなふりをして中国に使者を送った。足利氏の本姓はもともと源氏だから**源道義**《げんどうぎ》と名乗り、中国（当時は明《みん》）の皇帝から**日本国王に任命してもらった**のである。

こうなればしめたものだ。あとはせっせと朝貢すればいい。皇帝はメンツにかけて意地でもその数倍の価値をもつ品物をくれる。義満が目をつけたのは銅であった。日本の技術では純銅にできない硫化銅などを材料のまま（竿銅《さおどう》といった）献上つまり「輸出」し、見返りに中国産の良質な銅貨をもらった。のちに織田信長も旗印にした**永楽通宝**《えいらくつうほう》である。

形の上では、日本が原材料を輸出し中国で加工したものを輸入するということだが、通常の場合は送った材料以上の現物がもらえることはないし加工賃も払わねばならない。しかしこれは「エビでタイを釣る」システムである。中国はこちらが持っていった以上のものを現物で与えてくれる。

源道義こと足利義満は大いに儲けた。その儲けで建てたのがあの金閣寺である。おそらく義満は歴代の権力者の中でも有数の大富豪であっただろう。もちろんそれは、日本は中国と対等な独立国家というプライドを捨てたからこその大儲けだ。**日本の歴代権力者の中で一番「名を捨てて実を取った男」**かもしれない。

とにもかくにも、それまで通用していた宋銭だけでなく大量の明銭が導入されたことによって日本の貨幣経済は一挙に進展した。

勘合貿易という言葉の誤解

室町三代将軍足利義満がなぜ天皇家をないがしろにして、日本国王になることができたのかは政治の問題だから、あまり詳しく触れるつもりはないが、簡単に言っておけば、そのころの日本の**天皇の権威は無に等しいどん底にまで落ちていた**のである。

なにしろ天皇家内部の相続争いで**南朝と北朝という二つの天皇家**ができてしまい、南朝は独自路線を行ったが経済力がないのでじり貧になり、北朝は足利将軍家の保護を受けなければ何一つできなかった。こうした中、南朝をだますことによって三種の神器を奪い強引に天皇家を一つに統一したのが義満なのである。

これを歴史用語では**「南北朝の合一《ごういつ》」**という。「統一」よりニュアンスが弱く自然に合わさった感じになる。しかし実態は義満が強引に一つにしたのだから「南北朝の統一」と言うべきなのだが、それでは臣下にすぎない義満が天皇家を超えたことになるという「遠慮」があるのかもしれない。

だが現実は述べたとおりだ。義満にとって天皇家は、自分がいなければ何もできない哀れな存在であった。しかも当代の後円融天皇は義満にとって母方のいとこであり自分の方が年上だった。**天皇は義満を非常に恐れていた**と伝えられている。だから怪物政治家であり、そんな人間であったからこそ明の皇帝に頭を下げ日本国王になり、「貿易」でさんざん儲ける道を選べたのだろう。今、金閣寺と呼ばれているものは義満が朝廷に対抗して作った「官庁街」の名残でもある。

日本国王になると明国皇帝との間に実質的な「貿易」ルートができるが、それはわざわざ明の宮廷まで貢物を持って行かなくても、港で双方の代理人が商品を交換するという形で成立した。その時、双方が正式な代理人であることを示す「割符《わりふ》」を示して商談に入った。中国語で割符のことを**勘合符**《かんごうふ》という。これを使って途中の余分な手続きを省略したので、今ではこのやりかたを**勘合貿易**と呼んでいる。

この言葉で誤解されがちだが、あくまで明側では貿易をやっているという意識はなく、日本国王が朝貢してきたのでご褒美をやっているという感覚だった。だが、それはご褒美であるがゆえに日本側の献上物より高価でなくてはならず、結果において日本側が「エビでタイを釣る」ことになった。ちなみに日本からの「輸出品」は**特産の硫黄、竿銅**、それに日本のオリジナル商品である**扇子や日本刀**であった。

この時代、金属の精錬技術は明の方がはるかに優れていたが、日本刀だけはアジア世界で唯一の「鋼鉄」だった。鉄はもともと不純物が多いもので、南部鉄器をみればわかるように色は黒く脆《もろ》い（だから昔は黒金《くろがね》といった）。鋼鉄を得るためには極めて温度の高い炉で不純物を排除しなければならない。そんなものは世界中どこにもなかった。

しかし日本の刀鍛冶《かたなかじ》は鍛造《たんぞう》という優れた技術によって、東アジアで唯一鋼鉄の刀をつくることに成功していた。外国の産物には目もくれない誇り高い中国人も、古くから日本刀は素晴らしいと高く評価していたのである。

だからこそ他の国に対しては「もう貢物は持ってくるに及ばんぞ」と言っても、魅力ある商品にあふれた日本との貿易はやめられなかった。

様々な形で存続した日明貿易ルート

明が足利義満の朝貢を歓迎したのは他にも理由があった。平安時代以来五〇〇年も途切れていた日本からの正式な使者、しかもそれは「あなたの家来、日本国王にしてください」というものだったから、明が喜んだのは当然なのだが、当時明は日本との関係で重大な問題を抱えていたのだ。
それは**倭寇《わこう》つまり日本人海賊の活動**である。明や高麗は大きな被害を受けていた。その主体はやはり鎌倉幕府崩壊に伴う「元水軍」の武士たちだろう。平家は貿易の民で水軍を優遇したが、源氏はコメ政権だから彼らのことはほったらかしである。また日本人の意識としては元の時代はそちらから攻めてきて残虐行為をしたではないか、というのもあっただろう。元寇の時、壱岐《いき》、対馬《つしま》の住民は多くが虐殺されている。

とにかく、室町時代初期に倭寇（前期倭寇と呼ばれる）が朝鮮半島や中国大陸沿岸を荒しまわっていたのは事実である。海賊の横行は日中間の「貿易船」通行の妨げにもなる。だから**明は室町幕府に倭寇の取り締まりを依頼した**。その方が効率的であるからだ。また依頼する以上、日本の扱いは他の国に比べて丁寧になる。

こんな話もある。それは日本から輸出される材料としての銅（竿銅）には少なからず銀が含まれていたというのだ。日本では銀だけを抽出できなかったし、金と銀が混ざった鉱物からそれぞれを分離する技術もなかった。逆に言えばそうした技術を会得すれば金、銀、銅すべての生産量が増えたはずだが、コメが命の鎌倉幕府と違ってカネの価値に目覚めた室町幕府もそういうところは意外に鈍感であった。

前にも述べたように、日本は豊富に硫黄を産し森林も豊かだから木炭の供給にも不自由しない。ここで硝石の輸入ルートを確保すれば（あるいは硝石の製造方法を研究すれば）強大な軍事国家になることも夢ではなかったのに、室町幕府はそんな野望を持つという発想すらなかった。その間にヨーロッパでは火薬をより効果的に活用する兵器、つまり銃（火縄銃）が発明され、これが全世界に広がっていく。日本人はそうした流れとも無縁であった。

義満の後を継いだ室町四代将軍**足利義持《よしもち》**は、自分より弟を可愛《かわい》がった父のことを憎んでおり、義満の政策を何もかもひっくり返した。明から「お前が源道義の息子か、では日本国王に任命してやろう」と使者が来た時も追い返してしまった。これでまた日本と中国の「正式な国交」

はいったん途切れてしまうのだが、なにしろ儲かる話である。**日本と明との貿易ルートはその後も様々な形で存続した**。

これまた興味深い話がある。日本と明の関係を象徴する銭とも言うべき「永楽通宝」の四文字は、日本の禅僧仲方《ちゅうほう》中正《ちゅうしょう》が書いたものだというのだ。荒唐無稽に聞こえるが、実はそのころ明では硬貨ではなく紙幣が主に使われており、永楽通宝はむしろ**日本に対する輸出商品**だったという。東野治之奈良大学名誉教授はその著書『貨幣の日本史』（朝日選書）で「永楽帝としては、日本向け輸出品に日本僧の文字を入れさせることによって、日本側の歓心を買い、倭寇鎮圧の努力に酬いる意味があったとみるべきだろう」と述べている。

大名にも軍資金を融通した「日野銀行」

同じ武士、つまり経済基盤は農業である人々の政権であっても、鎌倉幕府に比べれば室町幕府はまだ貨幣経済を理解していたといえる。

その証拠というか実例が、八代将軍**足利義政《よしまさ》の妻日野富子《ひのとみこ》**だろう。将軍義政は芸術家としては大したもので銀閣寺を建てたし、今の和室の原型も作った。後に茶道や生け花と呼ばれるものの発展にも尽力した。しかし政治家としてはまるでダメで、結局**応仁《おうにん》の乱**（一四六七〜七七年）の原因を作ってしまった。

これは政治の問題なので詳しくは触れないが、この将軍家相続争いに端を発した騒乱は全国の大名が「東軍」と「西軍」に分かれて争うという戦乱状態に発展し、足利将軍家は所領も兵も失い衰亡していく。要するに**室町幕府という中央政府が機能しなくなった**ということだ。そうなれば大名同士勝手に領土争いをし、幕府から正式に任命された守護大名を押しのけて、一国を実力で乗っ取ってしまう連中も出てくる。これが戦国大名と呼ばれる人々で、戦国時代という言い方も正式な時代区分ではなく室町時代の最後の数十年をそう呼ぶ。この時代は織田信長によって終止符を打たれるのだが、信長が明智《あけち》光秀《みつひで》の協力を得て推戴《すいたい》した足利義昭《よしあき》が一五代将軍として京都に君臨していた時は、まだ室町時代なのである。義昭が信長によって京都から追放された時点で、正式に室町時代は終わり安土桃山時代の始まりということになる。

さて、話を日野富子に戻そう。彼女は将軍家御台所《みだいどころ》（正夫人）でありながら、蓄財家つまり大富豪であり、なんとその豊富な資金で金貸しをしていた。それも**消費者金融というよりも大銀行のレベル**で、戦費に悩んでいる大名たちにも膨大な軍資金を融通していたのである、まさに「日野銀行」だ。彼女は**夫の義政からも経済的に自立していた**のである。

日本はずっと昔から男性優位の社会で、妻は経済的にも夫に隷属していたと思っている日本人が多いが、それは日本が中国の儒教（朱子《しゅし》学《がく》）の影響を強く受けた江戸時代の話であって、室町時代の女性は自立していた。さらに、それ以前の鎌倉時代は女性も相続財産をもらえたことを思い出していただきたい。さすがにそれをやると家の財産が分散してしまい、後継者の財力が失われてしまうという弊害が出たため、次第に惣領《そうりょう》制といって「惣領息子」に相続財産を集中するという方式に転換していったが、女性の地位は江戸時代と比べればはるかに高かった。実は日本のあらゆる時代の中で、女性が最も低く見られたのは江戸時代なのである。そもそも天皇家の祖先も男神ではなく天照大神《あまてらすおおみかみ》という女神ではないか。**日本は昔から女性尊重の国**なのである。

それとはまったく反対なのが中国だ。昔から夫婦別姓だが、それは既に述べたように男尊女卑の極致である。日本の政治家、文化人あるいはマスコミの中には、中国や朝鮮半島は昔から夫婦別姓で日本より進歩していると主張していた人々がいた（笑）。歴史がまるでわかっていないということだ。

それはさておき、世の中が乱れた平安末期と同じで、人々は新しい世の中を求めていた。

集金装置だった「京七つ口」関所

室町幕府の権威が失われた「戦国時代」、これは時代区分としては室町時代の後半に入るのだが、その間に経済がどのように進展したかを述べておこう。

まず第一に全国的に貨幣経済が浸透した。昔、ホームレスで仕事をもたない人間のことを「乞食《こじき》」と呼んだ。差別語だが実際にこの言葉が使われていたことは事実であり、歴史の説明のためにあえて使うが、「乞食」の語源は「食を乞う」すなわち「食物をねだる」ことである。

ところが江戸時代に日本にやってきた朝鮮通信使は、**「日本の乞食は乞食ではない」とびっくり仰天**している。それは彼らは「食を乞う」のではなく「銭を乞う」人々だったからだ。つまり日本は「銭で何でも買える」国であり、近世になっても貨幣経済が発達していなかった朝鮮国では、それはあり得ない事態だったのである。

では日本がいつごろそういう状態になったかといえば、江戸時代よりはるか以前、戦国時代にはそうなっていた。足利義満が大量に永楽通宝を導入したこともあって、金融業が発達し、日野富子の「日野銀行」すらも「営業可能」だったのである。

日本の税制体系はコメが中心だった。朝廷の時代は「租」と呼ばれ武士の時代には「年貢」と呼ばれたコメが税の基本であり、国家の最大の収入源だった。言葉を変えれば農業に対する課税はあっても商業に対する課税はなかった。そこが国民の様々な収入に対して一律に「税金」を課す現代との最大の違いである。

しかし、貨幣経済が発展してくると、その動きに目を付け、そこから税金を取ろうという発想が出てきた。最初は荘園という藤原氏の考えた脱税システムで、コメ収入の大部分を取りそこねた朝廷が、首都である**京の七カ所の入り口に関所**を設け、出入りする人間から**関銭《せきせん》つまり通行料を取る**ことを始めた。

本来、関所とは今で言う出入国管理事務所であり、主に犯罪人の逃亡あるいは入国を阻止する役所だった。鎌倉時代の初期、兄の源頼朝からにらまれた源義経《よしつね》主従の逃避行を題材に、北陸の安宅関《あたかのせき》を通った時の苦労話として演目化され歌舞伎の「勧進帳《かんじんちょう》」になっている。関所とは本来そういうものであった。ずっと時代は下って江戸時代でも関所は同様で、「関所破り」は重大な犯罪であった。しかし、こうした関所では通行料は取らない。

ところが、朝廷が設けた「京七つ口」の関所は治安目的ではなく、ただただ通行料を取るための、言ってみれば関税事務所であった。取られる方はたまらないが、京は日本一の大都会でビジネスのためには絶対に出入りする必要がある。逆に言えば、取る側は多額の収入が期待できるということで、**室町幕府もマネをした**。

日野富子は「京の御所修復費用に使う」と言って「京七つ口」で莫大な関銭を集め、なんと自分の懐に入れてしまった。このことがバレ、怒った庶民は**徳政一揆《いっき》**を起こした。徳政令つまり借金棒引き令を出せということだ。それが起こるということは多くの庶民が借金で困っていたということでもある。もちろん富子は幕府の権力でこうした動きを抑えつけた。

問題は、手っ取り早く儲かる悪事はマネする連中が出てくることである。

将軍家が公金横領でマネする輩が続出

乱世というのは秩序だけではなく**道徳も乱れる時代**である。戦国時代の人心を象徴する言葉がある。「天下は破れば破れよ。世間は滅びば滅びよ。人はともあれ我が身さえ富貴《ふうき》ならば」、現代語訳は必要ないだろう。乱世の直接のきっかけとなった応仁の乱の時代を描いた軍記物語『応仁記』(作者不明)に、当時の人々の本音を表す言葉として記載されているものである。

日野富子が応仁の乱のきっかけをつくったという説は近年の研究者によって否定されているが、富子が蓄財に励んだことは事実であり、京七つ口で徴収した本来御所の修復費用に使うべき関銭(通行料)を着服していたことも事実である。このことに対しても、それは個人による着服というよりは室町幕府の歳入不足を補うためだった、という弁護論もあるのだが、一般にはやはり公金の横領という目で見られた。本来なら民に道徳を示すべき**将軍の御台所が堂々と公金横領をやっている**ということは、誰がやってもいいということである。さっそくマネする連中が続々と出てきた。

まずは地方の大名である。自分の領内に本来は天下の公道である東海道や中山道が通っていると、関所を勝手に設け通行する旅人から関銭を巻き上げ始めたのである。現代で言うなら、フリーウェイ(無料道路)である国道一号線が自分の市内を通るからと言って、市長が勝手に料金所を設けて通行料を取るようなものだ。むちゃくちゃな話である。だが他ならぬ「将軍家」が同様のことをやっている。誰にも止められない。

そのうちにもっと悪いことを考える連中が出てきた。

三、大改革者・織田信長

公共目的に使われない関税が横行

誰が始めたのかは明確ではないのだが、勝手に関所を設けた連中は旅人から通行料をせしめるだけでなく、**運ぶ荷物の価値に応じて銭を徴収し始めた**のである。現代風に言えば関税を課したのだ。ひどいことになった。

勝手に関所を設けた大名が「その荷物を○○の地に運んで売るのだな、その儲けの一部を先に寄こせ」と商人から銭を巻き上げる。仕方がないから商人は○○の地で販売価格に「関税」分を上乗せして売る。そして代金でその地の特産物を買って本拠に戻ろうとすると、今度はその○○の地の大名が、商人が関所を通るときに同じことを言ってやはり銭を巻き上げるのである。「関税対抗措置」というわけだ。

消費者はその「関税」分が上乗せされた品物を買わねばならない。それでもその「関税」分が社会的なインフラの整備など公共目的に使われれば納得もいくが、将軍家御台所日野富子が「範を示」したように、大名はそれを自分の懐に入れてしまうのである。

中にはこんなことをやるべきではないと思った大名がいたかもしれないが、自分の領内だけ「関税」を廃止しても他から入ってくる品物には「関税」分が上乗せされており、結局自分だけが損してしまうからやらざるを得ない。

海の上にも関所はあった。海賊大名といわれた村上水軍《むらかみすいぐん》は瀬戸内海を航行する船脚の遅い商船に高速船で追い付き、武器で脅して「臨検」し商品に「課税」した。そのうち通行証を高い値段で発行し、莫大な利益を上げるようになった。当然ここでも、その「課税」分は物価に上乗せされるから消費者に転嫁されることになる。

さて、こうした商品が売られるのが市場だが、この時代、市場はどこにあったか？

最大の市場は大都市である京の都だ。大名は原則として京に住んでいたし、一応は日本の政治の中心地だから多くの人が集まっている。市場はそういうところで成り立つ。ところが、この時代、**地方には大都市がほとんどなかった**のである。

たとえば、今川義元《いまがわよしもと》は大大名でその領地は石高に換算すると百万石あったといわれる。実は一石（一〇〇〇合）とは一人の人間の一年分のコメ消費量の平均値で、百万石とは一〇〇万人の人口を養える米が穫れたということである。ならばその本拠地である駿河国駿府《するがのくにすんぷ》（現在の静岡市）は大都市であったと思うかもしれないが、実際は違う。大きな町ではあったが大都市といえるようなものではなかった。人口がそれほど多くない。

なぜなら、義元の家臣である武士たちは**経済的には農場経営者**であり、自分の農場のある場所に住んでいたからだ。たとえば室町幕府初代将軍の本名は源尊氏である。しかし源姓を名乗る人間はあまりにも多いので、他と区別するために自分の経営する大農場のある下野国《しもつけのくに》（現在の栃木県）足利庄の地名をとって、足利尊氏と名乗っていた。

この辺はライバルの新田義貞、あるいは明智光秀も同じで、二人とも本姓は「源」である。逆に言えば地名を苗字《みょうじ》（通称）に使うことを一切認めないと、世の中は「源さん」ばかりになってしまう。武田も土岐も全部そうなる。そうしているのが実は朝鮮半島で、だから「金さん」ばかりになっているわけだ。

つまり**武士は皆「田舎住まい」**だから今川館のある駿府でも大都市とは言えない。

では、ほかに大都市はあるのか？

門前町を仕切る寺社は独占企業

地方大名の支配する町で唯一大都市と呼んでいい場所があった。**周防国《すおうのくに》の山口**（現在の山口市）である。**西の京**とも呼ばれた。なぜそうかといえば、この地を治める大名の大内《おおうち》氏が勝手に「日本国王」を名乗り、足利義満と同じ「エビでタイを釣る貿易」で大いに利益を上げていたからである。

ローマ法王庁の指令で東洋布教にやってきたフランシスコ・ザビエルもこの地を訪れている。ひょっとしたら、ここで明の情報を得て中国大陸に渡ったのかもしれない。ザビエルは当初日本での布教を計画していたが、日本への影響が強く人口も多い明で布教した方が早道だと判断し大陸に渡ったのである。

ザビエルも、戦乱で荒廃した京よりも山口の方が栄えているということでやってきたのだが、それ以前に同じように山口を訪れたのが、日本の水墨画の第一人者と言われる雪舟《せっしゅう》であった。彼は大内氏の保護を受け明に渡って画の修業に励み、帰国後も山口を拠点として画業にいそしんだ。大内氏は三一代義隆のとき重臣陶晴賢《すえはるかた》の反乱で滅び、その晴賢を倒したのが毛利元就《もうりもとなり》なのだが、結局明は元就を大内氏の正統な後継者とは認めなかったので貿易ルートはここで絶たれ、山口の繁栄は蘇《よみが》えらなかった。

武士の経営する町としてはあくまで山口は例外であった。前に述べたように、武士たちは自分の経営する農場に住んでいたので、主君の館のある町でも人口はそれほど多くなく大都市とは言えなかった。しかし市場は欲しい。だから大名はしばしば「商人どもよ、この町で月の何日かは市を開け」という「行政命令」を出した。現在も地名に残る「四日市《よっかいち》」とか「五日市《いつかいち》」などというものだ。「四のつく日に集まって市を出す」ということだが、その日だけは近在から客が集まるものの、毎日大勢の客が来るわけがないので、店舗はまさに露店や屋台のような一日限りの仮設店舗になる。常設店舗ではない。

では常設店舗の集まった商店街のようなものは、京や山口以外には一切ないのか？

実はあった。要するに不特定多数の人間が毎日のように集まればいい。それは寺社つまり**巨大寺院や有力神社の門前町**であった。織田信長の本拠地である尾張国《おわりのくに》（愛知県）には**熱田《あつた》神宮**という大神社があり、その門前町は交通の要衝でもあり大層な賑《にぎ》わいであった。江戸時代になって東海道五十三次《つぎ》というものができたが、東海地方最大の宿場町は名古屋ではなく、宮《みや》つまり熱田神宮の門前町であった。

現代でも正月などの縁日は神社前に露店が立ち並ぶが、あれが常設化し巨大化したものが門前町である。当然その市場の権利、たとえばどの場所に店をおけるかを決める権限は寺社にあった。この時代は寺院と神社は同一の宗教団体であったから、京を見下ろす山の上にある比叡山延暦寺も、琵琶湖《びわこ》側のふもとに**日吉大社《ひえたいしゃ》**という「支店」を持っており、その門前町大津は延暦寺が仕切っていた。

寺社は、営業許可を出すだけではなく、その店舗を持つ商人から「ショバ代」つまりテナント料を取ることもできる。独占企業のようなものだから**テナント料はつり上げ放題**。商人はそれを商品価格に上乗せするから、またまたその分は消費者に転嫁される。消費者にとってはいい迷惑だが、物価が上がる要因はこれだけではなかった。

寺社カルテル(座)がエゴマ油価格を操作

鎌倉時代と比べて、室町時代は貨幣経済が発達し商工業が盛んになった。当然、様々な生産物を消費する社会にもなった。**この時代の消費社会を象徴する商品**がある。**「あぶら」**である。だが、それはテンプラ油やオリーブオイルではなく、石油や灯油のようなものでもない。照明用の油であった。

江戸時代になると行灯《あんどん》という和風の照明器具がつくられるが、戦国時代はその中身だけで、灯明皿《とうみょうざら》に油を満たし、中にひたした紐《ひも》（これを芯《しん》と呼んだ）に点火し照明器具として用いた。ちなみに油は、現在の食用のエゴマ油が用いられた。シソ科の植物でタネを搾って油をとる。漢名では荏《え》と言い、この字がつく地名の場所は栽培地だった可能性があるという。のちに同じように作るナタネ油の方が安価で効率的だったため、照明用では全く使われなくなったが、戦国時代「灯明」つまり**夜の明かりといえばまさにエゴマ油だった**のである。

それ以前にもロウソクはあった。ただし非常に高価なものである。だから平安時代も鎌倉時代も貴族や僧侶あるいは高級武士しか使えなかった。しかしエゴマ油なら大量栽培で大量生産できるから、庶民も使えるようになった。実はこれは大変なことなのである。

今でも電力の乏しい国の国民は夜になったら寝るしかない。真っ暗闇では何もできないからだ。だから太陽が沈んだら寝て太陽が昇ったら起きる、この繰り返しである。しかし簡単に照明を使えるようになれば、夜の営業ができるようになる。たとえば遊郭も作れるし、そういうものができれば仕出屋とか洗濯業やファストフード「夜鳴きそば」も営業できるようになる。大げさに言えば**消費社会が二倍**になるのだ。

その基本を支えているのがエゴマ油なのだから、政府としては経済活性化のためにできるだけ安く大量に供給できるようにすべきだろう。ところが実際はそうでもなく、生産コストからみて明らかに高い値段で油は供給されていた。カルテルがあったからだ。

そもそもこうした技術を開発したのは寺社であった。寺院でも神社でも祭儀用に灯明は絶対必要だ。ロウソクは高価だからコストダウンを図る必要がある。そして開発した技術を寺社は特定の業者に伝授した。いわば「ライセンス」を与えて生産させ、その販売利益から「パテント料」を取ったのだ。そうした特定業者たちは自分たちの権益を守るためにカルテルをつくった。独占（寡占）企業だから儲けは大きい。寺社はそれに目を付け「パテント料」をつり上げる。業者は困らない。つり上げられた分を価格に上乗せして消費者に転嫁すればいい。だから寺社や特定業者は大儲けしているのに、庶民は泣きっ面で思ったほど消費社会も進展しなかった。では、どうすればこの閉塞《へいそく》社会を変えられるか？

この時代、**こういうカルテルのことを「座」といった**。つまり座など廃止し、あわせて寺社が独占している市場を開放し「テナント料」なしでも営業できるようにする。さらに商品の流通を阻害し物価をつり上げている関所もなくすべきだ。つまり**「楽《らく》市《いち》楽《らく》座《ざ》、関所の撤廃」**をやれば、庶民は誰もがその政治家を支持するということである。

「邪教の撲滅」という名の皆殺し

「楽市楽座、関所の撤廃」を完全に実施したのは**織田信長**である。しかし関所の撤廃は難しいし、もっと難しいのは楽座（座の廃止）の実行である。

庶民が大いに喜ぶはずの政策なのになぜ実行が難しいかといえば、巨大な圧力団体であり利権集団でもある寺社勢力がその背後にいるからだ。**この時代の寺社勢力は暴力団のようなもの**なのである。

こんなことを言うと、現代の宗教関係者の中には大いに怒り、抗議の電話をかけてくる（あるいはメールを入れる）方もいるかもしれない。もしこれを読んでいるあなたがそうお考えなら、その前に、一つだけしていただきたいことがある。それはお手元の辞書、あるいはネットでもいいが**「天《てん》文《ぶん》法《ほっ》華《け》の乱」**（一五三六年）という項目を引き中身を見ていただきたいのだ。

歴史事典でなくても大きな国語辞典なら必ず載っている。どういう事件かというと、天《てん》文《ぶん》五年（一五三六）に比叡山延暦寺、のちに信長が焼き討ちした天《てん》台《だい》宗の延暦寺が、京都市内にあった日《にち》蓮《れん》宗の寺すべてを焼き討ちし信徒を虐殺した事件である。殺されたのは男だけではない、女も子供も殺された。目的は要するに「邪教の撲滅」である。宗教テロといってもいい。日蓮宗は天台宗のような複雑な仏教よりはるかにわかりやすかったから、京の町衆に大いに受け、信徒が急増し狭い洛中《らくちゅう》（京都中央部）にも寺があった。それを「邪教の徒は皆殺しだ」と延暦寺の僧兵はまるで細菌兵器に汚染された場所を破壊するように、寺に火を放ち老若男女を皆殺しにしようとし、実際数千人の罪のない人々が殺されたのである。念のためだが、これは確定している歴史的事実である。

しかしながら、このことを知らない人があまりにも多すぎる。**日本の歴史教育の大欠陥**であろう。この時代の延暦寺は鎌倉時代の武蔵坊弁慶のような強力に武装した僧兵軍団を持ち、「邪教の徒」は皆殺しにすべきだと考えていた、とんでもない連中であったのだ。ちなみに、こういうことは当時の世界においても常識であった。

事典あるいはネットで「サン・バルテルミの虐殺」というのを見ていただければわかる。これはほとんど同じころ（一五七二年）にフランスのカトリックがプロテスタントを、まさに赤ん坊にいたるまで虐殺した事件である。日本の天文法華の乱が同じ仏教徒同士なのに対立する集団を「邪教」と決めつけ皆殺しを図ったように、フランスのサン・バルテルミの虐殺も同じキリスト教徒同士で行われた大虐殺である。**「同じ宗教でも『派』が違えば殺しあう」**というのが当時の世界の常識（イスラム世界ではいまだに一部でこの常識が残っている）だったのだ。

ちなみに、これを読んでいるあなたは「同じ宗教なんだし、そもそも宗教が違っても殺しあうべきではない」という常識をもっているはずだが、その常識を日本に定着させたのは誰かご存じだろうか？　織田信長である。だからローマ史の大家塩野七生《しおのななみ》氏はこのことを「織田信長が日本人に与えた最大の贈物」と言っているし、私も**「世界が信長の存在を羨《うらや》む日がきっと来る」**と言っている。しかし楽座政策を貫くためには、このとんでもない連中を叩《たた》きつぶさねばならなかった。彼らの財源はそこにあるからだ。

京都荒廃の最大要因は「天文法華の乱」

実はこの時代、「邪教の徒」は皆殺しにすべきだと考えていたのは天台宗の比叡山延暦寺だけではない。「天文法華の乱」の時は虐殺される側つまり被害者だった日蓮宗は、同じ仏教徒ながら教義（教えの中身）が対立する一向《いっこう》宗（浄土真宗《じょうどしんしゅう》）をやはり「邪教」と見ていた。だから「天文法華の乱」に先立つこと四年の一五三二年（天文元）、日蓮宗徒は反本願寺の大名勢力と組んで、当時京の郊外にあった山科《やましな》本願寺を焼き討ちし門徒（一向宗の信徒）を虐殺して寺を完全に廃墟《はいきょ》にした。**「天文の錯乱《さくらん》」**と呼ばれる。

こののち一向宗は本拠を大坂（大阪）の石山御坊、通称石山本願寺に移すわけだが、読者の皆さんは不思議に思ったことはないか？　石山本願寺といえば織田信長が一〇年かけても結局「落城」させられず、天皇を仲介に立てての講和でようやく開城に追い込んだ「巨城」である。

本来は寺院であるはずの石山本願寺がなぜそこまで堅固だったのか、ということだ。答えはおわかりだろう。山科本願寺を焼き討ちされ、すべてを失うという痛切な戦争体験があったからなのだ。物事にはすべて理由がある。

比叡山焼き討ちというと、とてつもなく野蛮で残酷なことだと思っている人が多いが、実はこの時代の宗教団体同士が繰り返し相手に仕掛けていたことなのである。もちろんそれは「邪教撲滅」のためだ。京の都が荒廃したのは応仁の乱（一四六七〜七七年）のせいだと考えている人々が多い。確かにそれは事実だが、年号をよくごらんいただきたい。この時代は、それからもう半世紀以上過ぎているのである。京の町は既に復興していた。その京の町に「応仁の乱以上の焼失面積」をもたらしたのはいったい何か。実は「天文法華の乱」なのである。このことも知られていない。

また**信長は何のために比叡山を焼き討ちし本願寺と戦ったのか？** 宗教弾圧ではない。そう言うと驚く人がほとんどだが、これも日本の歴史教育の大欠陥である。

宗教弾圧とはのちに江戸幕府がやったキリスト教禁教のように、「その宗教を信じるな、信徒は死刑にする」ということだ。しかし比叡山や本願寺と戦ったのは「宗教団体なんだから、平和を守り他の宗派と戦争するな」、つまり「信教の自由」を徹底させるためであり、本願寺がもうそれはしませんと降伏してきた後に、信長は「関係者の処罰はしないし、これから布教は自由にやって良し」という内容の血判を押した文書を与えている（この文書は現在でも西本願寺に大切に保存されている)。また信長は天台宗禁教令など一切出していない。現代風に言えば信長は宗教団体の**組織的暴力、戦争行為を禁じ、それに従わない宗教団体と戦った**のである。

ちなみにこうした宗教団体の資金源は大きく二つに分かれる。鎌倉新仏教である日蓮宗や一向宗は、今の新興宗教団体のように信徒からの寄付で成り立っていた。カネやコメだけでなく、百姓として耕し武士として戦うという形の勤労奉仕もあった。延暦寺、日吉大社、あるいは興福寺といった古くからの宗教団体は、荘園からの農業収益以外に、座や市や関所からの莫大な収益があった。物価を押し上げ庶民を苦しめる巨大な利権からである。

信長は信教の自由と利権打破のために戦った

織田信長の側から当時の寺社勢力を見ると、延暦寺や日吉大社のような**平安時代以来の宗教団体の方が問題ありの存在**だった。日蓮宗や本願寺(一向宗)はいわば独立採算制で、庶民に経済的迷惑はかけていない。しかし古い型の経済体制で莫大な利益を上げている延暦寺などは、信長の新経済政策を絶対に許さない。

これまでの体制なら、勝手に設けた関所や座や市の商人から莫大なカネが何もしなくても入ってくる。民間の自由な商人が「今の油はいくらなんでも高すぎる、座の干渉を受けずに安い油を作って売ろう」と思っても実行は不可能だ。油座の商人たちはそういう動きを必ず弾圧する。下手をすれば殺される。彼らは自分たちの独占的利益を守るため牢人（浪人）を雇っているからだ。

仮にそうした目をかいくぐって安い油を製造したとしても、工場から市場へ品物を移動するためには関所を通るから関銭（関税）がかかってしまう。しかもどの市場に運べばいいのか、販売する市場（市）も多くは寺社勢力の支配下にある。彼らは僧兵という武士に匹敵する武装集団を抱えている。逆らえないのである。もっとも抱えているからこそ、それを維持するために莫大な資金が必要になる。一種の悪循環で、だから寺社勢力は関銭や座のパテント料やライセンス料、市のテナント料をますますつり上げることになる。

どうすればいいのか？

彼らの武力に対抗できる力を持った大名が、「オレの領内においては自由に油を作っていいし売ってもいいぞ、ライセンス料もテナント料も一切いらん。文句を言うやつがいたらオレの武力で守ってやる。もちろん関所など領内には一切設けないから物流は自由だ」と言えばいい。これが**「楽市楽座、関所の撤廃」**であり、織田信長の基本経済政策なのだが、**寺社勢力がこれに大反発した**ことはおわかりだろう。これまで「濡手《ぬれて》で粟《あわ》（労せずに大儲けするというのが本来の意味）」でやってきたのに、信長という若造がとんでもないことを始めた、というのが寺社勢力の認識である。

ここで注意すべきは、坊さんつまり僧侶は曲がりなりにも「インテリ」であるということだ。

「インテリ」たちはこれまで酒を飲み女も抱き（僧侶には禁止されていることだが）、贅沢三昧をやってきた。「信長、オレたちの利権を荒らすんじゃねえ」とは言わない。なんと言うかといえば「信長は仏教の敵である。仏敵滅ぶべし」である。しかしお忘れなく、この時代は本来人を救うべき僧侶が僧兵となって虐殺を行っていたのだ。信長は自分の方が絶対正しいという自信がある。だから「クソ坊主どもめ、仏敵だと、上等じゃないか、じゃオレは魔王だな」と開き直り、そうした勢力の中心である比叡山延暦寺の焼き討ちを敢行した。だからますます誤解される。

焼き討ちの目的は一に宗教団体同士の殺し合いをやめさせるため、二に庶民を苦しめる彼らの利権を叩きつぶすためである。それなのに**多くの日本人はいまだに信長の真意を理解していない**。日本の歴史教育を担ってきた人たちが、いまだに「インテリ」にだまされているということだ。

人工的に町をつくった信長

ここで改めて信長の旗印を見てほしい。なんと永楽銭なのである。「カネ」つまり**経済改革それが信長政権のスローガンでありマニフェスト**なのである。

要するに織田信長政権とは、有史以来ずっと「コメ政権」だった日本の中で、史上初の「カネ政権」なのである。だから旗印も永楽銭なのだ。本来は実にわかりやすいものなのである。

今で言えば一円玉を会社のマークにするようなものだ。近代以前、そのように「カネ」を旗印にした軍団は、世界史の中でこまめに探せば他にあるかもしれないが、私は知らない。極めてユニークなものであることは間違いない。真田信繁《さなだのぶしげ》（幸村《ゆきむら》）のファンからは六文銭（六連銭）を忘れてやしませんか、と言われるかもしれないが、あの紋は死後地獄に通じる三途《さんず》の川の渡し賃が六文《もん》であることに由来している。つまり「カネの力で世の中を変える」（これが信長）ではなく「死を辞さない覚悟」を意味しているので、経済とはかかわりはない。

さて信長の目指した「楽市楽座、関所の撤廃」の中で実は**一番難しかったのが楽市**（自由市場の創設）であった。楽座は自由生産だから、自分の領内で油でも紙でも作らせればいい。利権を守ろうとする座や寺社勢力の妨害からは守ってやれる。関所も領内ならいつでも廃止できる。しかし市場だけは「商人よ、月の〇〇日には市を開くのだぞ」と行政命令を出したところで、賑わうのはその日だけで、露店や屋台のような仮設店舗で商売するから商店街も形成されない。つまり寺社の門前町のように不特定多数の人間が毎日集まる場所を人工的につくらねば寺社に対抗できない。信長はそれを実現した。

学問的には、**近世城下町**と呼ばれるもので、いわゆる城下町なのだが、ちょっと想像していただきたい。町の真ん中に城があり、その周辺を家臣の武家屋敷や足軽《あしがる》長屋が取り巻いて、さらにそうした人々を相手に商売をする「商店街」、そこで売られるものを生産する職人町、あるいは馬で物資輸送を担当する伝馬町《てんまちょう》がある、こんなイメージは日本人が誰しも持っているものだが、**日本で最初にこれをつくったのは信長**なのである。

武士は経済的には農場経営主で自分の田畑のある村に住んでいた。鎌倉時代には「いざ鎌倉」という言葉があった。これは幕府につかえる武士（御家人）は緊急非常時には必ず鎌倉に駆けつけろということだが、裏を返せば普段は鎌倉にいないということでもある。

本名源尊氏は下野国足利庄で農場を経営しているから足利尊氏なので、これは明智光秀も同じだ。ところが信長は美濃国《みののくに》（現在の岐阜県中央部）を斎藤氏から奪ったとき、それまで井ノ口と呼ばれていた首府を**岐阜**という名に改め（この改名については政治の話なのでここでは省略する。興味ある方は拙著『逆説の日本史 第10巻 戦国覇王編』〈小学館文庫〉等をご覧いただきたい）、稲葉山城を岐阜城と改め周辺の土地を部下の武士や足軽に分譲して、いわば強制的に移住させた。

信長軍の戦闘員が一万人として、もちろん彼らにはそれぞれ家族がいる。高級武士は妻のほかに子供が数人、使用人は少なくとも十数人はいるし、最下級の独身足軽でも両親を連れて来ればそれだけでも人口が三人増えることになる。おそらく**人口三万人いやひょっとしたら五万人の大都市**があっという間に出来上がった。こうなれば商人たちも常設店舗をつくって、商売に励むことになる。

ルイス・フロイスが見た城下町岐阜の繁栄

織田信長が築いた日本初の城下町（近世城下町）・岐阜を実際に訪れた**宣教師ルイス・フロイス**は、「人口は八〇〇〇人ないし一万人でバビロンの雑踏を思わせた」とローマ法王庁に報告書を送っている。それによると岐阜は大変なにぎわいで、夜も店が開いていたという。

「あれ、さっき人口は三万人から五万人と書いてなかったか？」と思われるかもしれない。そうなのだ。学者の先生方は当時実際に岐阜を見た人間が、ローマ法王庁への報告書の中でそう述べているのだから、この数字が正しいと信じ込んでいる人が少なくない。実はこれこそ私が常々指摘している日本歴史学界の欠陥、史料絶対主義（実際の目撃者の証言なら頭からそうだと信じ込むこと）と宗教の無視がもたらす問題点なのである。

史料絶対主義はともかく、宗教は関係ないだろうと思ったあなた、そこが問題です（笑）。ルイス・フロイスは何のために日本に来たのか？　彼はローマ教皇の指令を受けて日本に「正しい神の教え」つまりキリスト教を広めにやってきた。当時のカトリックの人々はキリスト教こそ唯一最高の教えで他は邪教だと信じていた。つまりフロイスの目から見れば**岐阜はあくまで「邪教の都」**なのである。唯一の神キリストの祝福を受けていない町は本来繁栄するはずがない。

しかしそういう信念とは裏腹に、岐阜はものすごく繁栄していた。あり得ない事態だが嘘を書くわけにはいかない。そこで「バビロン」と書いた。聖書ではバビロンとは「バベル」のこと、あの「バベルの塔」のあった場所のことだ。傲慢の限りを尽くし神の罰を受けた、あのバベルである。おわかりだろう、これは**決して褒めてはいない**のだ。

人間にとって当たり前の反応だが、気に入らないものについては過小評価する、それが人間というものだ。この人口推計についてもそう考えるべきだろう。

もう一つある。**日本の常識とヨーロッパの常識は違う**。たとえば住居の広さだ。日本人の住居については一昔前「ウサギ小屋」などという悪口があったが、明らかに欧米人に比べて我々の住居は狭く、狭い割には多くの人間が住んでいる。特に長屋のような場所に実は多くの人間が住んでいるということは、信長に直接面会したフロイスでも知らなかったのではないか。フロイスは岐阜城に招待されたとき山の上から城下町を見下ろしているのだが、ヨーロッパ生まれである彼が「この町の大きさなら人口はこれぐらいか」と推計した数字はヨーロッパの常識に基づくものであり、それにキリスト教徒の**偏見に基づく過小評価**が加わる。それゆえ、フロイスの推計よりずっと多くの人間が住んでいた可能性が高いのである。

では実際にはどれぐらいか？　この時代一〇〇万石の米がとれる場所からは二万五〇〇〇人の兵が出せるという常識があった。信長の領国はこの時点で尾張国、美濃国あわせて二カ国だから、少なく見積もっても一〇〇万石の領土である。つまり岐阜城周辺に強制移住させられた兵は最低でも一万人（全体では二万五〇〇〇人だが支城に詰める人員もいる）はいたはずで、それぞれが家族を連れてくると、少なくとも岐阜は三万人の人口を誇る大都会だったと計算できるのである。

第三章

帝国主義の脅威と戦国時代

一、大名たちの台所事情

検地や土地台帳の作成も信長が嚆矢

何度も述べているように、加賀百万石《ごく》は実は「加賀一〇〇万人」である。人間一人が一年間に食べるコメの量の平均値が一石（＝一〇〇〇合）でそれが一〇〇万人分収穫できる土地ということだからだ。一〇〇〇合（一合マス一〇〇〇杯分）というのは感覚としてわかりにくければ、一〇合は一升《しょう》だから、清酒の一升瓶（一・八リットル）一〇〇本分のコメと考えた方が理解しやすいかもしれない。

ちなみに米俵《こめだわら》一つ分、つまり一俵《ぴょう》は現在では四〇升だが、近代以前は五〇升だった。石と升の間に斗《と》という単位があり、これで考えれば五〇升は五斗であり〇・五石つまり半石ということになる。

まとめると**一石＝一〇斗＝一〇〇升＝一〇〇〇合**となる。後に豊臣秀吉《とよとみひでよし》（太閤《たいこう》秀吉）が大陸進出をした時、次のような狂歌がつくられた。

太閤が米を一石買いかねて　きょうも御渡海《ごとかい》　あすも御渡海

表《おもて》の意味は御渡海つまり日本軍が何回も海をお渡りになっている割には戦局が一向に好転しませんねという皮肉なのだが、「ごとかい」が「五斗買い」にかけてあるところがミソだ。言うまでもなく五斗×二＝一石である。

そしてその一石の米が収穫できる田（水田）の広さが一反《たん》であり、**室町時代までは一反＝三六〇坪《つぼ》**であった。今でも土地の広さを坪（＝約三・三平方メートル）で表すことがあるが、そもそもこれは一年がほぼ三六〇日だから「一人の人間の一日分のコメがとれる田んぼの広さ」という意味だったのである。「だった」と過去形で述べたのは、まさに**秀吉の時代に一反＝三〇〇坪**に改められたからだ。

五公五民つまり年貢率（税率）五〇パーセントだとすると、それまで三六〇坪の田から五斗のコメを納めればよかったものを、それ以降は三〇〇坪の田から五斗のコメを納めなければならなくなったから、形の上では増税である。

しかし、最初の基準が決められた奈良時代以後、肥料の使用や農具の改善で生産性は上がっていたし、秀吉は水田に等級をつけて出来具合に応じて年貢を徴収したから、必ずしも不公平とは言えない。このために全国の水田の実態を調査し評価したのが、いわゆる**太閤検地**なのである。この検地も実は織田信長《おだのぶなが》が始めたことだ。土地台帳を作って収入を正確に把握しない限り明確な予算を立てられないはずだが、こんなことも他の戦国大名はやっておらず、慣例によって年貢を徴収していただけだったのである。

一〇〇万石の国は人口も一〇〇万人だ。そのうち**軍勢として出せるのは二万五〇〇〇人**である。これが当時の常識だった。率にすれば二・五パーセントだから非常に少なく感じるかもしれない。

しかし人口の半分は女性であり、男性も戦争に出せるような身体壮健な世代は全体から見ればそう多くはない。しかも裸で出すわけにはいかない。槍《やり》や鎧《よろい》など装備を与え兵糧も支給しなければならない。上級武士なら必ず馬に乗るし、鉄砲隊や弓隊も設けるとなると相当なカネがかかる。しかも、戦国時代の日本の基幹産業は農業であり、身体壮健な男子はできるだけ農業に従事させなければならない。ということは、戦国大名は気軽に戦争できる状態ではなかったのである。

農場経営者である戦国大名たちの悩み

昔の農業は重労働である。耕耘機も脱穀機も農薬もない。農薬なんていらないと思った人は一度農薬なしの農業をやってみるといい。大変だし害虫を完全に防ごうと思ったらものすごく手間がかかる。毎日作物をチェックする必要もある。

どの戦国大名も武士である以上、農場経営者だったから、収穫を維持するためには重労働に耐える屈強な男子を常に田畑に張り付けておかねばならない。基本的に食料は自給自足だから、我々が普段イメージする武士、つまり馬に乗って槍を持ち戦闘に専念できる人間は、軍勢が一万人ならそのうち一割から二割だろう。彼らは「タダメシ」を食っているわけで、だからこそそんなに大量には抱え込めないのだ。

では戦争の時はどうするか？　そうした専門の戦闘員つまり武士に加えて、領内の百姓たちを徴兵し、安物の鎧を着せ槍を持たせ足軽《あしがる》として使う。彼らは馬に乗らないから武士たちのあとを走って追いかける。「足」が「軽」くなければ務まらないので足軽という。**兵員の八割は、この足軽**なのである。彼らは**農業生産における貴重な労働力**でもある。農業が忙しい時つまり農繁期にはあまり動員できないから、思い切った戦争はできない。

武田信玄《たけだしんげん》と上杉謙信《うえすぎけんしん》が五回にわたって激突した川中島《かわなかじま》の合戦も、イネの刈り入れが終わった秋から雪が降る初冬までの短い期間で戦うしかなく、決着がつかなかったのである。また冬の間はどんなに遠征しても、春になったら田植えのために多くの足軽を本領に戻さねばならない。つまりこういう軍隊では、京に長く駐屯したり本拠地を移転するなどということは不可能なのだ。

では、こうした**農業に縛られない専業兵士の軍団**を作ったらどうか？　なり手はいくらでもいる。たとえば農家の次男坊や三男坊である。彼らは家にいても継ぐべき田畑がないから「ごくつぶし」「厄介者」である。彼らを雇って新しい軍隊を作ればいい。

彼らは農業とは関係ないから城下町に住むことができ、いつでも長期間にわたって出撃できる。武田信玄や上杉謙信がいくら強いといっても、農繁期には本国に帰らなければいけないから、持久戦法をとれば必ず勝てることになる。出撃するときも、通常の大名は全軍を招集するには領国の津々浦々に使者を送り、武士や足軽を呼び集めなければならないが、城下町ならサイレンにあたるほら貝を吹き陣太鼓を叩《たた》けば、臨戦態勢の兵員を直ちに招集できる。もちろん本拠地の移転も容易にできる。

この方式を採用する場合の最大の問題点は、**人を雇うにはカネがかかる**ことだ。そんな軍団が簡単にできるなら、武田信玄も今川義元《いまがわよしもと》も上杉謙信もとっくの昔に実行していただろう。彼らの軍制にも利点はある。領主の権威をもって徴兵するのだから、足軽から見ればメシは食わせてもらえるが、「お屋形様のため、国のためじゃ」といわれタダ働きである。それでも脱走や徴兵拒否はできない。家族が人質に取られているし田畑がなければ食っていくこともできないからだ。これを領主の側から見れば「足軽の人件費は一切かからない」ということになる。

巨大な利点であり、だからこそ誰も変えようとしなかったが、ただ一人これを変えた戦国大名がいた。織田信長である。では人件費の問題はどうするのか？　答えは信長の旗印の中にある。

信長は農業と商工業という二つの財布を持とうとした

要するにカネである。農業をやめるわけではない。それはそれで確保しつつ商工業を盛んにし、そこに財源を求める。織田信長は**農業と商工業という二つの「財布」を持とうとした**のだ。それまでは分業であった。武士は農業、寺社勢力が商工業という形で、それぞれ干渉せずに併存していた。寺社勢力は僧兵を中心とした強大な武力をもっている。彼らの利権構造にメスを入れようとすれば強烈なしっぺ返しにあう。

現にそれをやった信長は、古いスタイルの大名である武田家、朝倉《あさくら》家、そして足利《あしかが》将軍家と組んだ寺社勢力に「包囲網」まで作られて、窮地に追い込まれたではないか。しかし、この最大のピンチも、信長の軍隊が**兵農分離した専業兵士**であったことにより逃れることができた。武田信玄も朝倉義景《よしかげ》も、その軍団の大部分は農業との兼業兵士である。つまり農繁期には地元に帰らねばならず「包囲網」を離脱するしかない。信長の方はじっと我慢して待っていればいいし、逆に一〇年の長きにわたって本願寺を包囲し続けることもできた。

ちなみにこの石山本願寺城に匹敵する巨大城塞は北条《ほうじょう》氏の小田原城だが、戦の名人上杉謙信が何度挑んでも落とせなかったこの難攻不落の城を、豊臣秀吉が落とすことができたのは、信長譲りの専業兵士で兵糧攻めにしたからである。謙信の兵は兼業兵士だから、いくら強いといってもそんなマネはできないのだ。

といっても財源を商工業に求めるということは、何らかの形でそれに課税したということだ。それならば寺社勢力と同じではないかと思われるかもしれないが、同じではない。たとえば信長は**日本で初めて道路整備をした**。主要街道といっても実はこの時代、細いところは幅一間《けん》(=約一・八メートル)だった。経済の発展、物流の促進には障害だが、わざとそうしている場所もあった。城も山の上にあるケースが多かった。

しかし**信長は城を平地に下ろした**。正確に言うと岐阜城は斎藤道三《さいとうどうさん》の稲葉山城を受け継いだため山の上にあったが、次に建てた安土《あづち》城は小高い丘の上にある。そして、どうやら信長は大坂(大阪)の地に、もともとの本拠であった尾張清洲《おわりきよす》城のような「平地に建つ城」(専門用語で平城《ひらじろ》)を計画していたらしい。それを引き継いだのが秀吉で、それ以後、城は平地に建てるのが常識となった。

それがなぜ常識にならなかったのか、今から見るとかえって不思議かもしれないが、経済より軍事が優先だったからである。道を狭くし橋も架けず城は山の上にあった方が防衛上は有利だからだ。また交通の便の良いところは大軍が集結しやすい場所でもある。そんな場所に城を建てるなど自殺行為だと信長以前の大名は考えていた。しかし、城を城下町経営の拠点とするなら平地にある方がいい。平地にあっても堀を深くし、建物を堅固にすれば何の問題もない。おわかりだろう、**信長は城の常識も変えた**のである。信長の道路整備計画はとりあえず領内の街道をすべて三間半幅（約六メートル）に拡張させ、両側に松や柳を植えるというものだった。雨風や強い日差しから旅人を守るためである。税金は公共のために使われる。要するに信長の領国になれば、物価は下がり町は繁栄し交通の便は良くなり関銭《せきせん》も一切取られない。治安も良く夜の商売もできる。もちろん徴兵されることもない。

天皇か天皇の委託を受けた者しか天下経営できない

織田信長の領内では職業選択の自由すらあった。豊臣秀吉のように下層階級の出身でも実力さえあれば武士になれる。逆に「オレは人殺しの戦争なんか行きたくない。一生百姓でいい」という考えなら農業に専念できる。専念できるから生産性も上がる。商人になりたい人間はなればいい、楽市楽座《らくいちらくざ》が後押ししてくれる。百姓が田畑に縛りつけられ、無理やり徴兵され戦地に行かされ、次男坊三男坊は「厄介者」の、今川義元や朝倉義景の領地とは大違いである。

では信長はあっと言う間に天下を取ることができたのか？　そう簡単にはいかない、旧勢力が邪魔をしたのはもちろんだが、**最大の問題は「身分の壁」があった**ことだ。

現代の日本人はまるで「神」のようにすべての結果を知っている。たとえば一五八二年に織田信長が本能寺《ほんのうじ》で明智光秀《あけちみつひで》に殺された（本能寺の変）ことや、その信長の「弟子」とも言うべき豊臣秀吉が関白として、徳川家康《とくがわいえやす》が征夷大将軍《せいいたいしょうぐん》として天下を取ったことも知っている。だからそこから「逆算」して、すべての大名が天下人を目指していたなどと考える。大きな間違いである。前に述べたように、「城は平地の交通の便の良いところに建てる」という江戸時代の常識は戦国時代には常識ではなかった。信長がそれを変えたのである。また、日本では身分の低い者が天下を取るということもあり得なかった。その常識を変えたのも信長である。

このあたりは政治の話になるので詳しくは拙著『天皇の日本史』（角川文庫）を見ていただきたいのだが、要点を言えば日本は基本的に、天皇か天皇の委託を受けた者（関白および征夷大将軍）しか天下の経営が許されなかった。そして**関白になれるのは藤原氏のエリート、将軍になれるのは源氏のエリートのみ**で、斎藤道三などでは戦国大名になることはできても将軍にはなれない。

その常識を大変な努力によって信長が変えた。しかしいったん常識が変わってしまうと、人間は、残念なことだが歴史学者の多くも、それが昔からの常識だと錯覚する。だから真の歴史がわからなくなる。最近、信長は改革者ではない、などという論調の史論を発表する人が一部にいるが、とんでもない話である。真の歴史がわかっていないとしか言いようがない。

その「大変な努力」というのも政治の話だが、経済にかかわる部分をちょっと紹介しよう。身分の低い田舎大名では、どんなすばらしい政策を立案しても誰も支持しない。「それをする資格（身分）があるのか」が必ず問題にされるからだ。だから、信長は明智光秀の仲介を得て源氏のエリート**足利義昭**《よしあき》を室町第一五代将軍に押し上げ、最初はその「代理人」として政策を実行した。もちろんその政治が浸透してきたら義昭を切り捨てる予定だったので、「副将軍にならないか」という要請は断った。幕府の組織に組み込まれてしまうからだ。

そして義昭の名をもって琵琶湖のほとりの「市場」候補地の大津、草津を手に入れ、日本一富裕な宗教団体本願寺と堺の商人たちに「将軍家再興の費用を出せ」と要求した。現代のカネに換算すれば数百億円だろう。堺は拒否したが本願寺は応じた。信長政権はそうしたカネを将軍御所の再建に使う一方、道路の整備などにも回したのだろう。そのようにして信長は自分の政治に対する国民の信頼を深めていったのである。

京の商人がノブナガミクスの支持者になる

信長が初めて足利義昭を奉じて大軍とともに京へ入った時、お祝いに駆け付けた人々に身分を問わず親しく面会した。それまでの権力者はできるだけ公衆の面前には顔を出さぬようにするのが常識だったが、信長は将軍御所の再建現場にも軽装で現れた。実はこれも日本で初めてのことだが、**信長は建設現場を広く大衆に公開した**のである。

その時、見物に訪れた女性の市女笠《いちめがさ》（ベールのように顔を隠せる）の布をまくって素顔を見た工人（職人）の首を、駆けつけた信長がふっ飛ばした。「スカートめくり」で殺された男もいい面の皮だが、信長は断固として京の治安を守る姿勢を示したのである。実際、信長軍団が京に入って市中は安全になり商店なども繁盛した。これもそれまでの常識とは違った。

信長以前の大名（これから彼らを旧大名と呼ぶ）の軍制を思い出していただきたい。軍隊の大部分を占める足軽は「タダ働き」をさせられている。自ら求めたことではないのに戦場で死ぬかもしれない。そのストレスと欲求不満は大きい。だから時々、旧大名は彼らに「ボーナス」を与える。「この城を落としたら、女はヤリ放題、何でも盗《と》っていいぞ」つまり暴行と略奪のススメである。これを乱妨取《らんぼうど》り（乱取《らんどり》）といった。木曾《きそ》義仲《よしなか》の昔から京の民衆にとって外国（山城国《やましろのくに》ではない）の軍隊とはそういうものだったのである。

だから商人たちは、直ちに店を閉じ商品を隠し娘も隠した。ところが実際に信長軍が入ってくると暴行略奪など一件もないばかりか、兵士たちは銭を払って商品を買う。彼らは給料をもらっているからである。**数千人の暴行略奪犯ではない、消費者がやってきた**のだ。これで彼らもいっぺんに信長の、そしてノブナガミクスの支持者になった。だからこそ後に将軍足利義昭と信長が対立関係に入った時も、**民衆は将軍ではなく信長を支持した**のだ。

実際にノブナガミクスで信長はどのようにして商工業者に課税し財政に組み入れていたかは、実はよくわかっていない。だが推定することはできる。信長の経済政策はそのまま秀吉に受け継がれたからだ。その秀吉の経済面の片腕と言ってもいい石田《いしだ》三成《みつなり》には、こういう逸話が伝えられている。ある時、秀吉が一万石の領地をやろうと言ったところ、三成はその代わりに淀川《よどがわ》周辺で取れる葦《あし》に運上《うんじょう》（物品税あるいは取得税）をかける権利をいただければ一万石の軍役を務めてみせますと豪語し実現した、というのだ。つまり一万石のコメに匹敵するカネをそういう形で集めたということだろう。これ自体は伝説かもしれないが、秀吉時代にはそういうことが広く行われていたと考えられる。

これからは推測だが、信長は最初は本願寺などから集めた資金を経済環境の整備に使い、それがある程度実現した時に、商人たちの支持を得て「課税」を実施したのだろう。農業生産という「もう一つの財布」もあるから、その税率は決して高くなかったはずである。現に不満の声は残っていない。しかしこれなら信長が最後の勝者となるのは決まっていたように思える。

その割には旧大名たちは頑張っていた印象があるだろう。その理由はおわかりだろうか。

ヒントは旧大名の代表である毛利元就《もうりもとなり》、今川義元、武田信玄、北条氏康《うじやす》、上杉謙信の五人の共通点である。これに伊達政宗《だてまさむね》を加えてもいい。

それは**金山、銀山という「もう一つの財布」を持っていた**ことである。

武田信玄は天下人になれたか？

ここで旧大名の代表として**武田信玄**のことを語ろう。主にその経済体制はどうなっていたかである。しかしその前に一つだけ、政治的に重要な点を指摘しておこう。私は信長以前の旧大名は「天下を取る」などは夢にも考えていなかったと思っている。「身分の壁」があるからだ。だが信玄はその晩年には明らかに信長をつぶして自分が天下の主になろうとしていた。しかし、もし信長のように若いころから信玄に天下取り計画があったのなら、京を遠く離れた信濃国《しなののくに》（長野県）川中島で上杉謙信と領土争いなどするべきではない。約束は絶対守る謙信に北信濃は譲り同盟を結んで後方を安全にし、人生の最後にやったように美濃、尾張を攻めれば、さすがの信長の天下取り計画も挫折した可能性が高い。

そうしなかったのは**「田舎大名が天下人になれる」などとは夢にも思わなかった**からだ。そういう常識は当時存在しなかったのである。だからこそ目先の領土拡張に気を取られていたのだし、上杉謙信は謙信で将軍家を再興することによって、この国を安寧にしようとしていた。この点は明智光秀も同じだ。

ところが織田信長という若造は、新しい常識をつくり思いもかけないやり方で天下を取ろうとしていた。それを横から見ていて信玄は、それならわしにもチャンスがある、そもそもわしは源氏の名門の出身だと考え、**信長の天下を横取りする形で天下人になろうとした**。それが信玄の晩年の行動なのである。

ちなみに信玄は寺社勢力と対決しようなどという気は毛頭なかった。それどころか信長が比《ひ》叡山《えいざん》延暦寺《えんりゃくじ》を焼き討ちしたあと、信玄は天台宗《てんだい》の僧侶たちに比叡山を甲斐《かい》に移転したらどうかと持ちかけたくらいだ。この申し入れはさすがに天台宗側が謝絶したが、そもそも信玄はその名の通り出家した大僧正でもある。なぜ寺社勢力と対立しないかといえば、農業が財政基盤であるからだ。寺社の利権に手を出すなどという危険な冒険はしないのである。

その財政基盤である農業だが、この点信玄はほかの大名に比べて不利だった。本領である甲斐国（山梨県）は米が豊かにとれる場所ではなかったからだ。複雑な地形で洪水も多かった。洪水というのは一瞬にして水田を破壊し農民を殺す。そのために信玄は治水に力を入れた。今でも山梨県には信玄の築いた堤防「信玄堤《しんげんづつみ》」が残っているが、信玄の土木技術は見事なもので多くの民が洪水の恐怖から解放された。農村では次男以下は「厄介者」だが、こうした治山治水によって新田が開発され、「厄介者」が田畑を持ち家族を持てるようになった。

貧しい農村では次男以下を育てるのは難しく「間引き」されることもあったのだが、こうした開発で一家の主となれた農民は、子供のころから父や母に「お前を育てることができたのも信玄様のおかげだ」と言い聞かされて育つ。だから**「信玄公は神様」**になる。今でも山梨では「信玄」ではない「信玄公」だ。だからそうした農民が徴兵されて足軽になっても、いやいやではなくお屋形様のために一生懸命戦う。

しかしそれだけなら、いくら強いといっても農業との兼業兵士が主体だから、戦国大名の雄にはなれなかっただろう。

ところが天は甲斐国に素晴らしい贈り物をした。国中から金山が発見されたのである。

世界でも類をみない甲州金

織田信長以前の旧大名とは、農業という「一つの財布」しか持っていない大名のことである。だから当然、織田信長や後継者の豊臣秀吉のように、農業以外に商工業あるいは貿易といった「もう一つの財布」を持っている大名にはかなうわけがない。軍事力とはイコール経済力でもあるからだ。

しかし実際には旧大名にも信長、秀吉に匹敵するほどの力を持った大名がいた。前にも述べた毛利元就、今川義元、北条氏康、上杉謙信そして武田信玄といった面々である。彼らは**農業のほかに金山、銀山という「もう一つの財布」を持っていた**からこそ、「二つの財布」を持つ信長、秀吉に対抗できたのである。

日本人は「日本は資源に乏しい国」という常識をもっている。少なくとも、中高年はそういうイメージを持っているだろう。しかし実はそれは全くの誤りなのである。近代以前、最も金を産出した国家はおそらく日本だ。それどころか銀についても、おそらく世界一の産出国であった時代がある。そう言われても、にわかに信じられないかもしれないが、これは決して井沢新説ではなく、一部の専門学者がちゃんと認めている事実である。それが一般人の常識となっていないところが問題なのだが、やはり石油のせいかもしれない。

日本は石油をほとんど産出しない国である。秋田県や北海道（近代以前には日本ではなかった）に油田はあるが、需要の九九パーセントは輸入に頼っている。歴史的に見ても、日本が過去に「領有」した朝鮮半島でも満州でも石油は産出しなかった。太平洋戦争に踏み切ったのも、アメリカが日本に対して石油の禁輸措置をとったことが大きなきっかけで、開戦直後の海軍の真珠湾攻撃はあまりにも有名だが、同時に陸軍がマレー半島を急襲し油田地帯の確保に向かったことが忘れられている。まさに「石油の一滴は血の一滴」であり、今もそれほど状況は変わらないから、**日本は「資源に乏しい国」という印象が定着してしまった**のだろう。

ところで近年、アメリカが突然世界有数の産油国になったのはご存じだろうか？　アメリカも昔から石油産出国ではあったのだが、シェールオイルという新しい石油が産出できるようになって事情が大きく変わった。大づかみに言うと、シェールオイルとはオイルシェールと呼ばれる岩石の中に染み込んでいる石油のことだ。これを最新技術によって「絞り出せる」ようになった。つまりそれまでタダの岩だったものが石油に変わったのだ。先行きは不明だが、まさに大儲けである。

古甲州金 無背極印一分金

ところがこれと同じことが戦国時代、武田信玄の領国甲斐国で起こった。それまで日本の金といえば砂金しかなかった。鉱石から金を分離する技術がなかったので、自然の力によって分離された砂金を用いるしかなく、埋蔵量は膨大でも宝の持ち腐れだったのである。ところが新しい技術で鉱石から金が採れるようになった。まさに**宝の山が突然出現**した。武田信玄はその金で独自の金貨までつくった。**甲州金**と呼ばれるものだ。「日本国政府」でも何でもない、一地方政府がそんなものをつくったという例は、おそらく世界史の中でも極めて珍しいはずで、それほど金が大量に産出したということなのである。

シルバーラッシュをもたらした灰吹法

武田信玄の甲州金はその形から碁石金とも呼ばれており、金一枚（一両）が四匁《もんめ》（約一五グラム）で、その四分の一が一分《ぶ》、一分の四分の一が一朱《しゅ》だった。この「四進法」は、武田信玄を深く尊敬していた徳川家康によって引き継がれた。ただし、江戸時代においては一分は金貨ではなく銀貨だった。

実は戦国時代、**日本の銀が世界に大きな影響を与えた**のである。専門学者もこう言っている。

「十六世紀の日本を含む東アジアでは『ゴールドラッシュ』ならぬ『シルバーラッシュ』が起きていた。この『シルバーラッシュ』が起きたきっかけは十六世紀前半に日本で銀山（石見銀山）が発見され、その開発が本格的に進められたことによる」（『天下統一とシルバーラッシュ

銀と戦国の流通革命』本多博之著　吉川弘文館刊）

何度も述べたが、銀だけでなく金の埋蔵量も、近代以前日本はおそらく世界一だったのだが、精錬技術つまり鉱石から純粋な金銀を取り出す技術は劣っていた。金は砂金しか利用できず、足利義満が明《みん》に輸出した竿銅《さおどう》（銅材）の中には少なからず銀が混じっていたのだが、それを取り出すこともできなかった。

しかしそうした「カネになる技術」は必ず伝わってくる。いくら隠そうとしても、それを売り込んでカネにしようとする人間が必ずいるからだ。そこで日本にも朝鮮半島を経て**灰吹法**《はいふきほう》という精錬技術が伝わってきた。発祥はなんと古代バビロニアという古い技術だが、鉱石を高熱で熱し不純物（おもに鉛や硫黄《いおう》）を灰に溶け込ますことで分離する方法だ。主に銀の精錬に使われるが、さらに工程を加えれば金も抽出できる。戦国時代以前の日本人は、砂金は知っていたが銀鉱石は知らなかった。目の前にそれがあっても銀を取り出す方法がわからなかった。

しかし、それを知ったことによって石見国《いわみのくに》（島根県西部）に大銀山があることを初めて「認識」したのだ。この産出量は膨大で、アジアだけでなくヨーロッパからも、その銀を目当てに商人たちが殺到した、まさにシルバーラッシュである。その石見銀山を最終的に自分のものにしたのが毛利元就で、彼の力の源泉はまさにここにあった。

灰吹法は関東にも伝わり、多くの銀山の「認識」に貢献した。たとえば上杉謙信の「もう一つの財布」は佐渡《さど》（相川）金山ではなく、同じ佐渡にあった**鶴子銀山**《つるし》だった。佐渡で金山が発見されたのはもう少し後の時代である。

武田信玄の甲斐国の金鉱は非常に品位の高いもので、灰吹法をあまり使わなくても鉱石を粉砕しふるいにかければ、それだけで優良な金が取れたという話もある。むしろ鉱山の開発が進んだのは、信玄が治山治水のために開発した土木技術のせいかもしれない。坑道を掘ったり安定させたりするためにはそういう技術が役に立つ。

ただ甲州の金は信玄一代で掘り尽くされてしまったようだ。少なくとも江戸時代にはまったく産出されていない。信長と張り合った信玄に比べ、跡を引き継いだ武田勝頼《かつより》は信長に敗れ国を滅ぼしてしまったため、今にいたるまで悪く言われているが、信玄は豊富な金を政治や外交や軍事に使えたのに、勝頼は使えなかったようだから、この辺は少し「割引き」して考えるべきだろう。**「軍事力＝経済力」**この公式はいつの時代でも成り立つからだ。

二、鉄砲伝来・キリスト教・唐《から》入り

硝石入手ルートをめぐる東西大名格差

武田信玄は実はそれほど戦上手ではなかった。北信濃の大名村上義清《むらかみよしきよ》には何度も負けているし、上野《こうずけ》箕輪《みのわ》城の長野業正《ながのなりまさ》にも手を焼いている。それでも最終的に勝てたのは物量作戦で、つまりは金山の力なのである。むしろ後継者の武田勝頼のほうが戦上手だったかもしれない。しかし勝頼には残念ながら金山の力はなかった。上杉謙信や今川義元の実力も金山、銀山のバックアップがあってこそだ。北条氏康に関しては伊豆金山が開発されたのは彼の死後のことだから、「北条氏」の実力のバックアップだったと表記すべきかもしれない。

信玄は、騎馬隊を充実させたものの鉄砲にはあまり関心を示さず、その点が信長に比べて近代的センスが劣っていたとみなされているが、それも実は正確ではない。鉄砲は既に国産化されていたから、鉄砲鍛冶《かじ》を連れて来れば製造することはできる。しかし**問題は火薬**だ。前にも述べたように、当時の黒色火薬は木炭と硫黄と硝石が原料なのだが、木炭と硫黄は入手できても硝石は外国からの輸入に頼るしかない。ということは**国際貿易港を確保していないと硝石の輸入ルートがない**。

信長は最終的に堺を押さえた。将軍再興の費用を拒否したのはけしからんという口実で軍事的に制圧したのだ。もちろん支配権を獲得しただけで商売の自由は奪わなかったが、実は**堺は日本の中で一番東寄りの国際貿易港**なのである。東寄りというと意外な感じがするかもしれないが、まだ東京も横浜もない昔のことである。江戸はただの野原だったし横浜は貧しい漁村であった。

外国の貿易船が来るのは大坂湾周辺までで、東海地方も関東地方も東北地方も国際貿易とは全く無縁だった。つまり信長が堺を押さえたことによって「東の大名」は硝石の入手が困難になったということだ。**鉄砲をいくら作っても火薬が製造できなければ意味がない**。だが「東」は名馬の産地ではある。信玄が鉄砲隊よりも騎馬隊を充実させたのは、決して鉄砲を軽視していたわけではない。そうせざるをえなかったということだ。

逆に「西」には国際貿易港がたくさんある。古くからひらけた博多がそうだし、山口もそうだ。だからこそ毛利配下の村上水軍は「焙烙玉《ほうろくだま》」つまり鎌倉時代元軍が使った鉄炮《てつはう》（鉄の容器に火薬を詰めたもの）に近い兵器をふんだんに使うことができた。ただし日本の焙烙玉は鉄ではなく、陶器製の容器に火薬を詰め短い導火線に点火し敵に投げつけるものであった。信長配下の九鬼《くき》水軍はこれで木造帆船が炎上し、壊滅的な打撃を受けた。怒った信長のアイデアによって「燃えない鉄張りの船」鉄甲船が開発されたことは有名である。

信長は堺を通じて硝石をふんだんに入手できたから、鉄砲を大々的に使えた。しかし日本で初めて大砲を使ったのは信長ではない。豊後国《ぶんごのくに》（大分県）の大名大友宗麟《おおともそうりん》である。大友宗麟といえばキリシタン大名として有名だが、宗麟や有馬晴信《ありまはるのぶ》など九州にキリシタン大名が多かったのは偶然ではない。城下にキリスト教会ができれば、スペインやポルトガルの商人がやってくる。つまり硝石を入手しやすくなるわけだ。

要するに「硝石欲しさ」なのである。そもそも鉄砲が日本に伝わったのも外国商人が硝石輸出を狙ったためだ。

もちろんその目的は、豊富で良質な日本の銀を手に入れることだった。

帝国主義の終着駅は日本だった

黄金は極めて貴重なものなのだが、貴重なだけに量が少ない。ダイヤモンドのようなもので、通貨として使うには量が足らない。だが銀なら金よりはるかに多い。一六世紀の金銀の国際交換レートはほぼ金一に対し銀四だった。流通量がそれだけ多いということだ。ヨーロッパのスペイン（イスパニア）とポルトガルは海に面していることもあり、貿易立国を目指し大成功した。**ポルトガルは東廻《まわ》りの航路**つまりアフリカ南端の喜望峰からインド経由で中国まで進出し、中国の絹やインドの香料を輸入し富を築いた。

一方、イスラム教徒との対立で出遅れた**スペインは、イタリア人船乗りコロンブスの提案で西廻りの航路を開拓**した。コロンブスは地球は丸いからポルトガルと逆の西廻りでもインドに到達できると、スペインのイザベル女王を説得してスポンサーになってもらった。そして有名なサンタマリア号で大西洋を渡ったら大陸に突き当たった。

コロンブスはそこをインドと勘違いして、そこに住む人々をインディオ（スペイン語。英語ならインディアン）と呼んでしまった。昔、アメリカの西部劇では現在ネイティブ・アメリカンと呼ぶ北アメリカ先住民を「アメリカ・インディアン」と言っていた。最近までメジャーリーグにインディアンズというチームがあったが、これは直訳すれば「アメリカのインド人」ということで、そもそもコロンブスの勘違いに由来するものなのである。

コロンブスは死ぬまで、ヨーロッパ人が知らなかった「新大陸」を「旧大陸」のインドだと思い込んでいた。もしそれが「新大陸」だと気がついていれば、今ごろはあの広大な南北の大陸はコロンブスにちなんでコロンビアだったかもしれない。そのことに気がついたのがイタリア人の地理学者アメリゴ・ベスプッチで、その名をラテン語の読みにするとアメリクスになる。これがアメリカの由来だ。コロンブスはせっかくのチャンスを逃した。

ちなみにコロンブスもラテン名であり、イタリア語ではコロンボになる。「刑事コロンボ」

のコロンボである。つまりアメリカ人には「この男はマフィアと同じ（笑）イタリア系移民だな」と一発でわかるわけで、そうした「非上流階級」にいる刑事が、エスタブリッシュメントをやっつけるところに、アメリカで「受けた」理由がある。芸能界でもフランク・シナトラの活躍にはそういう要素がある。

話を戻そう。スペインはこの「新大陸」特に中米から南米にかけてを徹底的に支配し搾取した。インカ帝国はスペイン人ピサロによって滅ぼされ、莫大《ばくだい》な量の黄金が持ち去られ、住民たちもキリスト教を強制され、伝統の民族名から「創氏改名」させられた。ロドリゲスとかペドロといった名前である。

一九世紀に、こうした外国の支配と搾取を徹底的にやった国がイギリスであり、その姿勢は帝国主義と呼ばれた。この時代もたいして中身は変わらない。日本では知らない人が多いが、スペインとポルトガルはローマ法王の仲介で世界を二つに分割（デマルカシオンと呼ぶ）してしまった。つまり半分はスペイン、残り半分はポルトガルのものということで、この条約は**トルデシリャス条約**（一四九四年）と呼ばれる。

いわば**金銀財宝を求めて「帝国主義」のスペインとポルトガルが、西から東から全世界への侵略に乗り出した**わけだ。そして皮肉なことにどちら廻りでも終着駅となる国があった。

われわれの国・日本である。

「ツイてる国」日本

何度も述べているように、私は超国家主義者ではないし、右翼でも左翼でもないのだが、日本の歴史を客観的に見ると**「ツイてる国」**であることは間違いない。

歴史上初めて中国が日本に侵略の手を伸ばしてきた一三世紀の元寇《げんこう》の時代、ちょうど日本は鎌倉幕府という強力な軍事政権の時代だった。これがもし一二世紀前半に起きていたら、まだ平安時代だから、今ごろは日本国ではなく中華人民共和国日本省で、我々は中国語をしゃべっていたかもしれないのである。

そして一六世紀、再び日本に魔の手が伸びた。スペインとポルトガルである。中でも**スペインのやり方は極めて強引で残酷**であった。もし日本がスペインに屈していたら、私の名前はロドリゲスでこの原稿はスペイン語で書かれていたかもしれない。決して冗談ではない。

今の南米のペルー、ボリビア、エクアドルあたりはインカ帝国という巨大な帝国が支配していたのだが、スペイン人ピサロはその王アタワルパを卑劣な手段で人質にとり「部屋一杯分」の黄金と銀を要求した。そしてそれを奪ったにもかかわらず、何の罪もないアタワルパを無理やりキリスト教に改宗させた上で処刑した。

アメリカ大陸の人々は長年平和が続いていたので、まさに「平安時代」と同じで軍備が乏しく簡単にやられてしまったのだ。中米のメキシコでも事情は同じだ。アステカ文明もマヤ文明もスペインによって完全に滅ぼされた。これは全くの事実である。彼らはキリスト教が絶対に正しいと信じているから、どんな卑劣な手段を使っても平気で、最終的に住民がキリスト教徒になればそれが正義なのである。もちろん民族文化は徹底的に破壊され、住民の言語はスペイン語で名前もスペイン風になった。今は世界遺産として有名なペルーのマチュピチュはインカ帝国の遺跡である。

一方、ポルトガルはそれに比べて少しやり方が穏やかだった。人種が違うわけではない。ただ東廻りの航路をとったポルトガルが相手にしたのは、インドや中国といった強力な軍備をもつ大国だったので、スペインのように「簡単に」やっつけるというわけにはいかなかった。しかし隙あらばスペインのように「簡単に」やろうとしていたことは確かである。その証拠に、トルデシリャス条約によって南米で唯一ポルトガルの勢力範囲となったブラジルは、強引なやり方で植民地化され、現在同国の言語はポルトガル語で名前はポルトガル風だ。

とにかく、中国経由で日本に最初に目を付けたのはポルトガル人の方だった。日本の軍備がインカ帝国並みだったら、おそらく彼らは武力で植民地化しようとしただろうが、日本は戦国時代の真っただ中でそうはいかない。庶民は戦乱に次ぐ戦乱で日本は不幸な国だと思っていたかもしれないが、**外国から見ると日本は常に臨戦態勢**で、毎日「戦闘訓練」している国だから「簡単に」はいかない。やはり「ツイてた」のである。

そこで彼らが考えたのが、兵器ならいくらでも売れるだろうということだ。鉄砲である。そして鉄砲を使うようになれば硝石も絶対欲しくなる。つまり日本との貿易ルートが開け、見返りに豊富で良質な銀あるいは硫黄（火薬の原料）を得られる。そこで彼らは鉄砲を売り込みに来た。**鉄砲伝来は偶然の出来事ではない**。いわばマーケットリサーチによる輸出計画だったのである。

倭寇のビッグボス王直が鉄砲を売り込み

さて団塊の世代の方々は「鉄砲伝来」という出来事を学校でどのように習ったか？　思い出していただきたい。「九州の種子島《たねがしま》に漂着したポルトガル船にたまたま鉄砲をもった人間が乗っており、興味を示した種子島の領主がこれを買い取りそこから全国に広まった」と習ったのではないだろうか。あるいは歴史の学習漫画などで、「日本人とポルトガル人の間では言葉が通じなかったので、たまたま乗っていた中国人が砂浜に枝で漢文を書き、それで通訳の代わりをした」ということも覚えたかもしれない。

真相はかなり違う。実はこの砂浜で通訳の労をとった中国人（当時は明国人）こそ、この船の船主で、**号は五峯《ごほう》、名は王直《おうちょく》**といった。王が姓で名は直である。だから、船も当然ポルトガル船ではなく中国船（ジャンク）だった。

王直は東アジア史では結構有名人である。**倭《わ》寇《こう》のボス**であった。倭寇というと日本人海賊のことだと思っている人が多いが、それは前期倭寇と呼ばれる人たちである。室町三代将軍足利義満が明国から取り締まりを頼まれたのもそうで、確かに日本人だった。ところが後期倭寇つまり戦国時代あたりの倭寇はまるで違う、逆に**九割が明国人だった**と中国側の記録にある。

なぜそんなことになったかといえば、当時の明国は民間貿易を一切禁止していたからである。いわゆる「朝貢貿易」、つまり周辺国家の国王が貢物を捧《ささ》げるとお返しをくれるという「エビ・タイ貿易」は行われていたのだが、それ以外の民間同士の貿易は完全に禁止されてしまったのだ。これは、中国のみならず日本も含めた東アジア史を理解する最大の「キモ」なのでご記憶願いたい。

とにかく**貿易は犯罪行為**になってしまった。まっとうな貿易商人でも犯罪人にされてしまうということだ。やむなく彼らは日本側に本拠を移した。そして日本人を名乗った。「オレたちは日本人だから取り締まりの対象にならない」ということである。しかし明国から見れば犯罪者つまり海賊にすぎないということで、彼らを倭寇と呼んだ。

その中のビッグボス王直は日本の五島列島に本拠を置いていたので、それにちなんで五峯（五つの島を山の五つの峰に見立てた）と名乗ったのだ。いわば**日本の事情は知り尽くしている男**なのである。ひょっとしたら日本語がわからないふりをしていた可能性もある。

五島には多分日本人妻がいただろう。もう一人の「倭寇」のビッグボス鄭《てい》芝《し》龍《りゅう》は五島と同じ長崎県の平戸に本拠を置き、日本人妻との間に一子鄭成功《せいこう》を儲《もう》けたのだから。あの近松門左衛《ちかまつもんざえ》門《もん》の「国性爺合戦《こくせんやかっせん》」（一七一五年初演）の主人公で台湾の英雄の鄭成功である。

つまりビッグボス王直は自分の船にポルトガル人の鉄砲技術者を乗せ、戦国時代の日本に**鉄砲の売り込みに来た**のだ、と私は考えている。

その性能に驚いた種子島の領主の**種子島時堯《ときたか》**は二挺《ちょう》買い取り、火薬の調合方法も学んだ。時堯はまだ一六歳で現代の若者がオートバイに凝るように朝から晩まで鉄砲を練習し、ついに「百発百中」の技量に達したと当時の記録にある。もちろんポルトガル商人の目的は鉄砲そのものと硝石の売り込みだった。ところが、ポルトガル人は腰を抜かしたにちがいない。日本人は一年足らずの間に完璧な鉄砲を自らの手で作り上げたからである。

世界最高の火縄銃を作った刀鍛冶

種子島時堯は「売り込み」に来たポルトガル商人から鉄砲二挺を買い取り、かなりの金額を支払ったらしい。しかし**火薬の製法という「ノウハウ」についてはカネを払った形跡がない**。実はポルトガル商人は火薬の製法だけでなく、その後鉄砲一挺をタダでくれたという話が伝わっていて、多くの学者はこの伝承に否定的だが、私はそういう事実があったとしても不思議はないと思っている。

たとえば現代で言えばスマホのアプリを無料で配信するようなものだ。ユーザーになってくれれば、今後の莫大な利益が期待できるではないか。ポルトガル商人から見れば戦国時代の日本にはいくらでも鉄砲と硝石が売れる。火薬の製法も秘密にする必要などない、教えれば「火薬には絶対に硝石が必要だ」という事実を日本人は認識するからだ。

　ところがそのポルトガル商人にとって最大の誤算は、種子島という日本の中では「田舎」であるはずの場所に住む鍛冶職人が、なんと**一年もたたないうちに同じ火縄銃を作ってしまった**ことである。しかもコピー商品というのはだいたい出来が悪いものなのだが、これは完璧でむしろ外国製より立派なものだった。日本は島国なので海の向こうから「良いもの」がやってくる。「舶来《はくらい》品」という言葉がかつてよく使われた。「船で運ばれてきた外国産品」という意味だ。もちろん良質で高級という意味が含まれている。たとえば腕時計はデジタル式が発明される前はスイス製が最高で、ウイスキーはイギリス製が最高級品だった。

　ところがのちに鉄砲の最大の「ユーザー」となった織田信長は、「鉄砲はポルトガル製が最高だ」とは一言も言っていない。実は品質という点では、その時点でもう**日本製が世界最高**だったのである。長年培われてきた日本刀をつくる刀鍛冶の技術がそれを可能にした。

　技術的な問題点がなかったわけではない。種子島の刀鍛冶八板金兵衛《やいたきんべえ》（という名が伝わっている）は、鉄砲に絶対必要な螺子《ネジ》の作り方がどうしてもわからなかった。そこで教えを請《こ》うたところ、それまで「気前が良かった」ポルトガル商人がまったく教えてくれなくなった。彼らも**日本の技術水準の高さに気がついた**のである。

彼らは最終的に金兵衛の娘を代償に要求し、金兵衛は泣く泣く娘を与えたという。正式な記録ではなく、伝承として残っている話だが、私は実話だと思っている。つまり「日本娘は輸出商品になる」ということだ。ご記憶願いたい。

気前がいいといえば、種子島時堯もそうだ。彼は大枚をはたいて得た鉄砲を京の足利将軍家に献上したばかりでなく、その後も作らせた鉄砲と火薬の製造法を、無償で紀州根来寺《きしゅうねごろじ》と堺の商人橘屋又三郎《たちばなやまたさぶろう》に与えているのである。一見不思議に思えるこの行動も、硝石は輸入に頼るしかなく、また当時の寺社勢力が経済団体としても強い力を持っていたことを考え合わせれば、理解できる。

種子島でいくら鉄砲を生産しても（のちに日本の火縄銃は国内では「種子島」と呼ばれるようになった）、**硝石の輸入業者と協力しなければ日本国中に広めることはできない**。信長が堺を傘下に置いたのも「硝石輸入ルート」の確保が目的だったとは既に述べた通りだ。

そして実は信長の最期の場所となった本能寺と種子島も、深いかかわりがある。

鉄砲普及で増えたポルトガル商人とキリシタン

種子島は旧国名で大隅国《おおすみのくに》、現在は同じく鹿児島県となった薩摩国《さつまのくに》とともに江戸時代は薩摩藩が支配していた。明治維新の原動力となった薩摩藩は、新政府の基本政策である廃仏毀釈つまり仏教寺院の破壊を徹底的にやったので今は残っていないが、種子島には**慈遠寺《じおんじ》**という寺があった。**法華宗《ほっけ》（日蓮宗《にちれん》）の大寺院で本山は京の本能寺**であった。

本山と末寺《まつじ》の関係は、今でいう企業の本社と地方支社のようなもの、いやそれ以上だ。なぜなら幹部クラスは必ず京の本山で修行してから地方に赴任するというのが決まりだったからだ。鉄砲を伝えたポルトガル商人の宿舎となったのも、この寺の宿坊だったのだが、大名が必ず首都（江戸）に参勤せねばならなかった江戸時代と違って、戦国時代の地方と中央のつながりは、こうした本山末寺のネットワークしかなかった。つまり、**鉄砲や硝石を入手するためには「本能寺コネクション」がぜひとも必要だった**のだ。

だから信長は縁を深めるために京では本能寺を宿所とした。当時、洛中《らくちゅう》つまり京都中心部は「天皇のお膝元」と考えられており、さすがの信長も城を建てるのは遠慮し防備の弱い寺に泊まり、そのために命を落とした。家康はそれを教訓にして二条城を築城した。ちなみに明智光秀軍が本能寺を急襲できたのも、経済重視の信長が領内の関所を全廃していたからだ。家康はその点にも気を配り、治安維持のために関所は復活させた。しかし日野《ひの》富子《とみこ》や寺社勢力とは違い、関銭（通行料）は徴収しなかった。その点は信長の政策の良い面を継承したのである。

話を戻そう。鉄砲が普及したことによって、硝石を供給する立場にあるポルトガル商人が大手を振って日本に入ってくるようになった。港町である堺もそうだが、前にも述べたように、

1586年にドイツのアウグスブルクで印刷された天正遣欧使節肖像画。右上より時計回りに、伊東マンショ、千々石ミゲル、原マルチノ、中浦ジュリアン。中央は案内兼通訳のメスキータ神父

九州の大名は、独特の武士道にこだわった島《しま》津《づ》を除き、争ってキリスト教に入信し、教会を建ててポルトガル人を招くようになった。

信長もキリスト教は保護し安土城下にセミナリオ（神学校）を建てるのは許したが、自らは入信しなかったのに対し、九州では最も熱心な信者となった有馬晴信は城下にコレジオを建てた。コレジオとは英語でいうカレッジ（大学）であり、セミナリオよりレベルが高い。そして日本で大いにキリスト教が広まっていることをローマ法王に知ってもらうために、晴信や同じキリシタン大名の大友宗麟、大村純忠が共同して、四人の少年使節を派遣することになった。**天正《てんしょう》遣欧使節**である。

出発したのは一五八二年（天正一〇）つまり本能寺の変の年の春だった。彼らは三年かけてローマに到着しローマ法王グレゴリウス一三世を表敬訪問し無事帰国するのだが、うち三人はキリスト者の道を歩んだのに、千々石《ちぢわ》ミゲルだけは公式に棄教を宣言しキリスト教から離れた（異説もある）。

その理由として昔から語られてきたことがある。彼は旅の途中で多くの日本人が裸同然で鎖につながれ奴隷として売られてゆくのを見たというのだ。実は豊臣秀吉の祐筆《ゆうひつ》（秘書官）を務めていた大村由己《ゆうこ》（男性）も、秀吉が九州を訪れた時の目撃談として「日本人の男女が数百人南蛮船に買い取られ、手足を鎖で縛られ船底に押し込められていた」と報告している。**九州では日本人が「輸出品目」だった**のである。

キリスト教は非白人にとって「悪魔の思想」

日本人としては非常に残念だが、島津を除く九州の大名、そして西国《さいごく》の大名あたりでも、かなり日本人を「輸出」していたらしい。日本人奴隷は、男は勇敢に戦い、女は黒人よりもヨーロッパ人の好みに合うということで珍重された。

キリスト教というと非常に良いイメージがあるがそれは現代の話で、この時代はインカ帝国の例でもわかるように、白人以外、**特に非キリスト教徒の非白人に対しては残酷で野蛮で卑劣なもの**であった。

ポルトガルもスペインもカトリックだが、そのカトリックの保守性を批判したプロテスタントが建国したアメリカ合衆国ですら、戦国時代から約三〇〇年後の一八六五年まで黒人は奴隷とされ、その後もネイティブ・アメリカン（アメリカ・インディアン）と共に厳しい差別の対象であったということをお忘れなく。つまり、この時代のキリスト教は**白人優位思想に凝り固まった、非白人にとっては「悪魔の思想」**であったのだ。

ローマ法王に謁見を許された千々石ミゲルが棄教したのも、そういう側面があったからだろう。近年彼の墓の発掘調査により、副葬品としてロザリオが発見されたことなどから、最後までキリスト教徒だったという説を唱える論者もいるのだが、少なくともポルトガルやスペインの「手口」に反発し教会組織を離脱したのは間違いあるまい。彼らは「聖書」に説かれることと全く反対のことをしていたのだから。

こういう事実を知っていれば、黒田《くろだ》官兵衛《かんべえ》や細川ガラシャ夫人のような熱心なキリスト教信者がいたのに、結局日本にはキリスト教が定着しなかったこと、また豊臣秀吉や徳川家康が厳しくキリスト教を弾圧した理由も理解できるだろう。一方、ローマ法王庁にしてみれば、どんな理由にせよキリスト教徒が弾圧によって処刑されれば「殉教」になり、場合によっては「聖人」になる。現代でもそうした殉教者は各地で盛大に慰霊されているが、彼ら自身には罪がないにせよ当時のポルトガルやスペインは、**隙あらば非白人の国家を征服し住民を弾圧しようとしていた**ということを抜きに、秀吉や家康のキリスト教弾圧を批判するのは極めて不公平というものである。

幸いにもわれわれの国には信長、秀吉、家康がいた。インカ帝国はちょうど平安時代の日本のようなもので極めて無防備な国家であったが、日本はやはり「ツイてた」のである。

刀狩の目的は僧侶と百姓の武装解除

信長は経済政策として関所を撤廃し、楽市楽座を始めたわけだが、**撰銭令**《えりぜにれい》も出しているので、少し解説しておこう。これは信長のオリジナルではない。日本では昔から中国からの輸入銅銭を主に使用していたが、宋《そう》時代の優良なものに比べ、明以降の銅銭は質が落ちていた。信長が旗印にしていた永楽通宝ですら最初は「悪銭（質の悪い銭）」の扱いで、さらには日本で民間が勝手につくった私鋳銭や破損してしまった銭もバラバラの基準で「流通」していた。

そこで質の良い銭と悪銭をどのような比率で共存させるかというのが撰銭令の目的だった。悪銭のことを鐚銭《びたせん》とも言った。「鐚《ビタ》一文払わない」という言葉が残っていることでもわかるように、**悪銭でも一応流通はしていた**のである。ただ経済規模も拡大し、豊富な銀が市場に出回るようになると、もともとあった金も含めて一つの貨幣体系を作ろうという動きが出てきた。

信長は本能寺で殺されてしまったので、彼の経済政策は後継者の秀吉がさらに拡大して実行した。たとえば刀狩《かたながり》だ。これは現代語訳すると「武装解除」になる。そんなことはわかっていると言われそうだが、では誰の武装を解除したのか認識している人は意外に少ない。対象は武士ではない。後の話になるが、たとえ関ケ原《せきがはら》で徳川家に逆らい浪人した武士でも帯刀は許されていた。

武士から刀を取り上げるということは、人前で裸になれというのと同じことなのである。だから明治の廃刀令まで不可能だったし、その廃刀令に怒った不平士族たちは反乱を起こした。その最大の反乱が西郷隆盛《さいごうたかもり》の西南戦争である。

武装解除されたのは、僧侶であり百姓つまり農民なのだ。僧侶は僧兵として、農民は足軽として戦争に参加していたから、それをやめさせるために武器をとりあげた。

ちなみに黒澤明《くろさわあきら》監督の「七人の侍」は名作だが、実際の歴史とは違う。戦国時代の農民はあんなに「やわ」ではない。農閑期には足軽として戦争に参加しているからだ。信長を殺した明智光秀を討ち取ったのも落武者狩りの農民たちだった。いかに疲れていたとはいえ、光秀も武士という「人殺しのプロ」だ。それを殺せるのは、殺す側も「セミプロ」だったということなのである。

ちなみに刀狩までは商人も帯刀していた。実は今のアメリカでよく売れている商品は拳銃やライフルだそうだ。なぜだかおわかりだろう。治安の不安定な国はそうせざるをえない。秀吉は全国を統一して久しぶりに治安を回復したので、「商人よ、道中の安全はオレが守ってやる。だから武器を差し出せ」と言えたのである。

「本能寺の変」については政治の問題なのでここでは言及しない。

ただし後に詳述するが、この**本能寺の変は江戸時代の経済に極めて重大な影響を与えている**。おそらくこんなことを聞くと耳を疑う人がほとんどだろう。しかし全くの事実である。そして日本人の多くがそれを知らないということは、これまでの歴史教育がなっていないということでもある。本書のテーマで言えば「中世の経済を支配していたのは寺社勢力であり、それは強力な武装集団でもあった」という事実、認識されていただろうか?

だからこそ、私が歴史教育の欠陥部分を修正しなければならない。

さて刀狩によって兵農分離がさらに進み、商人は商人の仕事に専念できるようになった。信長からの楽市楽座政策は日本の経済規模を大いに盛り上げ、また秀吉政権が毛利氏を屈服させたことによって、世界有数の産出量を誇る石見銀山が豊臣家との共同管理になり、同じく世界有数の産出量の但馬国《たじまのくに》(兵庫県北部)生野《いくの》銀山は豊臣家の直轄領となった。国際的に流通するのは銀なので豊臣政権は貿易を拡大できた。それまでは中国、朝鮮など東アジアとの貿易が基本だったが、南アジアにも貿易圏が拡大した。

近代以前の世界最大金貨「天正大判」

ポルトガルやスペインとの貿易が盛んになったといっても、直接本国と取引したわけではない。ポルトガルは中国の一角にマカオという「アジア支店」を設けたし、スペインはフィリピンのマニラに拠点を置いた。群島国家であるフィリピンの最大の島がルソン島なので、日本人はこの植民国のことをルソン(呂宋)と呼んだ。

ではフィリピンという国名はどういう意味かといえば、スペイン人が初めてここへ到達し領土だと宣言した時に、当時の皇太子フェリーペ（後の国王フェリーペ二世）の名にちなんで命名されたものだ。だから日本が平安時代だったら、日本の方が今「フィリピン」と呼ばれていたかもしれない。

一方、日本は日本で、これらの地域が日本から見れば南にあたるので、彼らを一括して南蛮人と呼んだ。「南蛮」とは中国語で中華（世界の中心）に対して南の野蛮な地域という意味である。このころになってくると日本も「中華」を気取るようになってきていたのだ。

しかし、信長、秀吉が築き上げた軍隊は強力であった。**鉄砲の装備率はおそらく世界最高**であっただろう。輸出こそしていなかったが日本は鉄砲を大量に生産する能力があったし、豊富に取れる銀で硝石も大量に輸入することができた。さらに前にも述べたように、技術の進歩で金も大量に精錬できるようになった。

そこで秀吉は近代以前には世界最大の金貨であった**「天正大判」**をつくらせた。これは鋳造《ちゅうぞう》ではなく鍛造《たんぞう》で、含まれる金の重さは約一六五グラムあった。最近は金一グラムは一万円（二〇二四年春現在）は下らないから、これで計算すると**ほぼ一枚一六五万円**になる。実は大判が先で小判が後にできたのだが、秀吉の時代はまだ小判がなく金一枚に相当した。大判は一〇枚分である。

秀吉はなんとこの大判二〇〇〇枚分（三三〇キログラム）の金塊（インゴット。当時は法馬《ほうま》金《きん》といった）を大坂城内に多数保有していた。実際に採掘される金、経済規模が拡大したことによってそこから取り立てる税と海外貿易の収益、それに加えて従来の農業生産によるコメが収入としてあったから、おそらくこの時点で日本は世界一富裕な国だったかもしれない。

前にも述べたが、江戸時代になっても日本の庶民は、場合によっては金貨（小判）を手にすることができた。遊郭に娘を売った代価としてなどである。西洋や中国ではたとえ娘を売ったとしても金貨を得ることは不可能だった。時代はさかのぼるが、あのイエス・キリストを裏切って官憲に「売り渡した」ユダの報酬ですら、金ではなく銀三〇枚だったのである。

ところが、世界史で見ても極めて貴重な金で世界最大の金貨をつくったのみならず、気前よくバラまいたおそらく世界史で唯一の権力者がいる。もちろん豊臣秀吉である。

天正長大判

本能寺の変から七年後の一五八九年（天正一七）五月、大坂城とともに秀吉の権力を象徴する京の別邸聚楽第《じゅらくてい》の馬場に二町（約二〇〇メートル）にわたって金銀を積みあげ、秀吉は大名や公家《くげ》に大判や銀をバラまいた。**配った金銀は合計三五万両**にも及んだという。世にいう**「金配り」**である。これだけバラまいても豊臣家の財政にはまったく支障はなかった。天下が統一できたのもこのカネのおかげである。しかし、平和が達成された時、秀吉の胸中に新たに大いなる野望が燃え上がった。

秀吉の「唐入り」は雇用の継続が目的

秀吉の大いなる野望とは外国に兵を送り、支配下に置くことであった。ここのところ、多くの日本人の感想は次のようなものだろう。

「せっかく天下を統一して平和をもたらしたのに、海外侵略なんか始めちゃって晩節を汚したなあ。だから豊臣家は一代で滅んじゃったんだよ」

大河ドラマでも秀吉は何回か取り上げられているが、いわゆる「朝鮮出兵」についてはあまり詳しく描かれない。それは作家もドラマの制作者も、これが秀吉の生涯の汚点だったと考えているからだろう。

まず用語を統一しておこう。「朝鮮出兵」でなく「朝鮮侵略」と言うべきだという意見がある。確かに「朝鮮出兵」とはボカした言い方で、近代の「シベリア出兵」などとは全く違うし、秀吉が朝鮮半島を本気で領土にしようとしていたことは事実だから、「朝鮮侵略」でいいではないかというのは一理ある。

しかし、当事者である秀吉がこの計画のことを何と言っていたかが、これを歴史の問題として考えるのに極めて重要である。というのは、秀吉自身はこのことを**「唐入《からい》り」**と呼んでいたからだ。これは直訳すれば「中国進出」であり、もちろん内容に即して訳せば「中国侵略」なのだが、ポイントは秀吉の意識では「朝鮮はあくまで通り道」であって**究極の目標は中国つまり明を制圧すること**だったのである。

このことはご存じだっただろうか？　もし今このことを初めて知ったとすれば、おそらくほとんどの人は「朝鮮半島どころか中国大陸まで支配するつもりだったのか、とんでもない誇大妄想だな」という感想を抱くのではないだろうか。そして少なからずの人が「確か秀頼《ひでより》の前にできた子供が育たずに死んじゃったんでヤケを起こしたんだよな、まったく秀吉ってとんでもないな」と思うかもしれない。

まずお断りしておくが、これから述べることは「侵略の正当化」ではない。侵略は悪である、それは間違いない。しかし近代以前は当たり前のように行われていたことでもある。秀吉の場合、朝鮮は被害者だが、高麗《こうらい》の時代には元《げん》と連合して日本を侵略してきたこともある。またポルトガルやスペインも当たり前のように侵略をしていた。だから秀吉はヤケを起こしたのではない。

実はそういうことを初めて言い出したのは、徳川家康のブレーンの林羅山《はやしらざん》だ。つまり**徳川が豊臣を滅ぼしたことを正当化するための情報操作**なのである。

何度も言うように、本書のテーマは政治ではなく経済なので、その面から秀吉がなぜ「中国侵略」をしようとしたのか述べよう。秀吉の軍隊は兵農分離した専門職の軍人によって構成されている。軍人の仕事は戦争だ。ところが天下が統一されて平和が達成されると、その仕事がなくなってしまう。

では全員リストラすればいいのか？　とんでもない、彼らは武器に熟達した戦争のプロなのである、大反乱が起きてしまう。だから同じ立場にあったアレクサンドロス大王もチンギス・ハーンも、近くはナポレオン・ボナパルトも平和達成の過程の中で育成された優秀な戦士と蓄積された豊富な武器を使って、外国に戦争を仕掛けるしかなかった。これは**雇用の創出、いや継続**であって、**世界史の法則**とも言うべきものだが、残念ながら「井の中の蛙《かわず》」である日本の歴史学者だけがそれを知らないのである。

明制圧計画に潜むもう一つの目的

秀吉が「中国侵略」を企てたのは**国民の支持**があったからだ。日本の歴史学者の著書を見ると、国民はこの戦争に絶対反対だったように書いてある。そんなはずがない。秀吉の部下たちはいやいや徴兵された農民ではなく、農民や商人になるのを嫌って軍隊に入った連中である。ここで戦争が終われば足軽は足軽、侍大将は侍大将のままで出世が止まってしまうが、戦争が続けば大名だって夢ではない。トップの秀吉は足軽から関白にのし上がっている。野心に満ちた若者は「オレだって関白になることも夢ではない」と思えた時代なのである。

では、なぜ日本の歴史学者は「国民は戦争に反対していた」と書くのか。戦争に負けたからである。人間、後世の人間にバカだったとは思われたくないから「この戦争で出世するぞ」などと叫んでいた連中は、負けた途端に「実は最初からこの戦争には反対だった」などと言い出し始める。読者の皆さんの人生にも、こういう「後出しジャンケン」人間が一人や二人はいたはずである。それが人類の常識だ。ところが昔の史料は手書きだから、最初から戦争に反対していたように書き改めることができる。今はそうした史料しか残っていない。

そうした人類の常識がわかっていない学者が「秀吉の時代、国民はこの戦争にすべて反対だった」と断定し、「井沢元彦などというシロウトは多くの武士は戦争に乗り気だったと言うが、そんな史料はまったくない」とおっしゃる。**そんな史料はないのが当たり前**だ、ということに気がつかないのである。

たとえば独裁者アドルフ・ヒトラーは世界征服を企てたが、少なくとも始めた時点ではドイツ国民はヒトラーを熱狂的に支持していた。そういう支持がなければ、いくら独裁者だからと言って大戦争など始められないのである。これも人類の常識なのだが、日本史だけでなく世界史もやらないと、こういう常識はなかなか身につかない。

確かにこの戦争は大失敗に終わった。しかし**秀吉が「勝つつもり」であったことは明白**だ。なぜなら、徳川家康のような豊臣の天下を狙う可能性がある男たちは、遠征軍に参加させても らっていない。秀吉は小西行長《こにしゆきなが》、加藤清正《かとうきよまさ》、石田三成といった子飼いの武将に手柄を立てさせたかったのである。勝てば中国や朝鮮に大きな領土を獲得できるから、彼らをすべて百万石以上の大名にすることも夢ではなく、そうなれば関ケ原の戦いなど起こりようもない。

実は秀吉の明の制圧計画にはもう一つの目的があった。覚えておられるだろうか、日本に鉄砲を伝えた「倭寇」王直は日本人でなく明国人だった。明国が海外貿易を禁止していたから、王直はやむを得ず日本に本拠を移したのだ。しかし、海外貿易というのは国家に巨大な富をもたらす。ヨーロッパの小国にすぎないポルトガルやスペインはそれで世界帝国になったし、のちにちっぽけな島国のイギリスも大英帝国となった。

なぜ明国はそうしなかったのか？　こんな不思議な話はない。世界史の謎といってもいいぐらいのものである。

三、商売を害する朱子学の毒

儒教で商人は「クズの中のクズ」

どんな民族でも宗教で動いている。欧米はキリスト教で中東はイスラム教であり、一時欧米の一部はソビエト連邦という無神論の国であったが、結局はキリスト教が勝ちロシア共和国となっている。実は日本も中国もそうだ。日本は歴史学者が歴史における宗教の働きを無視するという「悪癖」があって国民の常識とはなっていないが、明らかに「日本教」と呼ぶべきものがある。

では、中国はどうか？　実は中国も特にエリートは「宗教の信者」なのだが、問題は彼らがそれをまったく自覚していないことである。その宗教を儒教という。儒教は実は無神論だ。キリストやアラーやブッダのようなものを、「目に見えないものは信じられない」と一切否定する。

ただ、どんな人間でも否定できないのは自分が「親に産んでもらった」という事実だ。だからこの「命の恩人」の親、そして親の親である先祖に「恩返し」するというのが「孝《こう》」で、これが儒教の根本である。そして社会に出れば血縁関係のない他人とともに生きなければならないので、こうした場合は親分つまり「親も同然の主君」に、親に仕えるのと同じように子分（家臣）として「恩返し」する。ただし、その恩返しは「孝」ではないので「忠《ちゅう》」と呼ぶ。すなわち**「忠孝」がモラルの基本**である。

こんな話、退屈な人がいるかもしれない。そこが問題だ。こういった民族（この場合は中国人）の基本的な考え方を理解しておかねば、歴史もわからないし国際親善など夢の夢だ。再び言うが、日本人は歴史学者も含めて、こういうところにきわめて鈍感である。

さて親が一番大切なら、親が国の法律に従わなかったときどうすればいいのか？「法律を破れ」というのが儒教の教えである。こんなことを言うと、日本ではびっくりする人が多いのも問題だ。儒教の開祖である孔子《こうし》も、その後継者である孟子《もうし》も、「法律よりも親が大切」ということを強調している。

現代でも儒教の影響が強い韓国では、歴代の大統領が「ファミリー汚職」で逮捕されたり失脚したり、中には自殺した人すらいる。ところが韓国人も中国人も不思議なことに**儒教を宗教だとは思っていない**。イエスやアラーを否定するからだろう。そういう「迷信」を信じるのが宗教で、自分たちはそうではないから合理的で理性的だと思い込んでいる。だから儒教と呼ばれることを嫌い、儒学と言いたがる。その中で最もガチガチで厳しいのが朱子《しゅし》学《がく》だ。「学」とはいうが、やはり「先祖崇拝」の宗教である。

宗教である以上、偏見もある。朱子学というのは学問の形をとっているから学ぶことができる。よく学んだ人間は「立派な人間」で学ばない人間は「クズ」だ。ではどう見分けるか？学問の形なのだから試験をすればいい。**科挙**《かきょ》という。これに合格した人間は「士」つまり選ばれたエリートとして特権を与えられて官僚になる。

「士」以外の人間すなわち「民（民衆）」は「クズ」だから官尊民卑（官は偉く民は卑しい）となり、「士」をトップにした士農工商という身分秩序ができる。ただし、同じ「クズ」の中でも農（農民）や工（職人）は「モノ」を生産するから社会の役に立つが、**商（商人）は何も作らない「クズの中のクズ」**である。だから中国は、ポルトガルやスペインのように貿易（商売）で国家を富ますという「人間のクズの所業」は絶対にやらない、という国家になってしまったのである。

明は建国当初から商人弾圧と貿易禁止

ポルトガルとスペインは世界中と貿易し、あるいはインカ帝国のように侵略し、莫大《ばくだい》な富を築いた。もともとの国土は、ポルトガルは日本より小さいし、スペインはちょっと大きいだけである。しかし、コロンブスの「発見」によって中南米はブラジルを除いてスペインの領土となり、スペイン風の苗字《みょうじ》を名乗りスペイン語を話す大陸となった。

ところで鄭和《ていわ》という人物をご存じだろうか？　明の海軍軍人で、コロンブスよりも約七〇年も前に、あの永楽通宝の由来でもある永楽帝《えいらくてい》の命令で大艦隊を率いて中国を出発、インドの南を通ってアフリカ東海岸のケニアまで到達している。つまり、**鄭和はアフリカ大陸を「発見」していた**のだ。それならば、なぜ明はポルトガルやスペインのようにアフリカの国々（エジプトもアフリカである）と大いに貿易し、あわよくば植民地として富を蓄積しなかったのだろう？

鄭和の一行はまさに大艦隊で、コロンブスの船団などとは大人と子供ほどの違いがある。貿易立国、大海洋帝国を築くという意識さえあれば、今ごろアフリカ大陸の公用語は中国語であっても不思議ではない。中南米がスペイン語であるようにだ。それどころか、ちっぽけなポルトガルやスペインが大帝国になれるなら、もともと巨大帝国である明は超巨大帝国になっただろう。

そうなったら**「世界の共通語」にあたるものは中国語だったかもしれない**。英語はもとはといえばヨーロッパの「田舎の方言」である。それが「世界共通語」になったのは、一九世紀にポルトガルとスペインに「見習った」イギリスが「七つの海を支配する」大英帝国を築き上げたからではないか。

しかし、中国には明の時代に、もともと小国であったポルトガル、スペインあるいはイギリスよりもはるかに早く、世界の大海洋帝国となるチャンスがあったのに、それをみすみす棒に振った。なぜそんなバカなことをしたのか？

答えは既に述べている。朱子学である。説明したように、朱子学は商売や貿易を「人間のクズの所業」と考える。だからせっかく「新大陸アフリカ」を発見したのに、これをビジネスチャンスに変えることはなかった。それどころか明を建国したのは農民出身の朱元璋《しゅげんしょう》（初代皇帝）だったため、明は建国当初から、**国内では商人弾圧政策、国外に向けては海禁令つまり貿易禁止令**をしばしば発していた。繰り返すが、ポルトガルやスペインのような政策をとればもっと巨大な帝国になれたのに、である。

「バカだな、明は」とあなたも思ったのではないか。逆に当時、ポルトガルやスペインの「手口」をよく知っていた日本人がいた。彼らと直接面談し、世界地図などを見せられ「わが祖国はこんな小国だったが今や世界の大帝国だ」という自慢話も聞いただろう。その秘訣《ひけつ》は貿易だ。だから、「バカな明」が封じ込める形になっている東アジアの大貿易圏を開放すれば、日本もポルトガルやスペイン並みの大帝国になれると、その日本人が考えても何の不思議もない。もともと日本も彼らと同じサイズの国なのだから。

もうおわかりだろう、**豊臣秀吉はそう考えた**のである。明が海禁令を撤廃すれば話は簡単だが、朱子学に凝り固まっている明の態度を変えるには武力で叩きつぶすしかない。

別に頭がおかしくなったわけではないのだ。

家康が整備した武士の就職先と通貨制度

豊臣秀吉の大陸侵攻計画は決して頭がおかしくなったわけではなく、明確な目標と成算があっての行動だった。ただし、惨憺《さんたん》たる失敗で当初の目論見《もくろみ》がまったく外れてしまったことは事実である。なぜ大失敗したのかという点については政治の問題なのでここでは触れない。

しかし、この時代の最大の問題である戦国時代にどうやって完全に終止符を打つか、言い換えれば経済問題でもあるのだが、**武士という「軍人」の雇用を「戦争なしの状態」でどうやって確保するか**が、次の天下人徳川家康に託されることになった。

秀吉の大失敗によって、外国に戦争を仕掛けて武士の雇用を継続するという方法は完全に否定された。むしろ「出世などいいから平和に暮らしたい」が日本人の共通の思いになった。そこで家康は**武士という職種の内容を転換**した。難しいことではない、国鉄がＪＲになった時、それまで鉄道員だった人々が鉄道以外の様々な仕事についたように、家康は武士という「軍人」に農業の監督やお城での事務や御殿の警護をさせた。戦争という本来の仕事はないのだから、これしかない。この政策はうまくいった。

また国内の経済を安定的に発展させるため、**通貨制度を整備**した。尊敬する武田信玄の制度を見習って、通貨の基準となる小判（金貨）をつくり、金一両に対して銀は約五〇匁で、銭

（銅銭）だと四貫文《かんもん》（一文銭四〇〇〇枚）にあたるとした。

四枚で金一両となる一分銀はどうしたの？　と言われそうだが、実は正式な銀貨が発行されたのは江戸時代中期以降で、初期には存在しなかった。そして家康の時代には間に合わなかったが、二代将軍秀忠の時代に長らく流通していた中国の永楽通宝などは使用禁止となった。三代将軍家光の時には一文銭（銅貨）は完全に国産化された。国産で初めて広く流通した記念すべき銅貨が**「寛永通宝」**で江戸後期まで使われた。銭形平次が投げる銭としてもおなじみである。

ただし、**金が広く流通していたのは東日本だけ**であった。京大坂を中心とした**西日本では銀**が使われていた。それも銀塊の重さを量って用いるのである、大きなものは丁銀《ちょうぎん》、少額のものは豆板銀、通称を小粒といった。こういう貨幣を、一両など価値が表示されている**計数貨幣**に対して、**称量《しょうりょう》貨幣**と呼ぶ。不便そうだが、国際貿易の場ではむしろこれが常識であった。計数貨幣は国別に様々な種類があり交換レートを決めるのは難しいが、銀の重さで価値を決めれば一目瞭然《りょうぜん》であるからだ。

「お金の歴史」いや「お金の日本史」の最大の謎は実はここにある。徳川家康は天下を取ったのに、なぜ貨幣制度を東と西で完全に統一すべく（一分銀のような）**計数貨幣の銀貨をつくらなかったのか？**　これでは不便極まりないではないか。この件について私は、家康は信長・秀吉の後継者として貿易が巨万の富を生み出すことを知っていたから、いずれ国際貿易を大々的にやるつもりで、国際的に通用する銀を計数貨幣（銀貨）にせず称量貨幣（銀塊）として残しておいたのではないか、と考えている。ところがこの家康の思惑、江戸時代が進むにつれてまったく無視されるようになる。これだから歴史は面白い。

家康が見抜いた宣教師たちのウソ

東京から神奈川県にかけて展開する京浜急行電鉄に、安針塚《あんじんづか》という駅がある。**三浦《みうら》按針《あんじん》**（一五六四〜一六二〇）イギリス名**ウィリアム・アダムズ**の墓が近くにあるからだ。彼は水先案内人（この職業を当時「按針」と呼んだ）にして航海士でイギリス生まれ、勤務していたオランダ船リーフデ号が日本の豊後国に漂着したため、一時は身柄を拘束され大坂へと送られた。

ちょうど一六〇〇年（慶長《けいちょう》五）、関ケ原の戦いで家康が勝ち覇権を確立した時であった。しかし、豊臣秀頼はまだ健在であったから、形の上では豊臣家の五大老の筆頭として家康はアダムズを引見した。貿易拡大に深い関心を抱いていた家康は海外事情を知りたかったし、海賊であるという見方もあったので犯罪者ではないか慎重に取り調べたのである。

家康がなぜ彼を海賊と思ったのか。それはオランダやイギリスを排除し日本での貿易利権を守ろうとしたポルトガルやスペインの宣教師が、彼らについて「オランダ人やイギリス人はみな海賊だ、早く死刑に処すべきだ」とデタラメを言ったからである。カトリックであるスペイ

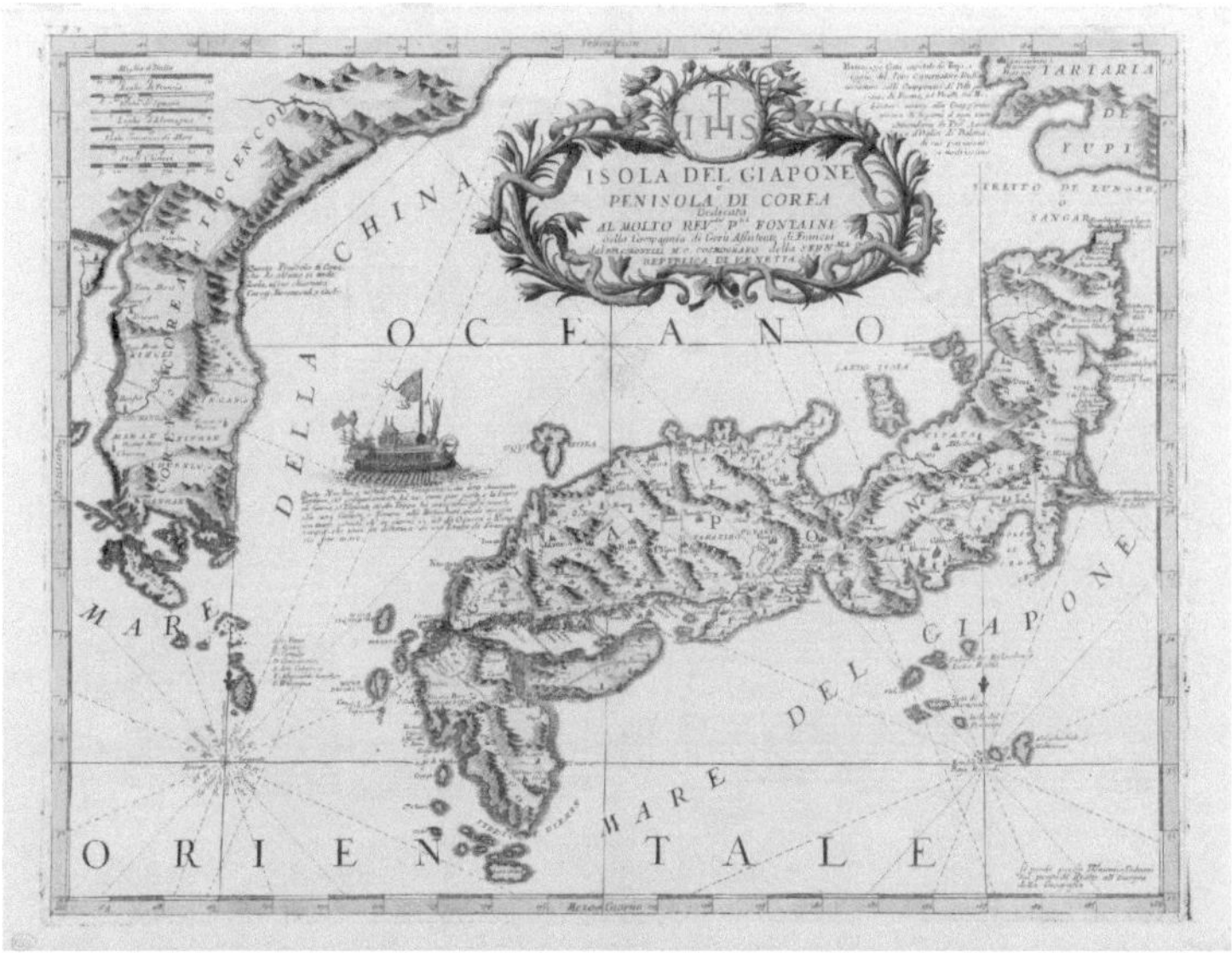

イエズス会に献呈された「日本・朝鮮図」(『世界地誌』〈1694年頃、ヴェネツィア〉収載)。石見銀山、佐渡金銀山も描かれている

ン人やポルトガル人は、特にプロテスタントであるオランダに強い反感を持っていた。

現代の感覚では「神父様が人を死に追いやるウソをつくなんて」と思うかもしれないが、この時代はそういう時代だったのである。しかもポルトガルやスペインは、前にも述べたように日本人を奴隷として海外に輸出していた。秀吉や家康はこうした彼らのやり口に反感を持っていた。

アダムズはヨーロッパの事情を包み隠さず家康に説明した。優秀な通訳もいたのだろうが家康はアダムズの主張を理解し、のちに旗本《はたもと》（将軍家直属の家来）に取り立てた。その時に三浦按針という名前を与えたのだ。つまり、

家康は宣教師たちのウソにも気がついたのである。前にも述べたが、家康が秀吉に続いてキリスト教を禁じたのは、背景にそういう事情があったからで、現代の視点から禁教令を野蛮な行為だとみるのは全くの誤りである。むしろ野蛮なのはポルトガルやスペインの方であった。

それに比べれば、オランダやイギリスの貿易方針は日本人奴隷などは扱わない、まともなものだった。このため家康は大いに気に入り、同じリーフデ号の航海士でオランダ人の**ヤン・ヨーステン・ファン・ローデンスタイン**にも江戸に屋敷を与え、海外貿易のアドバイザーにした。ちなみに東京駅前に八重洲という地名があるが、これはもともと彼の屋敷跡である。名前のヤン・ヨーステンがなまって「ヤエス」となったのだ。東京駅にはその記念碑もある。

家康は**キリスト教は拒否し、海外貿易のみを盛んにしようとした**。そしてオランダと交渉し、オランダ人は日本でキリスト教の布教をしないことを条件に、ヨーロッパで唯一の貿易相手としての地位を確立した。しかし家康の意に反して、江戸幕府は次第に海外貿易から手を引いていった。皮肉なことにその原因は家康自身が決めた政策にあった。

本能寺の変が昭和経済にまで影響⁉

ところで、本能寺の変(一五八二年)といえば明智光秀が織田信長を討った、おそらく日本史の中では誰でも知っている有名事件と言っていいだろうが、**この事件がその後の日本史に与**

えた巨大な影響を認識している人は私の知る限りいない。

その巨大な影響とは豊臣秀吉、徳川家康の「出番」をつくったという意味ではない。江戸時代以降いや明治を通して、**少なくとも一九四五年（昭和二〇）まで続いた**と言ったら、ほとんどの人が信じられないと言うかもしれない。だがそれは事実で、本能寺の変の影響は政治だけではなく経済にまで及んでいるのである。

なぜ政治上の一反乱事件が経済にかかわってくるのか。ここが歴史の面白いところで、皆さんには徳川家康の立場に立って考えていただきたい。家康は信長の弟分だった。その頼れる兄貴の信長が、こともあろうに最も信頼していた家臣の明智光秀の裏切りによって殺された。信長が光秀をイジメたという話には歴史上の根拠はない。それでも、そんな話が伝えられてきたのは、信長は光秀の大恩人だからだ。浪人していた光秀を大大名にしてくれたのは信長である。裏切るはずがない、と誰もが思っていた。しかし実際に事件は起きた。そこで「きっとひどいイジメがあったんだろうな」と様々な伝説が作られたのである。

しかし、原因はイジメではない。その証拠に光秀以上に信長に引き立てられた秀吉ですら、大恩人の信長を裏切って織田家の天下を乗っ取ったではないか。要するに**戦国時代にはモラルも崩壊していた**のであり、家康は同時代の人間としてそれをつぶさに見ていたのである。「家康の立場に立って」というのはそこのところで、あなたが家康ならこんな状況をどう思うか？

ひとつは「大名など信頼できない、徹底的に監視するほかはない」だろう。しかしそれだけでは足りない、大切なのは教育でモラルを確立することだと家康は考えた。しかし日本には主君に対する忠誠を絶対化する思想はない。ないからこそ信長は光秀や秀吉に裏切られてしまったのだ。

ここで朱子学を思い出していただきたい。朱子学は親に対する「孝」と主君に対する「忠」を絶対化した「宗教」である。そして幸いなことに学問の形を取っているから、漢文の教養があれば誰でも学ぶことができるし、教える側の機関は、国家権力から独立した寺社勢力とは違い、強大化することもない。

「これはいい」と家康は思ったのだろう。ブレーンの林羅山らと組んで、徳川家の武士が子供のころから朱子学を学ぶ体制を作らせた。そして各大名家も徳川将軍家を見習うようになった。別に将軍家に取り入ろうというわけではない、大名だって自分たちの家臣が光秀や秀吉になっては困るからだ。結局、江戸時代が進むにつれて**武士という武士は教育によって「朱子学の信者」になってしまった**。ここでもう一つ思い出していただきたい。朱子学という宗教が持つ偏見とは何だったか？

そう、商業や貿易を「人間のクズの所業」と見ることだ。これは中国人の偏見であり、日本人は、たとえば平清盛《たいらのきよもり》や足利義満や信長・秀吉、そして家康ですらそんなことは夢にも考えていなかったのに、朱子学が日本に定着した結果、**武士階級はこの偏見に染まってしまった**のである。これでは貿易など絶対にやれない。

宗教に無理解で歴史はわからない

ここで話は一気に幕末に飛ぶ。

本能寺の変の巨大な影響は幕末から明治にかけて及んでいるので、今それを説明してしまい、その後に江戸時代中頃の話に戻った方がわかりやすいと思うからだ。

巨大な影響とは、**徳川家康をして朱子学の採用に踏み切らせた**ことである。これは政治にも経済にも、まさに歴史を一変させるほどの影響を与えた。何度も言うように政治の話はできるだけ省略したいのだが、ここだけは言わねばならない。

家康が朱子学を奨励したことによって、武士たちは「忠義」を最も大切にするようになった。ならば幕末に討幕運動つまり「幕府への反乱」が起きるはずがない。そうならないように家康は朱子学を奨励したのに、実際にはなぜそうなったか？　それはまさに朱子学の影響によって、日本人が忠義を尽くすべき対象は将軍ではなく天皇である、と考えたからなのである。なぜ将軍ではなく天皇なのかは、書くと一冊の本になってしまうので、本書ではご勘弁願いたい。

さて経済の話だ。朱子学を武士たちが学んだせいで、貿易（商売）は「悪」になってしまった。ここで質問。幕末の一八五三年にアメリカのマシュー・ペリーが黒船でやってきたが、その目的は何だったか？　日本を植民地化するため？　違う、それはイギリスである。**アメリカ**

は日本と貿易をして共存共栄で行こう、と持ち掛けてきたのだ。

本当の話である。ペリーの来航を国難のように今の教科書では教えているが、イギリスはともかくアメリカは（実はロシアも）日本と仲良く貿易しようというのが国の方針だった。だからこそジョン万次郎も大黒屋光太夫《だいこくやこうだゆう》も、漂流民なのに大変優遇されたのだ。ペリーは乱暴だったじゃないか、というのも誤解である。

イギリスは確かに乱暴を通り越して野蛮だった。中国（当時は清《しん》）にアヘンを売りつけ、抗議が来ると武力で叩きつぶした。アヘン戦争である。戦争だから何千人もの清国人がイギリスによって殺された。ではペリーは何人の日本人を殺したか？　ゼロである。一人も殺していない。むしろ**外国人と見れば斬り殺したのは日本人の方**で、ペリーの前任者アメリカ東インド艦隊司令長官ジェームズ・ビドルが友好と貿易を求めてきた（一八四六年）のに、それを突き飛ばしたのも日本人である。こういうことがまったく教えられていない。

ではなぜ日本の武士は紳士的に接してきたビドル提督を突き飛ばし（殴りつけたという話もある）、その後も外国人と見たら斬り殺そうとしたのか？　朱子学である。将軍様に「人間のクズの所業」である貿易をさせようとはケシカランということだ。

だから同じ「将軍様の家来」でありながら「日本もイギリスと同じ島国なんだから大いに貿易をやって国を富ませればいい」という正論を唱えた勝海舟《かつかいしゅう》は、「お家を汚す不忠者」として命を狙われたし、ペリー来航から明治維新まで一六年もかかった。しかも日本があまりに頑《かたく》なに貿易を拒むものだから、「儲け話を拒否する日本人は理解できない」と考えたアメリカもロシアも、力で抑え付けるイギリスの方式を見習うようになってしまった。不平等条約はそれからである。いかがですか？　**宗教を知らなければ歴史などわかりっこない**ことを理解していただけただろうか。

オランダ貿易を長崎商人に丸投げ

話を江戸中期に戻そう。

とにかく朱子学を理解していなければ、歴史を理解できないことはわかっていただけたかと思う。そのポイントは**「朱子学は商業も貿易も悪と考える」**ということだ。

ここで、ひょっとしたら読者の中には次のような疑問を抱く人がいるかもしれない。「それなら、なぜ幕府はオランダとの貿易はやめなかったんだ？　長崎の出島《でじま》に限定したとはいえ貿易は貿易じゃないか」。ちょっと考えていただきたい。なぜ幕府はオランダとの貿易だけは続けたのか？　幕府財政の一助になるから、と答えた人はすべて間違いだ。商売で儲けてはいけないのだ、それが朱子学なのだから。では、なぜそんな「悪行」を続けたか？

家康の始めたことだからだ。家康は徳川家の初代（それ以前は松平家）であり東照大権現という「祖先神」でもある。朱子学で一番大切なのは「孝」であり、そこから先祖の決めたルールを子孫は変えてはならない、という重大な「法」が導かれる。「変える」ということは「訂正する」ということであり、それは子孫が先祖を「その決定は間違っていた」と批判することにもなる。**朱子学では親への批判は絶対許されない**。親が国の法律を犯した時でさえ咎《とが》めてはならないことは前に述べた。

この先祖の決めたルールのことを**「祖法《そほう》」**という。祖法は「孝の道」だから絶対守らねばならない。火縄銃を連発銃にすることとすら、朱子学の「信徒」は絶対に反対だった。あの西郷隆盛の「師匠」として有名な薩摩藩主島津斉彬《なりあきら》が製作させたライフル三〇〇〇挺は、斉彬の急死後廃棄処分となった。これから外国と戦うために近代兵器はいくらでも必要だったのだが、保守派つまり朱子学の信徒によってドブに捨てられてしまったのだ。本当の話である。

ここでまた考えていただきたい。ヨーロッパでは日本の陶磁器や浮世絵などが高値で取り引きされていた。日本との独占貿易ルートを持っていたオランダは、これで大いに利益を上げた。ならば相手側の日本つまり幕府も大いに儲けたはずではないか。しかし「オランダとの貿易で江戸幕府の財政はしばしば救われた」などという記述は教科書に一切なかったはずである。それはそうだろう「儲けてはいけない」のだから。つまり幕府は「神君家康公の決めたこと」つまり「祖法」だから、**廃止できずに嫌々やっていた**のだ。だからこそ、すべて長崎商人に丸投げしており、長崎商人は大いに儲けたが、幕府はそれを「財政の一助」にしようなどとは夢にも考えていなかったのである。

わかりにくいかもしれないが、たとえば現代の首相が「反社会勢力が莫大な利益を上げている。この存在を公認し課税すれば国家財政は救われる」と言ったとしたら、おそらくほとんどの日本人が反対するだろう。理由は「人間のクズのやることを公認し国家財政を立て直そうとは何事か！」。それと同じなのである。

また話が飛んでしまうが、江戸中期に老中田沼意次《たぬまおきつぐ》が国家の産業基盤を農業から商業に移し、海外貿易も再開して幕府財政を立て直そうとしたことがある。いわゆる田沼政治だが、それがライバルの松平定信などにどのように批判されたか、もうおわかりだろう。

朱子学に染まれば染まるほど経済がわからなくなる

田沼政治の話をする前に、家康の話をもう少ししなければならない。

江戸時代初期の一六〇九年（慶長一四）、薩摩藩は独立王国であった琉球《りゅうきゅう》に武力侵攻、征服して領土とした。豊臣家はまだ滅んでいないが、関ケ原で勝った家康が事実上天下を統一した時点での出来事である。これは**家康の暗黙の了解**があって行われたことだと考えられる。なぜそうしたかのヒントになるのは、薩摩は征服した後も琉球の風俗を改めず、むしろ独立王国の体裁を整えるよう要求していたことだ。

家康は、明に対して「日本国王にしてください」と言った足利義満のようにはなりたくなかった。それはプライドが許さない。しかし国王に任じてもらえば可能になる「エビでタイを釣る朝貢貿易」はぜひともやりたかった。つまり**琉球王国を「ダミー」として明との「貿易ルート」を開く意図が家康にあった**と考えられるのである。ところが家康の死とともに、徳川家はこのことを「忘れて」しまった。朱子学が普及したことが最大の理由だが、幕府は琉球を薩摩藩の支配するままに任せてしまったのである。

これが幕末に大変なことになった。薩摩藩は一度財政破《は》綻《たん》したが、琉球を密貿易の拠点にして莫大な利益を上げ、藩財政を立て直したばかりか討幕資金まで蓄積することができた。

「なんと、もったいない」。そうなのだ。明はその気になれば世界最大の帝国を築けたのに貿易を拒絶して「タダの大帝国」にとどまった。日本では幕末に対等貿易をもち掛けてきたアメリカやロシアのオファーを無視して、結局不平等条約を結ぶ羽目になった。その関税自主権がない不平等条約のせいで、明治の項で詳しく述べるが、日本は莫大なカネを失った。**朱子学に染まれば染まるほど、経済がまったくわからなくなり大損をする**のである。

ここでもう一つ重大な疑問が浮かんでこないだろうか？　幕府は早い段階でアメリカの「互いに貿易をして儲けよう」というオファーを受けておけばよかったのに、保守派が激しく反対し結局「もったいない話」を棒に振ってしまった。しかし、家康が貿易拡大に積極的だったというのは歴史的事実である。ならば幕末の開国派は保守派に対して「神君家康公も開国論者だった、だから開国し貿易するのが正しいのだ」と、なぜ説得材料にしなかったかという問いである。

実は私は中学生のころこの疑問を抱いたが、その答えを知るのに数十年かかった。教科書をいくら読んでも答えは出なかったからだが、今は説明できる。その理由も、実は朱子学なのだ。朱子学には商売蔑視のほかに**歴史捏造《ねつぞう》という副作用**がある。何度も言うように、歴史上の事実は「家康は貿易拡大をめざしていた」である。ところが朱子学の信徒は歴史的事実を無視して「そもそも偉大な家康公が貿易などという悪行を認めたはずがない」という思い込みになり、それが教育にも反映されてしまう。つまり歴史が捏造され、ウィリアム・アダムズの存在なども忘れ去られてしまう。家康の死後、琉球が徳川家に「活用」されなかったのもそのためで、**朱子学は歴史学の最大の敵**でもあるのだ。実は第一章で述べた韓国が「嘘の国」になってしまったのも、この朱子学の「歴史捏造作用」によるものである。

韓国に見る「朱子学の歴史捏造作用」

「朱子学は歴史学の最大の敵」ということがわかると、隣国の歴史もよくわかる。日本が朱子学を「統治者の哲学」いや「宗教」にしたのは江戸時代の約二五〇年間だが、科挙を採用しなかったから、その「中毒症状」もかなり軽減された。しかし朝鮮半島では**「李朝《りちょう》四〇〇年」の間、エリート層に徹底的に朱子学が叩き込まれた**。

朱子学は平等を決して認めない。親子でも、兄弟でも、君臣でも必ず上下関係があるのが朱子学である。日本は朱子学を改変して天皇を「すべての国民の父」とし、だからこそ子供（国民）はすべて平等という形で民主主義を成立させたのだが、それは中国や朝鮮から見ればあくまで「邪道」である。

中国を中心とした中華体制では、「朝鮮は兄、日本は弟」であって、当然兄の方が弟より優れている。韓国併合時代、日本は朝鮮半島のインフラ整備など発展に努めた、という歴史的事実も「絶対に有り得ない」ということになる。最終的結論は「弟の分際で兄をないがしろにした日本は悪」であり、歴史学者にすらこれを事実と認めろと国を挙げて強要することになる。これが「朱子学の歴史捏造作用」であり、韓国の良心的な歴史学者が嘆いている**「反日種族主義」の原因のひとつ**でもある。

笑ってはいけない。日本だってほんの一五〇年前はそうだったのだから。「開国論者は斬り殺す」と叫ぶ連中が日本中にいた。それこそ「正義」だと彼らは確信していた。仮にタイムマシンでそこへ行き「家康公は開国論者でウィリアム・アダムズというイギリス出身の旗本もいたんですよ」などと言ったら、デタラメを言うなと問答無用で斬り殺されるだろう。「朱子学の歴史捏造作用」によって、ほとんどの日本人が歴史の真実を知らなかった。井伊《いい》直弼《なおすけ》も、あの勝海舟ですら「神君家康公も開国論者だったんだぜ」とは言っていない。朱子学の「中毒症状」がいかに恐ろしいものか、少しはわかっていただけただろうか？

第四章

脱・朱子学と資本主義への道

一、江戸「三大改革」の虚実

幕府財政を救った荻原重秀の貨幣改鋳策

荻原重秀《おぎわらしげひで》（一六五八～一七一三）という人物をご存じだろうか。五代将軍徳川綱吉《とくがわつなよし》の元禄《げんろく》時代に勘定奉行《かんじょうぶぎょう》だった人物である。勘定奉行とは現代の財務大臣といってもいいが、一昔前の時代劇では老中**田沼意次**《たぬまおきつぐ》**と並んで極悪人**だった。彼の経済政策が極悪人の所業とされたからである。

平和が恒久化した元禄時代になって日本の経済規模が拡大したのに、それに伴う通貨発行は追い付いていなかった。そのため当時の日本は激しいデフレに見舞われ、不況のどん底だった。財政再建を綱吉から託された重秀は、貨幣改鋳《かいちゅう》という手段でこの難局を乗り切った。具体的には小判や丁銀の金銀の含有率を減らした**新しい通貨を製造し、流通量を増やしデフレ不況を止め景気を回復させた**のだ。

今なら日本銀行券を大量に印刷して供給し、インフレを起こし景気を回復させるというやり方である。これは当時世界でも最先端の景気刺激策だったのだが、朱子《しゆし》学者《がくしや》の**新井《あらい》白石《はくせき》**は重秀を「通貨を水増しするとは許せぬ」と激しく批判した。

つまりジュースは一〇〇パーセント果汁だからジュースなので、水増ししておいてジュースと呼ぶのは許せん、という理屈だ。この理屈は一見正しく聞こえる。しかし経済学をきちんと学べば「中学生の論理」だとわかる。ここに注意しなければいけない。

新井白石は確かに『西洋紀聞《せいようきぶん》』などの名著もあり、日本を代表する大学者であると同時に、六代将軍徳川家宣《いえのぶ》の「政治コンサルタント」として数々の政策を実行している。だがそんな優秀な人間でも、**朱子学という「宗教」に毒されると判断力が中学生以下に低下する**。

既に述べたように、幕末の薩摩《さつま》藩では、せっかく島津斉彬《しまづなりあきら》が製造させた三〇〇〇挺《ちよう》のライフルが「祖法《そほう》に反する」という理由でドブに捨てられてしまった。火縄銃では欧米の連発銃に勝てない、中学生にもわかることである。にもかかわらず、ライフルがドブに捨てられたのは実行者が朱子学の信徒だったからである。朱子学の信徒の中には「優秀」な学者も政治家も官僚もいるのだが、こうした場面ではまさに「中学生以下」になる。

新井白石は自分の著書に「荻原重秀は貨幣改鋳の陰で何十万両も横領した極悪人だ」と書きつけた。大嘘である、そんな事実は確認されていない。では、なぜそんなことを書いたか？

経済学が全く理解できないからである。ところが日本の歴史学者は明治以降「白石のような大学者が書いたのだから真実だ」と思い込んでしまった。そのうえで朱子学という「宗教」の歴史に対する影響は無視しているから、「荻原重秀＝極悪人」説が定着し、そこで一昔前の時代劇では重秀が「ワイロの帝王」のような極悪人として何度も登場したというわけだ。

逆のケースもある。たとえば経済政策に関しては完全に無能だった新井白石を善人で優秀な政治家のように描くことである。

「胡麻《ごま》の油と百姓は絞れば絞るほど出るものなり」という言葉をご存じだろうか。実際に、江戸時代の悪代官（正確に言えば悪代官の総元締である勘定奉行）がうそぶいた迷言である。では、**日本史上最大の「悪代官」神尾春央《かんおはるひで》**を抜擢《ばってき》し、百姓を徹底的に絞り上げた将軍は一体誰か？

八代将軍徳川吉宗《よしむね》である。テレビ時代劇では実にさわやかな、**あの「暴れん坊将軍」は実は最も百姓を絞り上げた将軍だった**。にわかに信じられないかもしれないが、これは「井沢新説」ではなく既に歴史学界では定説である。なぜなら、この神尾が江戸時代における最大の税徴収（全国の幕府直轄地から徴収した年貢の合計）を達成したという客観的なデータがあるからだ。

だから、ネット上の百科事典ウィキペディアにも「苛斂誅求《かれんちゅうきゅう》を推進した酷吏《こくり》として知られており、農民から憎悪を買ったが、将軍吉宗にとっては幕府の財政を潤沢にし、改革に貢献した功労者であった」とちゃんと書いてある。苛斂誅求とは「情け容赦もなく、税金などを取り立てること」（デジタル大辞泉）である。

では、なぜそんなに「百姓から絞り取った」のか？ 商業に課税することは「悪」だから農業に頼るしかない、これも朱子学の「毒」に染まった結果なのである。

吉宗が「善玉」のドラマには必ず登場する「極悪人」が尾張《おわり》徳川家当主徳川宗春《むねはる》である。だが、これも荻原重秀と「同じ」だということはもうおわかりだろう。

百姓を徹底的に絞り上げた将軍吉宗

江戸時代の「三大改革」の第一番目「享保《きょうほう》（江戸時代の元号）の改革」とは実は八代将軍徳川吉宗のやった「吉宗政治」なのだが、その中身は**農民を徹底的に絞り上げる、極めて無慈悲な政策**であった。

無慈悲というのは誇張ではない。教科書にも吉宗が年貢の徴収方法を**検見法《けみほう》から定免法《じょうめんほう》に改めた**とある。コメは豊作の年もあれば不作の年もある。だからその年の出来高に応じて税額を増減するのが検見法である。これには「役人のさじ加減」で税額が左右され事務手続きも面倒という欠点はあるが、凶作のとき農民は助かる。

しかし、定免法は豊作であれ凶作であれ同じ税率なのだから、役人は煩雑な手続きから解放されるが農民は一方的に苦しむことになる。当然、農民は自分の食いぶちを隠して抵抗する。だから「胡麻の油と百姓は絞れば絞るほど出るものなり」ということになったのだ。

そんなに農民ばかり苦しめなくても商人から「運上《うんじょう》」あるいは「冥加金《みょうがきん》」、つまり現代の事業税や所得税をとればいいのだが、吉宗のように朱子学に徹底的に洗脳された江戸時代の武士にはそれができなかった。「商売という悪」を奨励し、神聖なる国家が財源を「悪銭」に依存することになってしまうからだ。吉宗は「商人という悪人」にカネを出させ、新田開発（農業振興）まではやったが、「直接課税」は一切しなかった。

もっとも、人間のやることだから、「全部が悪」ということはほとんどない。朱子学もそうで、儒教全般に為政者は民を守るべきだという発想がある。だから吉宗は貧しい人が無料で診療を受けられる小石川養生所をつくった。教会などの宗教施設以外でこういうものをつくったのは世界で初めてかもしれない。あくまで「上から目線」の発想ではあるが、これは評価すべきだろう。

また朱子学は質素倹約を宗《むね》とする。ゆえに吉宗は自分の衣服や食事を粗末なものに改め、華美な大奥も改革した。これは「税金の節約」だから褒められるべきものである。

だがその後がいけない。吉宗は質素倹約は「人の道」であると、江戸庶民にもこれを強制した。高価な衣服も贅沢《ぜいたく》な食事も芝居見物すらも認めなかった。**消費生活の徹底的な抑制**である。様々な業種が倒産に追い込まれ、失業者も増加し江戸は不況のどん底に落ちた。

その政策は間違っていると、戦いを挑んだのが御三家尾張徳川家当主の徳川宗春である。宗春は自分の城下町名古屋で商業を奨励し、将軍直轄地の江戸や大坂では禁止された芝居の興行も許可した。当然、「名古屋なら何でもやれる」と全国から人が集まるようになった。

当時の名古屋という町は城下町といっても現代の霞が関の官庁街のようなもので、「ホテル」も「劇場」も「フーゾク」などもまったくなかった。それがあるのは東海道五十三次《つぎ》にも入っている宿場町の「宮《みや》、熱田《あつた》神宮の門前町」だったが、宗春の景気刺激策によって**名古屋は「霞が関」から「新宿・渋谷」になった**。

朱子学信者にとってそれは「バビロンの繁栄」である。吉宗にとって宗春とはたんなる政敵ではない。「邪教の徒」であり「極悪人」である。だから吉宗は宗春を徹底的につぶした。

芸能保護の恩人・徳川宗春は吉宗にとって極悪人

宗春は吉宗に敗れた。

徳川御三家とはいえ宗春の領地は尾張国六二万石。将軍である徳川吉宗には到底及ばないから、敗因は経済規模の差のせいに見えるがそればかりではない。人気という点では宗春は天下一で、気前よく銭をバラまいて消費を拡大したところまではよかったが、それならそれで完全な税制改革をして商業からもコンスタントに税金をとるシステムを構築すべきだった。しかしそれが間に合わなかったため、結局、財政破綻《はたん》を招いたのだ。

ここで、江戸時代の武士の大半は朱子学信者であったことを思い出していただきたい。宗春の尾張藩でも事情は同じで、少数の理解者を除いて藩士の多くは宗春の政策を支持しなかった。それどころか重臣の中には吉宗と通じ、藩の安泰を条件に主君を裏切る者まで出た。結局、宗春は切腹は免れたが強制的に隠居のうえ「禁固刑」に処せられ、尾張藩の次の藩主は宗春の血をまったく引かない別の徳川一族から選ばれた。つまり**尾張徳川家は事実上の「とりつぶし」にあった**のである。明確にその形をとらなかったのは、御三家創設は御先祖家康《いえやす》の決めたルール「祖法」であったからだろう。

朱子学の信徒は商人を「人間のクズ」だと考えていたが、彼らが他にも「クズ」だと考えていた人々がいるのをご存じだろうか。**役者、つまり俳優や劇作家あるいは小説家**である。

そもそも「小説」は中国語で「稗史《はいし》」、つまり「いい加減な伝聞」を意味する。小説であれ戯曲であれフィクション（虚構）は「ウソ」であり、真実に比べて何の価値もない。そういう「ウソ」を人に「売って」稼ぐ商売は、まさに商人と同じで「人間のクズ」であるということだ。

だから**吉宗は徹底的に芝居を弾圧**した。「元禄のシェークスピア」近松門左衛門《ちかまつもんざえもん》作品の芸術性など決して認めない。それどころか、その作品をこの世から抹殺しようとした。「曾根崎心《そねざきしん》中《じゅう》」の「心中」が許せなかったのだ。それも人道的な見地からではない。

朱子学の世界はすべて上下関係の世界である。子が親に尽くすのを「孝《こう》」、臣が君（主君）に尽くすのを「忠《ちゅう》」と呼ぶが、この絶対的なタテ社会のルールを破って愛し合う男女というヨコの関係の二人が死を選ぶというのが「心中」だ。実はこの言葉、「忠」という漢字をひっくり返して作ったのだという説がある。いずれにせよ朱子学とはまったく別の価値観を持つ町人階級が作った言葉だろう。だから吉宗はこうした芝居を上演禁止にする一方で、「相対死《あいたいじに》」という用語まで作らせ公文書から「心中」という言葉を追放した。しかし、宗春の名古屋ではこうした芝居も自由に上演することができた。

農民を苦しめ芝居を抹殺しようとした吉宗に対し、**宗春はこれを保護した芸能の大恩人**なのである。だがドラマなどでは「吉宗の善政」に逆らった悪役として扱われている。吉宗の「悪行」は百科事典にも載っているのだが、なぜ宗春がこんな不公平な「歴史被害者」というべき扱いを受けるのか?

歴史学界の先生方が「朱子学の影響」をほとんど理解していないからだ。NHKあたりで海音寺潮五郎の傑作「吉宗と宗春」をドラマ化してくれれば認識もかなり変わると思うのだが。

田沼意次が目指した税制改革と海外貿易再開

お手元に高校生の時に使った歴史教科書があったらぜひ見ていただきたい。あるいは息子や孫娘が使っている最新の歴史教科書でもいい。「江戸時代の三大改革」というのが載っているはずだ。

最近の教科書では「三大改革」という言葉自体は使っていないが、**「享保の改革」「寛政の改革」「天保の改革」**という言葉自体（きょうほう、かんせい、てんぽう、は元号）は今も使われており、「享保の改革」と「寛政の改革」の間に「田沼政治」という項目がある。これ、変だと思いませんか？　変というのは他の三つは改革と呼ばれているのに、**老中田沼意次の「政治」だけは、なぜ「改革」ではないのか**ということだ。

吉宗が亡くなったころから全国各地で百姓一揆《いっき》が頻発するようになった。理由はおわかりだろう。「享保の改革」つまり「吉宗政治」は百姓を徹底的に絞り上げる悪政だったからである。「町人一揆」ともいうべき「打ちこわし」つまり町民が米問屋を襲い略奪することも、実は吉宗時代から始まっている。これは教科書にも記載されているはずだが、読んでいただければわかるように、それが「吉宗政治」のせいだとは書かれていない。そういう認識がないのである。

田沼意次の父は、紀州《きしゅう》徳川家の当主時代の吉宗の家来だった。吉宗が将軍家を継いだとき江戸についてきて旗本《はたもと》（将軍家直属の家来）になった。そして息子の意次は吉宗の長男の九代将軍徳川家重《いえしげ》に子供のころから仕え頭角を現した。その優秀さを評価され、旗本（一万石未満）から大名（一万石以上）に出世するのだが、そのきっかけは皮肉なことに**百姓一揆の後始末**であった。

つまり意次は一揆の状況を詳しく知っていたということだ。農業だけに極端に依存する税制がその根本原因だと気がついた。なぜそんなことがわかるかというと、これ以後、意次は商業を盛んにし、そこから運上つまり税金を取ることによって、幕府の財政を改革しようとしたからだ。いわば尾張徳川家の宗春が果たせなかった**税制改革を国家の事業として開始した**のだ。それればかりではない。意次は**海外貿易の再開**をめざしていた。オランダだけではなく信長《のぶなが》・秀《ひで》吉《よし》・家康の時代のように全世界との貿易を始めるつもりだった。

ひとつ障害があった。この時代の和船を思い浮かべていただきたい。千石船というのは船の種類で北前船というのは路線での呼び方だが、どんな船でも一本マストに帆が一枚しかない。これは大変粗悪な船なのである。世界の常識では考えられない。日本ですら平安時代の遣唐使《けんとうし》船は複数マストだった。マストが一本しかない現代のヨットでも帆は複数ある。そうでなければ複雑な海流や風を乗り切れない。ところが日本は海外渡航を禁止していたので、千石船のような粗悪な船しか建造させなかった。

この時代の日本の船は漁船であれ商船であれ、嵐などで近海から外洋に押し出されると自力で帰ってこられない。だから大黒屋光太夫《だいこくやこうだゆう》やジョン万次郎は漂流民とならざるをえなかったのだ。そこで意次は**オランダに大船を発注する計画**を立てた。その件をオランダ人が書き残しているので、田沼が海外貿易を復活させるつもりだったことがわかる。この「田沼の改革」が成功すれば幕府は立ち直っただろう。ところが、この「極悪人の所業を絶対に許さぬ」という男がいた。吉宗の孫である。

松平定信にとって鬼平は「功利をむさぼる山師」

一昔前の時代劇では「ワイロの帝王」田沼意次は「極悪人」であった。なぜそう語られてきたかと言えば、朱子学者の新井白石が荻原重秀を「極悪人」と決めつけたように、「田沼の改革」をつぶした**松平定信《まつだいらさだのぶ》が、意次のことを徹底的に悪く書いたから**である。

大学受験勉強で日本史を取った人は、寛政の改革の中に**「寛政異学の禁」**があったことを覚えておられるだろう。異学（ことなる学問）とは洋学や和学を指すのではない。幕府の学問所で教えるのは儒学（儒教）の中でも朱子学に限る、という禁令である。つまり**定信は「朱子学の権化《ごんげ》」であった**ということだ。

現代の若者は「あれ、田沼意次っていい人じゃん」と不思議に思うかもしれない。確かに、時代劇「剣客商売」では意次は話のわかる良いお殿様である。これは原作者の池波正太郎《いけなみしょうたろう》が若いころから相場で稼ぐなど経済センスがあったからだろう。「ワイロの帝王」よりは「池波・意次」の方が実像に近いはずである。ちなみに池波正太郎の代表作「鬼平犯科帳」の主人公長谷川平蔵は、ちょうど寛政の改革の時の人物で、世界で初めてかもしれない再犯防止に効果がある「教育刑の刑務所」石川島人足寄場《にんそくよせば》を設けたことでも有名だ。

だが、**「上司」の定信は平蔵を嫌っていた。**随筆に「功利をむさぼる山師」と平蔵の悪口を書き残しているのだ。実は平蔵は、自分で相場に手を出してその金で人足寄場の予算不足を補っていたらしい。だから本来の責任は定信にあるのだが、朱子学の権化の定信から見れば、相場に手を出すなど「武士の風上にも置けぬ男」なのである。

歴史学界では、田沼意次の政治と松平定信の政治は「連続性がある」つまり正反対のものではないという意見もあるようだが、そういう人々は「文化」をまるで見ていない。意次は平賀源内をひいきにしたことでも有名だが、源内は日本初の「物産展」を開催するかたわら芝居の脚本も書いている。だから田沼時代は文化の華が開いた時代である。しかし吉宗がそうだったように、朱子学の信徒は町人文化を「文化」として認めない。歌舞伎や日本を代表する芸術の浮世絵ですら「文化ではない」のである。だから、次の「天保の改革」でも老中水野《みずの》忠邦《ただくに》は江戸の芝居小屋をつぶそうとした。**これらの「改革」とは町人文化の弾圧**にほかならない。

時代はさかのぼるが、こういうセンスがあれば新井白石が長崎貿易を「赤字が多い」と縮小した理由もわかるだろう。もちろん根本には「商売は人間のクズのやること」だから良くないという偏見があるが、それでもやっていたのは家康の始めたことであり、医薬品など日本にはないものが手に入るからだ。もちろん日本には、外国人が欲しがるものもある。

古くは日本刀や硫黄、新しくは海産物（フカヒレ等）、陶磁器、浮世絵といったものだ。これらを輸出すれば貿易は赤字どころか黒字になったはずだが、白石にはそういう発想が全くなかった。「町人が作ったもの」を「商品」として輸出すれば、幕府が「商売」をすることになるからである。逆に意次は源内をブレーンとして、もうかる貿易をやろうとしていたのだろう。それは定信から見れば「極悪人の所業」である。

意次がつくった東西で通用する「南鐐二朱銀」

「極悪人」田沼意次の「所業」は叩《たた》きつぶさねばならない。それが意次を追い落として権力の座につき、「寛政の改革」を実行した老中松平定信の信念であった。

ところで、日本は西が「銀」、東が「金」を主体にした通貨制度であったことは覚えておられるだろうか？　本来なら統一すべき通貨制度を家康は並立させたままこの世を去った。これはいずれ国際貿易を大々的に行うために、海外取引には便利な「銀本位制」を残しておいたものだと私は考えているが、皮肉にも当の家康が奨励した朱子学のために幕府は貿易から遠ざかり、結局不便さだけが残った。

今で言えば、東京から大阪に行くのに名古屋あたりで両替をしなければいけないということで、もちろん逆の場合も同じである。儲《もう》かるのは両替商だけだ。そこで意次は不便を解消しようと、**「銀の通貨」つまり銀貨を初めてつくった**。

江戸時代というと銀貨の一分銀《いちぶぎん》が早くから通用したように思い込んでいる人が大勢いるが、銀は「計量する銀塊」としてのみ通用しており、この時代になっても銀貨などは影も形もなかった。祖法すなわち偉大なる御先祖の神君家康公が決めた「この国のかたち」が守られていたのである。

これでは経済が発展しない。そこで、意次は**「南鐐二朱銀《なんりょうにしゅぎん》」という東西で通用する銀貨**をつくった。「南鐐」とは純銀を意味し、また「朱」は四朱で一分となる。当然の政策である。これが後の一分銀の原型になった。

しかし**意次は不運な政治家**でもあった。老中在任時には飢饉《ききん》が相次ぎ、商業重視の政策は保守層の反感を買った。さらに息子で若年寄の田沼意知《おきとも》が江戸城内で暗殺されるという事件も起こった。意次を最も信頼していた一〇代将軍徳川家治《いえはる》の嫡子で一一代将軍になるはずだった家基《いえもと》も、城から馬で遠乗りに出かけた帰途に不可解な突然死をしている。

南鐐二朱銀

私はこれらの一連の事件は、家康の決めた祖法を変革しようとした徳川家治、田沼意次路線に徹底的に反発した、朱子学の狂信者たちが起こしたものだと考えている。彼らにとっては将軍ですら「祖法を変えようとする極悪人」に見えたはずだ。もちろん実際の家康は海外貿易を拡大しようとしていたのだが、朱子学の「歴史捏造《ねつぞう》作用」はこれほど深刻なのである。

前にも述べたように、松平定信と田沼意次の政治には「連続性があった」、つまり定信は意次の政治を完全に否定したわけではない、という論を唱える歴史学者の先生方もいるようだ。しかし、定信は権力を握るや否や、田沼家を厳罰に処し最終的には意次の築いた相良《さがら》城を徹底的に破壊した。誰が築いたものであれ城は幕府に没収された時点で公有財産である。「謀反」を企てたとされた熊本の加藤家の熊本城も、「傷害犯」の浅野内匠頭の赤穂《あこう》城も、その後も利用されている。

しかし定信は相良城を徹底的に破壊した。破壊するには膨大な費用もかかり緊縮財政に反する行為だ。つまり朱子学という**「宗教」の信者として「邪教の神殿」を破壊した**としか説明ができないではないか。それに、定信は日本の将来に決定的な影響をもう一つ与えた、「田沼政策の否定」をやっているのである。

ロシアとの友好の道をつぶした定信

老中松平定信が完全に抹殺した「極悪人」田沼意次の業績は**「蝦夷地《えぞち》の開発」**であった。前にも述べたかと思うが、日本の政権は朝廷も幕府も現在北海道と呼ぶ蝦夷地を領土としなかった。それは朝廷も幕府も「コメ政権」だったからだ。今でこそ品種改良で北海道でもコメがとれるが、昔はそんなものはできない。蝦夷地はコメ政権にとって無用の土地だった。

だが貿易立国を考えるならば話は別になる。蝦夷地は海産物や獣の毛皮など魅力的な商品が多数あり、土地が広いから経済規模も大きい。そこで意次は**現地調査団を派遣**した。目的は貿易のための調査だけではない。ロシアが盛んにこのあたりに進出しているという情報が入っており、先住のアイヌ民族の実態を調べ、ロシア対策を講じるためでもあった。

だが、調査団が江戸に戻った時点で意次は失脚し関係者はすべて排除されており、**報告書は廃棄**するように命じられた。ここのところは相良城と同じことで、誰が作らせたものであれ幕府の公式報告書は公有財産である。ところが幕府上層部は廃棄を命じた。もちろん幕府のトップは老中松平定信である。

しかもこの調査団派遣自体、幕府の公式記録である「徳川実紀」に記載されていない。要するに「なかったこと」になっている。事実は事実なのだから、たとえそれが失敗だったとしても記録には残すべきである。そうしていないということは、幕府の上層部がそんな**「黒歴史」を消したいと思ったから**だろう。すなわち「宗教的理由」であり、まさに「朱子学の歴史捏造作用」である。そんなことが指示できるのは定信以外にいない。

定信は白河《しらかわ》藩主、つまり「地元の殿様」としては優秀な人であった。儒教の美点でもある「民をいたわる」ところを存分に発揮し、地元では名君として今でも讃《たた》えられている。しかしそれはしょせん「県知事」として優秀であったということだけで、「首相」としてはまるで評価できない。人間としても最低だ。

なぜなら定信はアイヌ民族を「ケダモノ」だと思っていたからである。だからそんな土地に手を出す必要はないし放置しておけばいい、と考えたのだ。念のためだが、「ケダモノ」というのは誇張ではない。幕末、朱子学の狂信者たちは「攘夷《じょうい》」と口々に叫んでイギリス人やアメリカ人を斬り殺した。**「攘夷」とは夷（野蛮人）を排斥せよという意味**である。朱子学が強化する形になった中華思想では、朱子学を信奉しないものは「文化を持たない」夷人である。それゆえ、そもそも文字を持たない民族（アイヌ民族もその一つだが）は、書物を通して朱子学に触れる機会もないから、人間以下の禽獣《きんじゅう》すなわちケダモノなのである。これが定信の価値観だ。だから、そんな禽獣と協力し貿易という商売つまり「人間のクズの所業」をするなど絶対に許されない。

肝心なのは**ロシア帝国は日本と仲良くしたいと思っていた**ということだ。相互に貿易すれば儲かるからでもあるが、シベリアという資源の宝庫をロシアは何とかして開発したいと思っていた。

この開発、ロシア側からは冬季には道が閉ざされ困難となるが、南側の日本からいけば箱館《はこだて》（現在の北海道函館市）のような不凍港（冬も氷結しない港）もあるので容易になる。だからロシアは日本と友好を深めたいと思っていたのに、定信はこの道をつぶしてしまったのである。

幕末は国難ではなく大変革期

日本には当然ながら専門の歴史学者が存在する。「餅は餅屋」ということわざがあるように、本来なら歴史の記述はプロの歴史学者に任せるべきだろう。それが世界の常識だ。

にもかかわらず本来ならシロウトの私が歴史を書いているのは、今の歴史の、特に**学校で教える日本史が実態とかけ離れている**と常々感じているからだ。それを一番理解してもらいやすいのが、実はこの幕末の歴史なのである。

日本人のほとんどが「幕末は国難の時期だった。ペリーの黒船来航はその第一弾であった」と思い込んでいる。明確に申し上げよう、これは間違いである。まず**国難というより大変革期**と言うべきだろう、日本的表現なら戦国時代、世界的表現なら第二次大航海時代である。

第一次大航海時代の主役はスペイン、ポルトガルだったが、**第二次の主役はイギリス**である。

またスペイン、ポルトガルの船は木造帆船だったが、イギリスの船は蒸気船であった。蒸気機関という人類が初めて持った「エンジン」の力は強力で、風に逆らって進める強力な推進力と貿易商品だけでなく巨大な大砲も搭載できる積載力、スピードも木造帆船とは比べものにならない。すなわちスペイン、ポルトガルが何世紀にもわたって達成したことが数十年で可能になったということだ。

それをいち早く実現し、「日の沈まない帝国」を築き上げたのが大英帝国つまりイギリスである。だからこそ今、世界の「共通語」は英語になっている。英語というのはヨーロッパ大陸では「方言」であり、ローマ帝国のラテン語の流れをひくイタリア語やスペイン語に比べれば「なまっている」のだが、そういうことも忘れ去られてしまった。

話を日本に戻そう。ロシアとアメリカは日本の隣国である。アメリカは太平洋を挟んでいるから少し遠めに感じるかもしれないが、隣国にはちがいない。そしてロシアはシベリア開発を進めるために、アメリカは太平洋方面からアジアに進出し大いに貿易で稼ぐために、日本と仲良くしようとしていた。

「ペリーのどこが友好的なんだ？」という質問には既に答えた。ペリーの前任者**ジェームズ・ビドル提督**は日本との友好と通商を求め紳士的に日本と交渉しようとしたが、日本側の警固の武士が彼を突き飛ばした（殴ったという説もある）。イギリスなら待ってましたとばかりに周辺を砲撃し、多くの日本人を殺傷し要求を通すところだろう。しかしビドルは日本と友好関係を築くのが目的だからと**じっと我慢し、何の報復もせず帰国**した。

結局その姿勢が母国で批判され、次の交渉担当者は「強引な」マシュー・ペリーになったが、そのペリーも**大砲で脅したものの日本人を一人も殺していない**。アヘン戦争という「ヤクザの言いがかり」で清国人《しんこくじん》多数を殺傷したイギリスとは大違いだ。

ロシアも当初は紳士的、いやそれ以上だった。朱子学の狂信者であるがゆえに、絶対に貿易をしたくない老中松平定信は、通商を求めてきたロシア側に対し、大黒屋光太夫など日本人漂流民を保護してくれたことには礼を述べたが、通商については「長崎に行ってくれ、通行証は渡す」という形で問題を先送りにした。これを受けてロシアは十分に準備を整え外交官**ニコライ・レザノフ**を乗せた軍艦を長崎に派遣した。ところが幕府はこのロシア皇帝の親書を携えた正式な使節に**極めて無礼な仕打ちをして追い返した**のである。

もし江戸時代の日本が朱子学に毒されていなかったら

ロシアは礼を尽くして日本との通商を求めてきた。長崎に来航したレザノフの船はロシア海軍の軍艦だったが武力による威嚇は一切せず、松平定信から交付された入港許可証とロシア皇帝の親書を幕府の長崎奉行に差し出して回答を待った。しかし幕府は乗組員の上陸すら許さず徹底的にじらしたあげくに、「祖法で通商は許されない」と門前払いで追い返した。

そうしたのは松平定信ではなく後任の老中**土井利厚**《どいとしあつ》だが、**わざと相手が怒るように振る舞えと指示**していた。その理由は「立腹させればこれに懲りて二度とやって来るまい」ということだ。もちろんそれは「野蛮人である外国人と人間のクズの所業である商売（貿易）などできるか、とっとと帰れ！」が本音である。その根底には朱子学があることはもう繰り返すまでもあるまい。「呆《あき》れて物が言えない」とはこのことだ。

こうした方針がとられた背景には、朱子学の狂信者である松平定信の意向がある。定信以降の幕閣は、田沼意次のような「国際派」は一切排除されていた。「寛政異学の禁」である。だから**土井老中の愚行も、朱子学の盲信によって決定されたこと**なのである。

ここでちょっと「夢物語」を語りたい。歴史·ｉｆ（イフ）だ。「もしも○○だったら」という歴史上のシミュレーションを歴史学者の中には拒否する人もいる。「邪道だ」と言うのだ。とんでもない誤りである。歴史というものの多様性を考えるにはこれは不可欠の要素である。この場合のテーマは**「もし江戸時代の日本が朱子学に毒されていなかったら？」**だ。

当然、「田沼の改革」は成功し日本は信長・秀吉・家康の時代のように海外と盛んに貿易するようになる。貿易といっても、朱子学者新井白石の貿易は、日本では入手不可能な医薬品などを外国から一方的に輸入するだけのもので、日本の特産品を輸出するなどということはほとんどなかった（それをやると商売になるからダメ）。当然輸入超過で赤字だったが、田沼の貿易はそうではなく大いに日本は潤い、幕府財政は完全に立ち直る。

そこで隣国であるロシアやアメリカからも共存共栄の貿易をやりたいという申し入れがあるわけだから、日本はますます富み栄え、自然に先進技術なども導入し近代化されていく。特に重要なのはロシアとの関係である。ロシアに対し箱館などの不凍港の使用を認めればシベリア開発も大いに進み、日本とロシアの友好関係は深まっただろう。

ここで思い出していただきたいのは、近代になって勃発した日露戦争の原因は、日本側がロシアの南下を阻止するためだったということだ。ロシア側の目的は領土を広げることももちろんだが、アジアに不凍港を確保することにあった。そうすればシベリア開発はきわめて容易になるからだ。

しかし日露戦争は日本が勝つ。ロシアの意図は粉砕され、シベリア開発も封印された。それゆえ第二次世界大戦で日本がソビエト連邦に敗れた時は、ソビエトは大量の日本人捕虜をシベリアに抑留し開発のため過酷な労働を強《し》いた。もちろんこれは人道上許されない虐待だが、もし田沼意次の時代にロシアとの関係が深まっていたら、**シベリア開発は約一五〇年以上早く進んでいた**わけだから、この事態も防げたかもしれない。

要するに、松平定信をはじめとする朱子学狂信者の歴史上の「罪」は、普通に考えるよりはるかに重いということだ。

「すべての商売は詐欺である」

信長・秀吉・家康の三者を比較すると、信長・秀吉は「商人」だが家康は「農民」といえるかもしれない。もちろん「農民」とはいっても家康は貿易を大いに拡大しようとしていたのだから、農業絶対主義者ではなかった。しかし、「農民が汗水たらして作るコメは尊いが商人の扱うゼニは卑しい」という考え方はやはりどこかにあったようで、武士の給料は最初はゼニで支払われていた（貫高制《かんだか》）のだが次第にコメで支払うようになった。一万石とか一〇〇万石とかいう形の石高制《こくだか》である。何度も述べたことだが、その家康が「商業蔑視教」とも言うべき朱子学を武士の「信仰」にしてしまったために、この傾向は拡大され、朱子学の副作用で武士は経済オンチになってしまった。

いわゆる三大改革で行われていたことは**農業の拡大、つまりコメの増産**である。たとえばあなたが江戸時代の旗本だったとしよう。旗本の給料は一万石未満だから仮に四〇〇〇石としようか。それは関東近辺に四〇〇〇石のコメが収穫できる領地を預かっているということだ。秋の収穫期に五公五民（税率五〇パーセント）なら半分の二〇〇〇石のコメが領地から船で江戸に運ばれてくる。前に述べたように一石とは一合マス一〇〇〇個分にあたる。その二〇〇〇倍の米は運搬するのも保管しておくのも大変だから、**札差《ふださし》という専門商人に運搬させ換金**する。だが収穫期にはコメという「商品」が市場にあふれ、最も値下がりしている。その段階で売却すると損である。コメは「商品」である以上、飢饉（品薄）の時は何倍にも値上がりするからだ。ならば、保管だけ委託しておいて品薄の時に換金すれば儲かるはずだ。

この考えを正しいと思った人いますか？　もちろん現代なら問題ないのだが、江戸時代なら「武士失格」だ。それは商売という「人間のクズの所業」を実行したことになるからである。**「商は詐《さ》なり」というのは江戸時代の武士の口癖**で、松平定信もこの言葉が大好きだった。「すべての商売とは詐欺である」という意味で、だから貨幣改鋳をした荻原重秀も商業を重視した田沼意次も「極悪人」ということになる。

しかし**武士は実際にはコメを換金**している、それは商売ではないのか？　という疑問もあるだろう。武士はそれを商売だと思っていない。あくまで「換金」であって、だから一切値上げ交渉などはしない。つまり**商人の言い値で「引き取らせていた」**のである。そこで、またご想像願いたい。こういう状況の中でコメを増産したらいったいどういうことになるか？

コメは武士がどう評価しようと、いったん市場に出れば「商品」である。増産とは商品としての量が増えるわけだから、コメの価値は相対的に下がる。つまり同じ二〇〇〇石でも**江戸前期に比べ江戸後期では価値が下がる。**「曽祖父のころは豊かだったが今は貧乏だ、給料は減っていないのに」ということになるし、幕府自体も予算はコメで立てているから「昔に比べて財政がうまくいかない」ということにもなるわけだ。

松平定信は幕府に忠実だったつもりかもしれないが実際は幕府の首を絞めており、本当は田沼路線の方が幕府を救う道だった。しかし、朱子学信者にはそれが理解できない。だから武士たちは吉宗や定信の政治は「治《ち》、改革を意味する」と呼んだが、意次の政治のことはそう呼ばなかったのである。

二、朱子学バカの幕末維新

家康の祖法が開国を許さなかった

前にも述べたとおり、意次政治から二〇〇年以上たった今の高校の歴史教科書では「吉宗や定信の政治」は「改革」と呼ばれているが、田沼の実績は「田沼政治」としか呼ばれていない。おかしいではないか、田沼の政治も吉宗などと方向性は違うが「改革」にはちがいない。ならば田沼の仕事も吉宗と同じように元号で「天明《てんめい》の改革」と呼び、老中水野忠邦の「天保の改革」と合わせ江戸時代の四大改革とし、農業重視の他の三改革とは違って「天明の改革」だけは商業重視のものだった、と説明した方がはるかに歴史を明確に把握できるではないか。ちょっと考えていただきたい、なぜ今の教科書はそうなっていないのか？

おわかりだろう、歴史学者の先生方が「朱子学信者の考え方」つまり朱子学をまったく理解していないからだ。だから二〇〇年前の朱子学の偏見に満ちた田沼への評価をそのまま継承し

ている。言葉を換えれば、江戸時代の武士階級の情報操作に乗せられているというわけだ。実に情けない話である。

一八四〇年のことだ。アヘン戦争が起こった。当時の中国である清とイギリスとの戦争だ。当時、イギリスは清に大量のアヘンを売りつけ多くの中毒患者を生み出しており、怒った清がアヘンを没収して焼却処分にすると、イギリスはそれに「抗議」するという形で戦争を仕掛けた。

悪いのは当然イギリスだが、戦争はイギリスが勝った。蒸気機関というエンジンが生み出した強大な軍事力つまり黒船（蒸気船）が、清の旧式な軍備を圧倒したのである。日本と唯一通商を行ってきたオランダ国の国王ウィレム二世は長年のよしみで、「日本よ、蒸気船の出現で世界は変わった。頑固な外国排除姿勢をとり続ければ亡国の危機に直面する」と懇切丁寧な忠告をくれた。

このこと自体は教科書にも載っている（オランダ国王の開国勧告　一八四四年）が、**問題は幕府はどういう理由でこの友情あふれる忠告を無視したか**、だ。肝心のその理由が教科書では「幕府は世界情勢の認識に乏しかったから」などと説明されている。はっきり言おう。これはまったくの誤りである。幕府の回答文を読めばわかる。

そこで強調されているのは「祖法（先祖の決めたルール）がそれを許さない。だから開国はダメ」ということである。実は幕府が開国を断固拒絶したのは、外国事情の理解不足ではなく、祖法つまり朱子学が原因なのである。こんな肝心なことが今の教科書では全然わからない。

だから幕府はペリーに威嚇された後も、通商だけは絶対ダメという態度をとり続けた。通商を決断すればアメリカと共存共栄で幕府は大いに利益を上げただろうし、アメリカと友好関係を持つわけだから「薩長をアメリカ海軍で叩きつぶしてくれ」などと依頼することも不可能ではなかったのに、すべてのチャンスを棒に振って幕府は拒否を続けた。

困惑したペリーはとりあえず友好関係に絞った条約を提案した。しかし……。

あくまでも「商品」ではなく「物品」

本当はアメリカやロシアのような紳士的な国のオファーを受け、条約を結んで開国し、貿易立国の道に転ずれば幕府は決して滅びなかっただろう。繰り返すが、日本の隣国であるアメリカやロシアが求めていたのは、乱暴で野蛮なイギリスのような不平等条約ではない。そもそも共存共栄を求めたからこそ、ロシアは大黒屋光太夫を、アメリカはジョン万次郎を手厚く保護してくれたのだ。

ところが朱子学に凝り固まり、「商売は人間のクズの所業」「鎖国は祖法」と思い込んでいた幕府は、オランダ国王の親身な忠告すら拒絶した。前にも述べたように、もちろん「鎖国は祖法」というのは朱子学の歴史捏造作用による誤解で、事実は「神君家康公は開国論者」だったのだが、それとは逆のことを真実だと思い込んでいた幕府は「御先祖様の決めたことは絶対に変えてはならない。それは孝の道に反する」という朱子学の原則にのっとり、**開国を徹底的に拒否**した。

また朱子学は中華思想に立脚しており「朱子学信者以外は野蛮人だ」という偏見をもたらしたから、多くの朱子学の狂信者たちは「日本に開国つまり通商を望むような外国人は、野蛮な極悪人だから斬り殺すのが正しい」とばかりにテロに走った。標的は外国人だけではなく、**開国に賛成する日本人も含まれている**。

だから「欧米列強のように貿易立国するしか日本の生きる道はない」と考えた勝海舟《かつかいしゅう》も「幕臣のつら汚し」ということで命を狙われた。結局は開国を決断した、いや決断せざるをえなかった幕府の大老井伊直弼《いいなおすけ》が暗殺されたのも根本の原因はそれだ。これを「攘夷」といった。

それゆえアメリカ大統領から、日本を開国させ通商を可能にせよという命令を受けていたペリーは手を焼いた。あまりに幕府が「通商は絶対ダメ」と繰り返すものだから、ペリーは第一段階として、通商条約ではなく友好条約を結ぼうと考えた。日本側で**日米和親条約**と呼ばれているものだ。

ペリーの軍事的脅迫（決して日本人は殺さなかったが）に屈した幕府は、渋々条約交渉に応じた。内容は日本側が下田《しもだ》（静岡県）と箱館をアメリカの艦船に対して開港し、乗組員は上陸し必要な物資を補給できるというもので、大筋が決まったあと細目の協定に入った。ペリーは

「日本側が提供する食糧やその他の商品について、わがアメリカは代価を支払う用意がある」と交渉の場で述べた。「タダで提供しろとは言わない」ということで友好条約だから当然のことである。

ところがその当然の申し入れに対して、**日本側は激怒し直ちに抗議**してきた。「商品と言うな、物品と言え！」というのだ。ペリーは呆れて、なぜ日本はこんなつまらないことで抗議してくるのか理解不能だと航海日誌に記している。ちなみに日本側の全権は朱子学の「総元締め」の大学頭《だいがくのかみ》林復斎《はやしふくさい》であった。

なぜ、日本側が激怒したか、読者の皆さんにはおわかりだろう。そう「日本の商品に対してアメリカがカネを払う」という形をとると「幕府が商売をした」ことになってしまうからだ。こんな頑なな態度をとり続けたため、アメリカもロシアもついには「キレ」てしまった。イギリスのやり方が正しい、と彼らに思わせてしまったのだ。

不平等条約はそれからである。

江戸幕府は「朱子学バカの経済オンチ政権」

要するに江戸幕府というのは経済的側面から言えば**「朱子学バカの経済オンチ政権」**である。徳川吉宗や松平定信がその典型的な政治家で、定信が「寛政異学の禁」で「朱子学しかダメ」

と強制したものだから、幕閣の人々はさらに影響を強く受けるようになった。この思想統制は田沼意次のような「自由経済主義者」を排除するのが目的だ。だから幕末直前の「天保の改革」でも老中水野忠邦は農業偏重の政策をとり、一方で芝居小屋を取りつぶそうとしたし、その後も幕閣はオランダ国王の友情あふれる親身な忠告も拒絶した。

「通商条約など絶対結ばないぞ」というのが幕府の朱子学バカの信念であった。しかしアメリカもロシアも、国家発展のためにはどうしても日本と通商を開始したかった。その辺でイギリスはアメリカやロシアに「アジアの奴等には理屈は通用しない。軍事力で脅すしかないぞ」と「忠告」したのだろう。現にイギリスはアヘン戦争で香港《ホンコン》を「獲得」するなど着々と成果を上げている。

「朱子学バカ」という点では中国・朝鮮の方が日本よりはるかにひどい。そもそも意次や勝海舟のような人間は出番すらなく、「松平定信」ばかりだった清国は自己改革ができず滅亡への道をたどるわけだが、そんな**頑迷な朱子学バカは武力でつぶすしかない**、という思いにアメリカもロシアもかられていく。

「ひどいな」と思ったあなた、実は日本もこののち朝鮮に対しては同じ態度をとるようになる。朱子学に毒され、あまりにも頑なな朝鮮に対し、日本はイギリス方式の武力で従わせるという態度をとっていく。もちろん、とんでもない話だが、それほど朱子学バカというのはいくら言い聞かせても態度を改めようとしないものなのだ。日本でも勝海舟が朱子学バカに殺されそうになったことをお忘れなく。

最終的に**日本はイギリスと不平等条約を結んだ**。最初は味方だったオランダや、味方しようとしたアメリカとロシアも「イギリスとそんな条約を交わすなら、ウチともしろ」ということになってしまった。「不平等」の中身は大きく分けて二つ。一つは外国人が日本で罪を犯しても日本の裁判で裁けないという**「領事裁判権」**、もう一つは外国からの輸入品に自由に関税がかけられない、つまり**「関税自主権がない」**ということだ。

説明するまでもないかもしれないが、関税（輸入関税）は国内産業の脆弱《ぜいじゃく》な部分をカバーするために外国製品にハンデをつけるものだ。たとえば日本製のブランデーはフランス産に品質で及ばず同じ値段では勝負にならない、という状況があったとする。そこで二〇〇パーセントの関税をかければフランス製は日本製の三倍の値段になるから、それなら日本製でガマンするかという人間も出てくる。結果、国産ブランデーがフランス製に追いつくまで保護されることになる。

国内産業で脆弱な分野は国によって違うから、関税をどの分野でどれぐらいかけるかは輸入国に決定権がある。それが関税自主権だが、それが奪われるとどうなるか。ゴルフにたとえればプロとアマチュアがノーハンデで戦うようなものだ。日本はなんとこの状況を、**世紀を越えた日露戦争のころまで強いられた**。不平等な貿易で失われた国富は計りしれない。

だが実はもっと大きく失われた国富がある、日本が莫大《ばくだい》な量を保有していた黄金である。

国際レートの三分の一で金を大量放出

幕末の日本はおそらく世界一の金持ち国家であった。

それが私の持論なのだが、これを聞いてあなたはどう思いますか?

おそらく「そんなバカな」と思うのではないか。実際幕末に日本にやってきた外国人も「日本は貧しい」と述べている。確かに蒸気船もなければ鉄道もなく近代的工場も巨大企業もない日本を、欧米先進国から来た人間が「貧しい」と思ったのは無理もない。

ではここであらためて質問しよう。人間がお金持ちというのはどこで決まりますか? 着ている服がボロで住んでいる家も粗末なものなら必ず貧乏と言えるかどうか? そうではない可能性もあるだろう。暮らしは質素だが、土地や預金をたくさん所有している人は今でもいるだろう。

そして土地はともかく金や銀ならば、昔から日本は大量に産出したではないか。おそらく平安時代の日本は金の、戦国時代の日本は銀の、世界一の産出国であったことは既に述べたとおりだ。もちろんそれに群がってきたスペインやポルトガルなどの商人の手で持ち出された分もある。また江戸幕府は「朱子学バカの経済オンチ政権」であったために、中国などから医薬品を買うのに日本の特産物と交換すればいいものを、「それをやると商売になってしまう」ということで金銀で支払い、その結果またまた金銀が流出するということにもなった。

しかしその陰でちゃっかりと儲けていたのが長崎商人であり薩摩藩であった。薩摩武士も朱子学の信徒だが、背に腹は代えられぬと中国との密貿易を盛んに行い、財政を立て直したばかりか討幕の軍資金まで生み出した。**その額は数百万両**である。皮肉なことに幕府でつぶされた「田沼の改革」が成功した薩摩藩によって、幕府自体がつぶされることになってしまった。

幕府はともかく、**日本全体では金銀の保有量は保たれていた**のだ。ところが開国によってとんでもない事が起こった。密貿易はあったが日本は国際的には閉鎖された経済圏だった。その中で金と銀との交換レートは近年の研究では**一対五**であった。これは日本が鎖国する以前の国際レートでもある。ところが日本が鎖国して以降、メキシコなどで大量の銀山が発見され銀の価格は国際的に下落した。開国時の国際レートでは**金一に対して銀一五**であった。開国するなら当然、日本国内のレートをこの国際レートに合わせなければならない。しかし「朱子学バカの経済オンチ政権」である幕府は、なんと鎖国以前のままの状態で開国し外国商人の自由な取引を許してしまったのだ。

要するに日本で金を買えば（具体的には日本の小判と外国の銀貨を交換すれば）**国際レートの三分の一の値段で「買える」**のである。想像していただきたい、たとえば世界のどこかにダイヤモンドが国際レートの三分の一の値段で買える国があれば、そこに外国人が殺到しダイヤはあっという間になくなるだろう。それと同じことが幕末の日本で起こったのである。

この極めて重大な事件、たとえば最も受験生に評判が良かった教科書『詳説日本史B』（山川出版社刊）にも「日本と外国の金銀比価が違ったため、多量の金貨が海外に流出した」と一行だけ載っていた。「多量に流出した」とは、「大量保有していた」ということで、明治維新の最大の原因はここにあるとすら私は考えている。

粗悪な万延小判が激しいインフレを招く

「朱子学バカの経済オンチ政権」という表現、最初に接した時は「毒舌にすぎる」とあなたは思わなかっただろうか？

しかし、オランダもアメリカもロシアも日本と仲良くしたいと思っていたのに、相手を怒らせてイギリスの陣営に参加させてしまったのも幕府であり、それ以前に「田沼の改革」を成功させれば財政を立て直せたのにダメにしたのも幕府である。結局、薩摩や長州《ちょうしゅう》にそれ（貿易や商売による財源獲得）をやられてしまい墓穴を掘ったのも幕府である。

それより何より、日本は開国直前には多分「世界一の金保有国」だったから、幕府は軍艦でも武器でも安全保障でも何でも買えたはずなのにそれに気がつかなかった。そればかりか、その大量の金をむざむざと外国に流出させてしまった。これと幕府が結んだ不平等条約の「ハンデ」で、その後の**日本はまさに「貧乏国」へ一気に転落**してしまったのである。いかがですか？

「朱子学バカの経済オンチ政権」ではありませんか。

さすがの幕府もあまりに金が流出するのを見て防止策を講じたが、それは流通している小判を回収して品位（金の含有率）を極端に落とした粗悪な小判に取り換えることだった。発行された元号をとって**万延《まんえん》小判**という。結果的に江戸幕府最後の小判となったが、「小小判」と呼びたいほどのもので、当時も「雛《ひな》小判」と呼ばれた。江戸初期の良質な慶長小判にくらべて大きさも半分ほどで、**金の含有量も約八分の一**しかなかった。

これは今で言えば一万円札を大量に印刷し発行したのと同じことになる。当然、激しいインフレを招いた。物価が極端に上昇し収入は追いつかないから、都会の一揆である「うちこわし」が全国各地で起こった。農民は自給自足できるし商人は値上げをすればいい、職人も給金は物価にスライドして上昇する。最も困ったのが固定給で生活している人、つまり武士である。経済オンチでない武士もいた。代表が**坂本龍馬《さかもとりょうま》**だろう。彼は土佐《とさ》藩の後藤象二郎《ごとうしょうじろう》に大政奉還《たいせいほうかん》という「政権交代」のアイデアを伝えるとともに、これからの日本が進むべき道として八つの方策を京に向かう船の中で示した。**「船中八策」**という。議会政治、人材の抜擢、憲法の制定、海軍の増強などを提案しているのだが、その八番目をご存じだろうか？「金銀物貨宜シク外国ト平均ノ法ヲ設クベキ事」である。つまりこのことを言っている。

だが庶民はよほどのことがない限り体制打倒には立ち上がらない。国民全部がマスコミ報道で海外情勢に詳しくなったのは、日本でもここ一五〇年ばかりの間のことである。庶民は平穏な暮らしを望み、世の中が変わらないという安心感の中で生きている。そうした庶民でも「世直し」を望むのはどんな時か。経済がめちゃめちゃになった時、暮らしが立ち行かず明日の飯にも困った時だ。フランス革命の時もそうだった。

インテリたちがいくら「このままだと国が滅びるぞ」と叫んでも、日々の暮らしが保たれていれば庶民はその気にならない。下級武士も同じだ。だがこの「朱子学バカの経済オンチ政権」である幕府が招いた江戸時代最大のインフレは、庶民や下級武士を徹底的に苦しめその気にさせてしまったのだ。幕末の「ええじゃないか」という「大騒ぎ」も、根底の原因は**「こんな物価高じゃ暮らしていけねえ」**であったと私は考えている。

日本の財政策を熟考した坂本龍馬

時代は明治維新へと向かった。

幕府がつぶれた最大の原因は朱子学の影響で世界の新しい潮流、つまり**「第二次大航海時代」に対応できなかったから**である。基本的には経済的に対応できなかったということだが政治的にも朱子学の影響は大きい。

かつてＮＨＫの朝のドラマ「エール」（二〇二〇年）で早稲田大学の応援歌「紺碧《こんぺき》の空」が誕生したエピソードをやっていた。慶応義塾大学の応援歌「若き血」では「陸の王者慶応」といい、「紺碧の空」では「覇者覇《は》者《しゃ》早稲田」という。早稲田出身の私としては非常に言いにくいのだが（笑）、朱子学においては王者こそ正統な君主ということになっている。では覇者とは何かといえば、陰謀や軍事力で天下をとった「仮の王者」なのである。これが朱子学の基本的考え方で、日本中の武士という武士が朱子学信者となった段階で、**「徳川家は覇者であり天皇家こそ真の王者」という考え方が普及**した。それが幕末には「幕府を倒し天皇中心の新しい政府をつくるべきだ」という考え方に変わり明治維新が実現したのである。

世の中のことは何でもそうだが、人間の作ったものに「一〇〇パーセント悪」もなければ「一〇〇パーセント善」もない。朱子学は経済的に見れば日本にとっては「最悪」だったが、政治的に見れば必ずしもそうではない。これが歴史の興味深いところだ。

だが、幕末の武士たちはほとんどが朱子学の悪影響で「経済オンチ」だったことは、歴史学者の先生方はほとんど意識していないが、日本史を分析するための極めて重要なポイントである。たとえば坂本龍馬のアドバイスに従う形で最後の**将軍徳川慶喜《よしのぶ》は大政奉還した**。つまり「これまで徳川家がお預かりしていた日本の統治権を天皇家にお返しします」ということで天皇家もこれを認めたわけだが、ならば会計も引き継いでいいはずなのである。

具体的に言えば、江戸城あるいは大坂城（ともに城主は将軍）の御金蔵にある「公金」は朝廷が全部没収していいということだ。特に京から近い大坂城に勅使（天皇の使者）を向かわせれば、徳川家も抵抗できずカネを差し出すしかなかっただろう。

私は龍馬が生きていれば薩長にそのようにアドバイスしたと思うのだ。龍馬は亀山社中という日本初の「カンパニー（会社）」を立ち上げた人間である。会社ならば引き継ぐ時に財産を渡すのは当たり前だ。ところが龍馬は大政奉還の翌月に暗殺されてしまったので、そうならなかったのだと見ている。

買いかぶりと思う人がいるかもしれない。しかし実は、龍馬は暗殺直前に越前国《えちぜんのくに》福井（福井市）を訪ねている。彼と同じ財政通の親友福井藩士の三岡八郎《みつおかはちろう》と新しい日本の財政をどうするか夜を徹して話し合っているのだ。

薩摩も長州も海外貿易や国内交易で稼いでいるとはいえ、やはり経済オンチの朱子学信徒にはちがいない。こういう連中が本当に新しい日本を運営していけるのか、財政はどうするか話し合ったのである。福井から帰ってすぐに龍馬は暗殺されてしまったが心配は的中した。

薩長はあくまで強硬路線をとり、武力で幕府を倒すという政治的決断をした。それなのに財政面、具体的に言えば軍資金をどう賄うのかについて何もプランがなかった。大ピンチである。そのピンチを救ったのが他ならぬ三岡八郎であった。**維新後名を改め由利公正《ゆりきみまさ》**という。

太政官札を発行しゼロから数万両をつくった由利公正

武士階級つまり明治維新の立役者たちが、いかに「経済オンチ」であったかがわかる恰好の例がある。**相楽総三《さがらそうぞう》の悲劇**である。明治維新の「黒歴史」といってもいい。

相楽は本名小島将満《まさみつ》といい、坂本龍馬と同じ郷士《ごうし》の出身だった。郷士は武士の身分は認められているが、封禄はもらえず自給自足で暮らしている。幕府がこうした人々を集めて浪士隊を結成しそれが新撰組《しんせんぐみ》に発展したように、**ライバルの薩摩藩も浪士隊を結成**した。そのリーダーが相楽で、彼は江戸で薩摩藩の指示のもとにテロ活動を行い、最後の将軍徳川慶喜を激怒させ鳥羽伏見《とばふしみ》の戦いに持ち込んだ。大きな手柄を立てたのである。

彼らは本当の意味のボランティアであった。ボランティアとは本来、軍隊に召集されたわけでもないのに志願した戦士のことを言う。崇高な目的のために（傍観していてもいいのに）自分の命を投げ出すというのが本来の意味だ。

彼らは薩長の武力による討幕方針が決まり官軍が形成されると、わざわざ京の近くの近江国《おうみのくに》（滋賀県）に集結し、**赤報隊《せきほうたい》**というボランティア部隊を結成し、官軍の先鋒隊《せんぽうたい》となるのを認められた。ボランティアなのだから費用は全部自腹である。さすがに官軍も、民衆の支持を得るために必要だろうと「お墨付き」を与えた。それは「新しい時代になれば年貢は半分に減らす」と宣伝してよいということだ。彼らは今の中央線ルートで江戸に向かって進軍したのだが、行く先々でその「方針」を伝え農民たちから熱狂的に歓迎された。

ところが、本当にバカな話だが、幕府打倒の戦いを始めた段階で薩長は初めて**「年貢半減では財政が成り立たない」ということに気がついた**。しかし、相楽ら赤報隊は江戸に進撃する途中の村々で「年貢半減」を宣伝しまくったため、今さら引っ込みがつかなくなってしまった。

そこで薩摩藩（あるいは岩倉具視《いわくらともみ》とも言われる）はこの大失敗をごまかすために、とんでもない策を思いついた。「相楽らはニセ官軍で、年貢半減はデタラメだ！」と告発したのである。そして、牢屋《ろうや》に入れてほとぼりがさめたら釈放する、ではなく、**相楽ら幹部を斬首という極刑に処した**。彼らにも「勝手に金策する」などの落ち度はあったようだが、既に述べた大功もあり極刑は不当だ。だが、ずっとニセ官軍の汚名を着せられ、それが曲がりなりにも解消されたのはなんと昭和に入ってからである。

太政官札　金十両札

まったくひどい話だが、こんな「経済オンチ」がトップを占めているというのが、「新政府」の実態だった。財政がわかる者は一人もいない。

そこで招聘《しょうへい》されたのが福井藩の三岡八郎（由利公正）だった。三岡に「新政府」の財政が全面的に任されることになった。**普通ならありえない大抜擢**である。福井藩は幕府側ながら松平春嶽《しゅんがく》という名君がいて薩長にも好意的だったし、その藩の中で三岡は財政通として評価は得ていた。しかし「全国区」の人材ではない。やはり龍馬の推薦があったのだろう。「自分の代わりが務まる男」ということだ。
三岡は見事その期待に応え「マジック」とも言うべき手段で、「新政府」の財政ピンチを救った。それは**日本初の本格的な紙幣「太政官札《だじょうかんさつ》」を発行**し、ゼロから数千万両のカネを一気につくるということだった。

外国人でも信用できるたった一人の日本人

中央政府は国の財政を運営していく義務があるから、それに対応して通貨を発行する権利がある。難しいことではない、たとえば一万円札だ。あの製作原価は二〇円余だという。原価二〇円のもので一万円分の金貨も株も何でも買える、相当のドル（外貨）と交換することもできる。では、なぜそんな価値があるかといえば政府が保証しているからだ。

ところがこの常識がまるでなかったのが薩長の面々であった。三岡八郎は知っていた。大政奉還された時点で、日本の中央政府は幕府ではなく朝廷である。ならば朝廷が価値を保証するという形で通貨が発行できる。それは必ずしも地金としての価値をもつ金貨や銀貨でなくてもいい。政府が価値を保証すれば現代の一万円札のように紙幣でかまわない。欧米列強では運搬や貯蔵に不便な金貨銀貨に代えて、そういう便利なものを発行し経済を円滑化している。日本もそうしなければならない。

朝廷の官僚組織のことを太政官《だじょうかん》といった。そこで三岡は新政府から「太政官札」と命名した紙幣を発行させた。紙幣の発祥は中国で、日本でも各藩では藩札という名で発行されていたが、全国共通のものはなかった。これを三岡は**なんと約四八〇〇万両分も発行**した。コメの価格で計算すればおそらく**当時の一年分の国家予算に匹敵する量**だ。

その発行で、空っぽだった金庫をあっという間に「カネ」で満たしたのである。もっとも、庶民にとってはいくら「一両札」は小判一枚と同価値だと言われても納得できない。そこで三岡は鴻池《こうのいけ》などの豪商に**太政官札と小判を交換させた**。同じ価値なのだから一方的な献金ではなく等価交換だという理屈である。豪商たちも新政府との関係強化はいずれ商売のプラスになるということで、渋々ながらこれに応じた。三岡の「金策」は成功したのだ。

維新後三岡は由利公正と名前を変えたが、この名前でも大きな仕事をしている。**「五箇条《ごかじょう》の御誓文《ごせいもん》」の草案作成**である。実は多くの人が、歴史学者の先生方も含めて、この「五箇条の御誓文」の出された意味がよくわかっていない、と私は思う。その中身は「新政府の基本方針」で、具体的には議会政治、法治の重視、四民（市民ではない）平等、開国による貿易立国および近代化をうたいあげたものだ。坂本龍馬の「船中八策」の精神を由利はこの内容に反映させたのだが、まず注目していただきたいのは「開国」という点だ。

薩摩も長州も維新の直前まで開国に反対し「攘夷、攘夷」と叫び外国人を殺しまくっていた。そんな連中が新政府を樹立したとたん、「これからは仲良くしましょう」と言っても信用できるわけがない。つまりこの時点で**「どうやったら欧米列強に信用してもらえるか」という大難題**があったことを今の日本人は忘れている。

しかし外国人も絶対に信用できる「日本人」が一人だけいた。天皇である。日本人は天皇の命令なら何でも従う。その天皇が開国近代化の実行を先祖に誓うという形ならば信じられる。だから「御誓文」なのである。

そして大難題はもう一つあった。武士たちの心の中には朱子学によって刻み込まれた「商売は人間のクズのやること」という偏見がある。これをどうやって解消するかだ。

三、日本資本主義の父・渋沢栄一

歴史上偉大な改革を成し遂げた人物ほど忘れ去られる

実は前項から本項にかけて語っていることは、単に「お金の日本史」だけでなく歴史というものを理解するための「最大のコツ」の部分でもある。そして、このコツを身につけていただければ、逆に歴史学者の先生方も含めて日本人がいかにこのコツをわかっていないか、本当の歴史を理解していないか、がわかる。いわば「秘伝」のようなもので、私はこれを劇作家ウィリアム・シェークスピア作品の登場人物マーク・アントニーのセリフにちなんで**「アントニーの法則」**と命名した。

なぜアントニーなのか、具体的にはどういうことか、を詳しく語ると一冊の本になってしまう。内容をごく簡単に言えば、「五代将軍徳川綱吉は犬バカと思われているが、実は名君で敏腕の政治家でもある」ということだ。つまり「アントニーの法則」とは、**歴史上偉大な改革を**

成し遂げた人物ほど忘れ去られる、ということで、その理由は改革があまりにも偉大な成果を上げた結果、以後それが常識となるからだ。

と言ってもわかりにくいと思う。しかし、今回の話はまさにその実例だから、具体的に述べよう。

江戸時代は一言で言えば「朱子学の時代」だった。今の中華人民共和国が「共産主義の時代」であるのと同じことだ。その思想内容は経済面に即して言えば「商売とは人間のクズのやる悪事」ということだった。これは本来の日本人の考え方ではなく中国人の偏見なのだが、「中国製」の朱子学を徳川家康が武士の基本哲学として奨励したため、江戸時代の武士はほとんど朱子学の狂信者となってしまい、その結果幕府は「朱子学バカの経済オンチ政権」になり、既に述べたように日本は莫大な損失をこうむった。

肝心なことは**幕府を倒した薩長も基本的には朱子学の狂信者だった**ということだ。だからこそ天皇を立てて幕府を滅ぼしたが、同時に朱子学の悪影響もそのまま残った。これからの日本は貿易立国、つまり国民すべてが「貿易という商売」を盛んにしていかなければいけないのに、「それは人間のクズのやる悪事」という**偏見はそのまま残っている**。これを解消しない限り近代資本主義国家としての日本の発展はありえない。

朱子学の狂信者ではない由利公正は五箇条の御誓文の原案に「国民は経済活動を盛んに行うべきだ」という主張を盛り込み最終的にそれは第二条になった。「上下心ヲ一ニシテ盛《さかん》ニ経綸《けいりん》ヲ行フベシ」で、経綸とは「経済活動や商売」を意味する。だが、いかに天皇の命令が絶対といっても、これまで「悪事」だったことを「やってもいい」ならともかく「盛んにやれ」といわれても、そう簡単にいくものではない。では朱子学を廃止すればいいかといえば、政治的には天皇への忠誠は朱子学によって支えられているのだから、そうもいかない。つまり**朱子学の長所（天皇への絶対忠誠）は残し、欠点（商売の蔑視）はなくさねばならない**。口で言うのは簡単だが「大難題」であることはわかるだろう。

だがそれを成し遂げた男がいた。その大功績はすっかり忘れ去られてしまったが、だからこそ我々は近代資本主義の中に今もいる。これがアントニーの法則の実例である。

その男の名は渋沢栄一《しぶさわえいいち》という。

尊王攘夷思想にかぶれていた渋沢栄一

渋沢栄一は「日本資本主義の父」と呼ばれる。もし、本書を読んでいなければ、あなたはこれを聞いても「そうなのか」と思うだけだろう。失礼な言い方だが、この言葉の持つ重みがわからないからだ。資本主義とは政治の立場から言えば「商業立国」である。だから国民のリーダー層が商業を蔑視しているような国では絶対成り立たない。

しかし江戸時代の日本はまさにそういう国であったことを、あなたは今はっきり認識しているはずだ。つまり資本主義という「苗木」が成長困難な土壌、それが幕末の日本だった。だが、いま日本では資本主義は大樹となっている。まさに「枯れ木に花を咲かせた」のである。奇跡的な業績と言ってもいいではないか。

渋沢は一八四〇年（天保一一）、武蔵国榛沢《はんざわ》郡血洗島《ちあらいじま》村（埼玉県深谷市）に生まれた。生家は武士ではなく苗字帯刀《みょうじたいとう》を許された豪農であり富豪と言ってもいい財産があった。田畑を耕すだけではなく商品作物の藍《あい》を手がけ養蚕つまり絹も扱っていたからだ。当然、農家の他に商家としての仕事もせねばならず、そろばんや帳簿付けもやっていた。このあたりが並みの武士と違うところだ。要するに商売のセンスが磨かれたのである。

ただし渋沢自身は、同国出身の新撰組の土方歳三《ひじかたとしぞう》などと同じく豪農の生まれながら、家を継ぐ気はなく武士になりたかった。渋沢は長男だが、これを目標に幼いころから朱子学を学び剣術も習った。このころのしきたりで一九歳の時には早々と嫁ももらったが、二二歳の時江戸に遊学した。あの坂本龍馬が通っていた桶《おけ》町千葉道場の「本部」である、神田お玉ヶ池の千葉道場で剣を学び、同輩の影響を受けて**「勤皇の志士」となり、とんでもない計画を立てた**。なんと、討幕の先駆けとして親藩松平家の高崎城を奇襲して乗っ取り、奪った武器で横浜に焼き打ちをかけ外国人を皆殺しにする、というのだ。

一昔前の学生運動家のように、過激思想にかぶれたというところだろう。成功の見込みがほとんどなく机上の空論に近いプランだった。結局、共に決行するはずだった**同志の尾高長七郎**

に説得されて断念した。もしこの時そんな暴挙に出ていたら後の渋沢は存在しなかっただろう。

世の中には不思議な縁がある。とにかく過激な計画を実行しようとしたのだから、幕府に危険人物視される可能性はあった。この時代は「疑い」だけで逮捕も拷問もできる。渋沢は京へ「高飛び」をはかった。しかし京都には江戸と違ってコネがない。そこで思い切って、当時幕府ナンバー2の将軍後見職で京に常駐していた一橋《ひとつばし》慶喜の用人《ようにん》平岡円四郎《ひらおかえんしろう》に保護を求めた。

実は商売を通じて渋沢と平岡は面識があったらしいのだが、今で言えば**テロリストが首相秘書官に保護を求めるようなもの**だから、通常ありえない話である。だがこの平岡という男は幕府有数の切れ者だった。保護を求められた時点で、渋沢の「テロ計画」を知っていたフシがある。実はその後渋沢が顔面蒼白《そうはく》になるような事件が起こった。

関東に残った尾高長七郎が、ふとしたはずみで人を殺傷し役人に捕まってしまったのだ。これでは計画が明るみに出るおそれがある。下手をすれば死刑だ。ところがそのタイミングで平岡は言った。「一橋家の家臣にならないか」と。

徳川の随行員としてパリ国際万国博覧会へ

渋沢栄一の生涯の恩人といえば、第一に一橋家用人平岡円四郎だろう。もっとも渋沢自身がそれに気がついたのは相当後のことだったに違いない。

六〇年代安保反対闘争を知っている団塊の世代ならよくわかるだろう。あの当時「反政府」が若者の「流行」だったように、幕末当時の流行は「討幕」であった。渋沢もいっぱしの勤皇の志士を気取り、いや気取ったどころか高崎城襲撃という「テロ」まで考えていた。ところがその渋沢に幕府側高官の平岡が「こちらへ来い」と誘ってきたのである。形の上では「勧誘」でも実際には「強制」だった。これは想像だが、平岡は「言うことをきかないと、高崎の一件をバラすぞ」と脅したのではあるまいか。渋沢はその後の生涯を見ても簡単に信念を曲げる人間ではない。それがあっさり家臣になったのはそのためではないか。

よくよく考えてみると奇妙な話ではある。あなたが平岡の立場にいたとしよう。現政権の高官である。そういう人間が反体制の人間を自分の陣営に取り込もうとするだろうか？　普通なら通報して逮捕させるのが自然な対応である。つまり、平岡から見て渋沢はそうするには惜しい極めて優秀な人材であり、同時に平岡は優秀な人間に活躍の場を与えれば結局世の中のためになる、という広い度量の持ち主だったのだろう。もちろん個々の能力を見抜く鋭い目も必要だが、そうでもなければ「過激派学生」を「政府職員」として採用するなど夢にも思うまい。渋沢は悩んだ末、この話を受けた。

その後、渋沢は**平岡の指揮監督のもとに財政に関する才能を発揮**し、一橋家の発展に大いに貢献した。平岡の目に狂いはなかったのである。ところが、平岡は慶喜の実家水戸《みと》徳川家の攘夷派に暗殺されてしまった。暗殺した側の論理は勝海舟を狙った連中と同じで、「開国、そして貿易通商を目指す平岡は許せん」ということだ。これは開国を進める慶喜に対する警告でもあったろう。水戸徳川家は水戸学という日本的朱子学の「総本山」で、「攘夷派」つまり外国人は斬り殺せと叫んでいた連中の巣窟でもあった。

渋沢は保護者の平岡を失ったことで居心地が悪くなった。さらに運命のいたずらと言うべきか、主君の一橋慶喜は結局一五代将軍徳川慶喜となってしまった。このままでは「元過激派」が本当の「政府高官」になってしまう。**もともと渋沢の思想は反幕府**である。一橋家を辞し故郷へ戻ろうと考え始めた。

ところが一八六六年（慶応二）というから、ちょうど明治維新の二年前である。フランス皇帝ナポレオン三世から将軍徳川慶喜のもとに「来年パリで開かれる国際万国博覧会にぜひ招待したい」という連絡があった。慶喜はフランスが大好きで、幕府の軍制もフランス式に改め、自らはナポレオン三世から贈られた軍服を着用していたほどである。快諾したがまさか自分が行くわけにはいかない。そこで弟の徳川昭武《あきたけ》（のちの水戸藩主）を名代《みょうだい》として派遣することにした。

問題は随行員だ。水戸家の連中は朱子学の狂信者だらけで経済がわからない。渡航予算すら組めない連中なのである。そこで会計係として渋沢を派遣すべきだとの声が上がった。悩んだものの渋沢は外国に行けるならいい、とこの話を受けた。その決断が良かった。ヨーロッパで渋沢は**本物の資本主義を目《ま》の当たりにする**ことができたからである。

生きた経済と政治の生々しい関係を実地見聞

渋沢栄一の生涯を一八〇度変えたのが、維新直前の一八六七年フランスのパリで開催された万国博覧会への「参加」だろう。このパリ万博、これまでの日本史の中ではあまり重視されていないが、**開国日本の国際舞台へのデビュー戦**でもあった。

「戦」というのは、幕府に先んじて薩摩藩が琉球《りゅうきゅう》王国の「名義」で「薩摩館」を立ち上げていたからだ。会場でそれを知った徳川使節団一行は仰天したという。薩摩は今で言うマスコミ対策もしており、フランスの新聞に「薩摩は徳川と日本を二分する勢力である」と売り込んでいた。実際、**会場には幕府館と薩摩館が並立**しているのだから、多くのフランス人がそれを信じた。

実はこの時、倒壊寸前の幕府に対しフランスが日本産生糸の独占輸入権と交換に数百万ドルの借款を与えるという話が進んでおり、使節団の目的にはその交渉もあったのだが、ここで話はつぶれてしまった。幕府は日本全土を仕切っているわけではなく、契約相手として適格でないと思われてしまったのだ。この「陰謀」の黒幕は、フランス人の代理人を雇った薩摩藩士**五《ご》代友厚《だいともあつ》**とみられる。

三菱財閥を興した岩崎弥太郎《いわさきやたろう》は土佐出身だが、渋沢より四歳年上の五代は、薩摩における

「岩崎弥太郎」だといえばわかりやすいだろうか。要するに武士だが朱子学バカではなく、後に実業界に進み**大阪財界の大立者**となった。とにかく渋沢にとってこの事件は大いに「勉強」になったはずだ。生きた経済と政治の生々しい関係を実地で見聞したのだから。

「見聞」といえば当時世界有数の大都会であったパリをその目で見たことも大きかった。蒸気船、鉄道、石造りの堅牢《けんろう》な建物、完備された上下水道、舗装された道路、夜でも明るい街灯、あるいは銀行、株式取引所、工場、病院、百貨店等々、それらはまったく日本にないにもかかわらず、ヨーロッパでは当たり前だった。

渋沢は日本もこのようにならねばならないと思い、ではどうやったらなれるかと考え続けた。多くの人はそれを「技術」の問題であると考えていた。たとえば鉄鋼ならばその生産機械と工場のつくり方を西洋から学べば、日本も同じように近代国家になれるという考え方だ。実に多くの人がそれを実践し、実際に日本は近代化されていくのだが、それだけではダメだと考えたのが渋沢の非凡なところである。

フランス滞在中の渋沢栄一

ヨーロッパ滞在中、主君の徳川慶喜が大政奉還し、幕府は消滅した。徳川家は静岡を中心とした一大名に転落し、帰国後渋沢はしばらくここにいたが、そのうち評判を聞きつけた新政府からお呼びがかかった。渋沢は徳川家の恩を感じためらっていたのだが、共に新生日本のために仕事をしようと説得したのは、佐賀藩出身で新政府の官僚となっていた**大隈重信**《おおくましげのぶ》だった。

大隈も武士出身ながらアメリカを見て来た福沢諭吉《ふくざわゆきち》などと同じく「経済のわかる男」であった。大隈は様々な仕事をしているが、**経済面では明治政府の新通貨「円」の発行に尽力**している。諸外国の硬貨は円形であると提言し、新紙幣とともに新しい金貨、銀貨、銅貨をつくらせたのは大隈である。渋沢もしばらく新政府の役人として日本経済の基礎を固める仕事をやっていたが、そのうち退職し実業家になることを決意した。

同僚は反対だった。何と言ったのか、本書の読者なら見当がつくだろう。「卑しい金銭に目がくらみ商人になるとは！」である。だが、だからこそ渋沢は野に下る決心をしたのである。

不可能を可能にした『論語と算盤』の天才的発想

渋沢栄一はなぜ官僚をやめ、実業家になろうと思ったのか？

「お上」が指導するだけでは、決して近代資本主義社会は成立しないからである。そもそもヨーロッパはすべて民間主導である。自由主義経済というのはそういうものだ。だが元武士たちはそのことを理解せず、あまつさえ叩き込まれた朱子学によって「商売は人間のクズのやる悪事」と思い込んでいる。

武士階級の出身者が多い新政府の役人も「商売を盛んにしないと国が豊かにならない」と頭では理解していたものの、やはり**心の奥底で「商売は悪事」という偏見は持っている。**だから渋沢は同僚から非難された。

たとえばあなたの会社の同僚が「会社を辞めて覚醒剤の密売人になる」と言えば、「バカなことはやめろ」「頭がおかしくなったのか」と制止するだろう。それと同じ感覚である。これは決して大げさな言い方でないことは、本書の読者ならよくわかるだろう。また歴史書に書いてある「渋沢は日本近代資本主義を構築した」などという「一行」は事実ではあっても、そうすることが**当時不可能に近い難事**であったことを忘れてはならない。

一体どうすればいいのか？　自分の頭で考えることがお好きならば、ここでいったん読むのをやめて考えていただきたい。ヒントは次頁の写真である。

「商売は悪事」という偏見をもたらしているのは朱子学だから捨ててしまえばいい、と言うのは簡単だが、実際にはその朱子学がもたらした天皇への忠義が明治維新を成し遂げ「天皇の下での平等」も確立した。朱子学を完全に捨てることは難しい。もちろん朱子学を排除した新しい教育を始めるという手もなくはない、**福沢諭吉の『学問のすゝめ』や中村正直《まさなお》の『西国立志編』**はそうした方向性を示してはいた。だが一刻も早く西洋諸国に追いつくためにすぐにでも資本主義を確立しなければいけないのに、それでは時間がかかりすぎる。

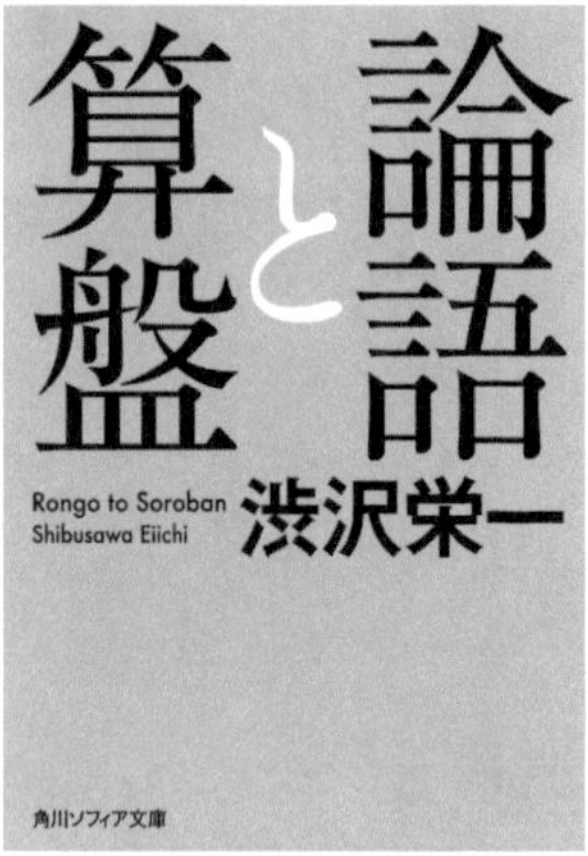

渋沢の著書『論語と算盤』

そこで渋沢は考えた。

歴史的に見れば朱子学とは儒教の一派で、儒教の開祖である孔子《こうし》の説を「発展」させたものと言われている。だから武士階級は朱子学を学ぶ前に孔子の教えを必ず学ばされる、それは武士階級にとっての常識である。ところが、英語では孔子の教え、つまり本来の儒教をConfucianism（直訳すれば「孔子主義」）と呼ぶのに対し、朱子学はNeo Confucianism（「新孔子主義」）と呼ぶ。両者は実際にはかなり違うものなのだ。

百科事典などには小難しい理屈が書いてあるが、両者の違いは私に言わせれば「朱子学は本来の儒教に比べてヒステリック」なのである。なぜそうなったか、歴史的理由があるのだが、それを解説するには紙数が全く足りない。この点に興味のある方は『絶対に民主化しない中国の歴史』（KADOKAWA刊）を読んでいただきたい。

ここでは要点だけ述べるが、孔子の儒教では「商売は人間のクズのやる悪事」などと決めつけておらず、それをヒステリックに叫んだのは朱子なのである。ならば**儒教の根本である孔子の教えに戻ればいい**。孔子の言行録である「論語」には「商売のすすめ」とも受け取れる言葉がたくさんある。肝心なことはこれなら元武士たちも抵抗なく受け入れられるし、新たな教育も必要ないということだ。まさに天才的発想である。

「渋沢なき資本主義」は「倫理なき資本主義」

渋沢栄一の著書**『論語と算盤《そろばん》』**を悪意をもって評するなら、もともと「水と油」である「論語（儒教）と算盤（商売）」に深い関連性があると「こじつけ」たものである、という言い方もできるだろう。本来の儒教では孔子に次ぐ聖人である孟子《もうし》の言葉に「恒産《こうさん》無くして恒心《こうしん》無し」というのがある。「恒」という字は訓読みでは「つね」と読むが、安定した職業や財産をもたない人間は（生活に追われるから）しっかりした道徳心を持てない、という意味である。

渋沢のやり方は、この言葉を「だからこそ、われわれは定期収入を得られる商売をおろそかにしてはいけない、孟子はそう言っている」という言い方である。そのように拡大解釈できないとは言えないが、実際には孟子はそこまで言っていない。

朱子学は士農工商にやかましいが、**本来の儒教も士つまり学問で儒教を身につけた人間は、ほかの農工商つまり民衆より優れている**という感覚があった。逆に言えば農工商には道徳などないということで、日本でも士つまり武士はやはり武士道という道徳を身につけており、その点で農工商とは違うという感覚があった。

だからこそ渋沢は商人になることを同僚に強く反対されたのである。だが、それ以後渋沢は

「孔子の真意はそうではない」という言い方で倫理を説き、日本の資本主義を構築していった。ここは本人の言葉を引用しよう。

「武士道は、ただに儒者とか武士とか言う側の人々においてのみ行われるものではなく、文明国における商工業者の、よりてもって立つべき道にも、ここに存在することと考える。かの泰西の商工業者が、互いに個人間の約束を尊重し、たとえ、その間に損益はあるとしても一度約束した以上は必ずこれを履行して前約に背反せぬということは、徳義心の強固なる正義廉直の観念の発動に外ならぬのである」(『論語と算盤』渋沢栄一著　角川ソフィア文庫　一部表記を改めた)

泰西(ヨーロッパ)の商工業者は必ず契約を守るが、日本の商人は必ずしもそうではないということなのである。契約を守ることは近代資本主義社会の最低成立条件でもある。渋沢はまさに「そこから」始めなければならなかった。

「商売は悪」の社会では商人はギャングと同じで、約束を守らなくても暴利をむさぼってもいい。非難はされるにしても、道徳に従えとは誰も言わない。道徳を守らないのが悪人だからだ。しかし渋沢は儒教にことよせて近代資本主義の道徳を確立した。企業がその利益を社会に還元すべきだという考え方も、一部の良心的な商人にはあったが、商工業界全体の倫理ではなかった。全体をそのように変えたのは他ならぬ渋沢である。

では渋沢がいなかったら、日本はどうなっていたか？　恰好の例がある。「渋沢なき資本主義」で一度は近代国家をつくった中国だ。**孫文が清朝を倒した辛亥《しんがい》革命**（一九一一年）である。しかし、この「ブルジョア革命」はうまくいかなかった。倫理なき弱肉強食の資本主義が横行し国民党は腐敗堕落し、「資本主義打倒」をスローガンにした共産党にとってかわられた。そして今、中国共産党は資本主義を「採用」したが、相変わらず「渋沢栄一」はいない。「倫理なき資本主義」が今後どうなるか、現代世界の不安定要因の一つであろう。

おわかりだろう、日本史に渋沢栄一が存在したこと自体一つの奇跡なのだ。

「日本資本主義の父」の足跡

渋沢栄一の『論語と算盤』は今も読み継がれるべきかという質問には、「必ずしもそうではない」と私は答えるかもしれない。ケチをつけるわけではない。これは名著であり紛れもなく**明治時代の日本にとって絶対に必要な書物**だった。目的は商工業の世界に武士道つまり倫理を確立することである。それが成功したのは、日本製品の品質が世界で高く評価されていることからもわかるだろう。しかしこれが天才の宿命だが、極めて困難な改革を成し遂げるとそれが常識となるため、それ以前がいかに大変だったか忘れ去られてしまう。

渋沢は野に下った後、民間人として、新設された**第一国立銀行**の頭取に招かれた。当時の日本にはまともな銀行すらなかったのである。これを皮切りに渋沢は様々な業種の会社を設立し

60代の渋沢栄一

た。**東京証券取引所、東京ガス、東京海上火災保険、王子製紙、東急電鉄、京阪電気鉄道、帝国ホテル、東洋紡、明治製糖等々**すべて渋沢がその設立にかかわったか、かかわった会社の「子孫」で他にも数えきれないほどある。

特筆すべきは、渋沢がそれらの企業をグループ化して三菱財閥のような**財閥を作らなかった**ことだ。この点、渋沢は三菱の創設者である岩崎弥太郎とは考えを異にしていた。

渋沢がそうしたのは商業道徳、企業倫理を確立するのが生涯の念願だったからだろう。もちろん直接の敵は朱子学である。渋沢はのちに「朱子学の罪」と題する講話の中で、孔子は必ずしも商業を悪とはしなかったのに、その教え（教旨）をゆがめたのは朱子だと厳しく批判している。原文を引けば「この孔子の教旨を世に誤り伝えたものは、宋朝《そうちょう》の朱子であった。孔子は貨殖富貴を卑しんだもののように解釈を下し、貨殖の道を志し富貴を得る者をついに不義者にしてしまった」（『渋沢百訓』角川ソフィア文庫より一部抜粋）。

これではソフトバンクの孫正義《そんまさよし》さんも「ホリエモン」こと堀江《ほりえ》貴文《たかふみ》氏も全部「極悪人」になってしまう。もちろん現代人はそんなことは夢にも思わないだろう。渋沢の意識改革が完全に成功したからである。

そういえば池波正太郎の傑作時代小説『剣客商売』も実は『論語と算盤』と同じ「趣旨」だということにお気づきだろうか。剣客が目指す武士道と商売はまるで別物だ。それが江戸時代の常識だが、そうでない人々も確かにいた。「物分かりの良い殿様」として登場する老中田沼意次である。

田沼は商業立国を目指したが、それがゆえに朱子学の狂信者の老中松平定信に失脚させられ、「ワイロの帝王」などとさんざん悪口をいわれた。現代の歴史教科書ですら田沼の政治を「改革」と呼ばないのは、定信の情報操作にいまだに乗せられているわけで、それを考えれば池波正太郎のセンスは大したものである。

実は『論語と算盤』にも松平定信の話が出てくる。「一応」ほめてある。渋沢から見れば敵のはずの定信がなぜ出てくるか？　定信は徳川家の親戚でもある。旧幕臣の渋沢には批判しにくい。それでもよく読むと、定信が若いころ田沼を殺すと公言した事実が書いてある。定信を称賛したいなら、そんな「黒歴史」は書くべきではない。おわかりだろう、これが時代的制約というものだ。暗に定信はろくな人物ではないと渋沢は述べているのだ。

こういうところも歴史を見る一つのコツである。

第五章

新貨幣制と金本位制への道

一、商売は「悪」という呪縛

経済人として対照的な福沢諭吉と大隈重信

中国人、朝鮮人は朱子学を絶対的に信奉し、朱子学の試験つまり科挙の合格者だけが官僚として政治に参加できた。日本はそこまで朱子学に毒されなかったので、武士の中にも経済をよく理解している人間がいた。**勝海舟、坂本龍馬、大隈重信《おおくましげのぶ》、福沢諭吉といった面々**である。

慶應義塾大学の創立者である福沢諭吉と、早稲田大学の創立者である大隈重信は、「経済人」としては対照的な道を行ったので紹介しておこう。

福沢は役人にも政治家にもなろうとしなかった、**あくまで市井の人として日本資本主義の確立に貢献**した。大学で多くの経済人を育てるとともに、『学問のすゝめ』などの一般向け啓蒙《けいもう》書を書き日本人の意識改革を行った。渋沢栄一がやったのは「朱子学の洗脳を解く」ということだったが、若い世代はまだ朱子学に毒されておらず、新しいセンスをもつ人間として教育することができる。福沢はあくまで私人として、市民としての日本人のレベル向上に貢献したのである。

一方、大隈はある時は官僚として、ある時は政治家として、**資本主義のファンダメンタルの整備に努めた**。たとえば通貨の発行あるいは不平等条約の改正交渉などである。特筆すべきは大隈は、明治初年頃からまず鉄道を敷くべきだという意見の持ち主で、これに賛同した伊藤博文とその実現に尽力したということだ。

大隈と伊藤といえば明治憲政史の中でむしろライバル関係であり、決してそりの合う仲間というわけではなかった。だが、そんな二人が一致して、しかも西洋諸国に比べて何もかも不備な日本の中で、なぜ新橋――横浜間という短い路線を作ろうとしたのか。

福沢諭吉（上）と大隈重信（下）

私はやはり**「朱子学の洗脳を解く」ため**だったと思う。朱子学に毒された人々は中華思想にも染まり、「外国に学ぶもの無し、刀槍《とうそう》で黒船を撃退できる」という観念論者だった。だからこそ幕末、薩摩藩はイギリスと戦い、長州藩は欧米四カ国連合と戦った。戦いに及んだということは勝てると思っていたということだ。

しかし結果は惨敗した。これで薩長両藩はようやく「朱子学の洗脳が解けた」のだが、日本にはまだまだそういう連中が数限りなくいる。だからこそ西洋文明の実地教育として明治五年という極めて早い段階で鉄道が敷設された。しかし、まだまだやることは数限りなくある。

近代化に必須な十進法の通貨制度

鉄道よりも近代国家の経済に必要なのは言うまでもなく通貨である。

明治になっても日本の通貨制度は江戸時代のままで、**一両（金貨）＝四分《ぶ》（銀貨）＝四千文《もん》（銅貨）**であった。ちなみに一〇〇〇枚の銅銭の束を**一貫文《かんもん》**と呼んで戦国時代はよく使っていた。その紐《ひも》に通していたのが中国製の永楽通宝（永楽銭）である。前に述べたようにその重さは**一匁《もんめ》（三・七五グラム）**でこれは**重さの基本単位**でもあった。

現代の五円玉（五円硬貨）も穴あき銭でちょうどこの重さで作られている。かつての制度を記念してのことと私は解釈している。お気づきだろうか、現代の日本のコインでアラビア数字を使っていないのは五円玉だけである。それにしても、なぜ玉（球体）ではないのに「五円玉」と言うのか。

実は定説はない。私は中国の宝石の一種である「璧《へき》」の形に似ているからではないか、と考えている。もともとパーフェクトな状態を表す「完璧」とは「傷ひとつ無い璧」のことだ。璧は真ん中に穴の開いたドーナツの形をしており五円玉に形がそっくりである。

また中国では普通の形の宝石のことを「玉《ぎょく》」といい、宝石全般を表す「璧玉」という言葉もあるので、中国の故事に詳しい知識人が「五円玉」と言い出したのではないか。江戸時代の日本人、特に知識階級でもあった武士は中国の古典を深く学んでいた。そうした知識人の中には、お金のことを**「一両」とは言わずに「一円」と表現**する人もいたという。

これは今で言えば「福沢諭吉何枚」というような言い方で、朱子学の悪影響でもあるが、金銭のことを露骨に言ったり書いたりするのはよろしくないという考えが底にあるようだ。金銭は最も身分の低い商人が扱う「卑しいもの」だからである。

しかし近代国家をつくるにはそんなことは言っていられない。そこで一刻も早く西洋を見習った貨幣制度を設けるべきだと政府に建白書を提出したのが、大隈重信であった。大隈は留学経験もないのに英語と海外の制度を深く学んでいた。西洋の文物や制度をいち早く取り入れた佐賀藩の出身だったからである。

その大隈が海外の通貨制度に詳しい新政府の造幣判事、久世治作《くぜじさく》（大垣藩出身）と連名で、

「両、分などという四進法を廃し**十進法の通貨体系を構築すべきだ**」という内容の建白書を出したのは、一八六九年（明治二）三月のことだった。

明治天皇が五箇条の御誓文を出したのは慶應四年三月のことだったから、まだようやく新政府の体制がスタートしたばかりのころである。財政については前に述べたように、御誓文の起草者でもある三岡八郎（由利公正《ゆりきみまさ》）が新紙幣「太政官札《だじょうかんさつ》」を発行して、何とか予算不足をしのいでいた時期だ。ちなみにこの「太政官札」の額面も「両」で当然四進法の通貨制度に依存していた。

これでは欧米列強に追いつくなど夢の夢である。だから十進法の通貨制度を一刻も早く作るべきだと大隈らは意見具申したのだが、興味深いことはこの建白書においては日本の通貨の新名称は「元」になっていたことである。「円」ではなかったのだ。では、いつ、どんな事情で「円」になったのか。「いつ」というのは大体わかる。だが問題は「なぜ」がわからないところにある。

圓、元、ウォンは全て同じ？

大隈重信らが「十進法の通貨制度」を提言し、その提言をもとに法制度や新硬貨が作られ、「新貨幣の呼称は円とする」という新貨条例が公布されたのは一八七一年（明治四）五月である。

新通貨制度の大隈案では**新貨幣の呼称は「円」ではなく「元」**だった。ということは、この二年数カ月の間に何らかの議論があって「元」が退けられ、「円」になったということは間違いないのだが、その経過がまったくわからない。理由は火事である。

「明治五年二月に発生した旧江戸城内にあった紙幣寮の火災と、明治六年五月の皇居炎上による太政官衙類焼という二度にわたる災禍に、明治四年までの貨幣関係の中心的重要書類が焼失してしまった」（『円の誕生』三上隆三、講談社）

従って、なぜ「円」になったかは**いまだに定説がない**。もっともあれこれ推測はできるので、そうした諸説を紹介しよう。その前になぜ大隈は「元」を提案したのか、その背景を知っておく必要がある。

まず明治政府が決めた日本の通貨の呼称を「円」と書いたが、正確には「圓」である。「円」はこの字の新字体で、昭和二四年に告示された当用漢字字体表に採用されたもので日本独自の表記だが、明治にはこの字体はまだ無かった。そして、日本ではこれを「エン」と発音するが、**中国語では「圓」と「元」は同じ発音**になる。したがって字画が多く書きにくい「圓」の代わりに「元」が使われるようになった。つまり中国語では「人民元」と言っても「人民圓」と言っても同じ発音になるということだ。

ではなぜ「お金」のことを「圓」と呼ぶようになったかといえば、世界に通用する貨幣、貿易決済用の貨幣といってもいいが、すべて**「圓（円）形」であったから**だろう。ローマ帝国の金貨も、幕末世界中で使われていたメキシコドル銀貨もすべて円形である。

この点、日本は非常に珍しい国で一分銀や二朱金のような長方形の金貨銀貨を使っていた。これは幕末日本にやって来た外国人には大変不評であった。四隅が折れやすいなど損耗する危険性が高かったからである。

逆に今、なぜ世界のコインは「円形」なのかおわかりになったと思う。その方が地金の損耗を防げるからである。中国の銅銭も昔から丸い。そういうことで、「丸い」という意味を示す「圓」が中国においてまず外国の通貨の呼称として定着した。ただし中国には新字体などという便利なものはなかったので、書きにくい圓ではなく、同じ発音で書きやすい元が使われるようになった。

元には「根源」という意味があるので、この点からも圓の代わりに貨幣の呼称として使うのは適当だと思われたのだろう。大隈は基礎教育を江戸時代に受けた人間である。つまり彼にとっては元も圓も同じことだったのではないか。

それでは、なぜ、新政府は元ではなく圓を採用したのか。元はかつて日本に攻めてきた中国の王朝名でもある（元寇《げんこう》）。縁起が悪いと新政府の面々は敬遠したのではないだろうか。これは私の推測である。

ちなみに今でも圓を通貨の呼称にしている国があるといったら驚くだろうか。お隣の韓国である。圓を「韓国なまり」で読むとウォンになる。だから中国ではウォンのことを韓圓（韓元）

と書く。そして日本円は**日圓（日元）**だから、元を正式な通貨呼称にした中国から見れば、この**三国の通貨は「同じ」**ということにもなる。

「龍」が天皇の肖像の代替物

十進法の通貨制度を定着させるためには、それに見合う硬貨（コイン）と紙幣が絶対に必要である。まずはコインを発行しようということになったが、それにあたって新政府はその製造技術のすべてを海外から輸入することにした。つまり幕府の造幣局にあたる金座、銀座の技術を捨て、ゼロから始めようと考えたのである。

そう考えた理由はいくつかある。

第一に日本は特に金貨銀貨について**円形のものを製造した経験がなかった**ことだ。銅銭は寛永《かんえい》通宝などがあるが、あれは鋳物である。しかし当時からコインは板状にした金や銀を、型を刻んだ機械で打ち抜いて作るのが一般的だった。ずっと前にも述べたが、その方が量目を正確にできるからである。当然ながらそんな技術は日本にまったく無かった。つまり外国から製造機を輸入しなければいけないということだ。

また**コインの表面に何らかのデザインを入れるという技術も無かった**。日本は小判も一分銀も漢字の表記と極印《ごくいん》はあるが、たとえば葵《あおい》の紋を入れたり、徳川家康の肖像を入れるなどという発想はまったく無かった。なぜ無かったかはおわかりだろう、朱子学の影響で金銭が卑しいものと考えられていたからである。そんな考えの無いローマ帝国では皇帝の権威の象徴として、その肖像をコインに打ち込むのは当たり前のことだった。

結局デザインには**皇室を象徴する菊の紋**、**新政府を象徴する桐《きり》の紋**を入れることになった。この伝統は実は現在も生きている。お手元に日本国旅券つまりパスポートがあったらご覧になるといい。表紙には菊の紋が写真欄には桐の紋が印刷されているはずである。問題はデザインだ。どんな「絵」を入れるかということである。それは**龍《りゅう》の図に決定**した。

ところで、なぜ「龍」に決定したかということについて、推測を述べよう。ここらあたりも記録はないが、新政府にコインのデザインのアドバイスを求められた外国人たちは、「明治天皇の肖像にすればいい」と答えたと思う。日本は明治天皇のもとで生まれ変わった。ローマ帝国なら当然「コインの肖像になる資格がある」。それは当人にとっても名誉なことであり、その功績を永久に記念することにもなる。

特に日本が造幣技術の供与を求めたイギリスでは、一五世紀末から金貨は「ソブリン」と呼ばれていた。これは「国王」という意味で、その当時から**現役の国王が金貨の肖像になる習慣**ができた。

またこの時点よりは後の話だが、イギリスから独立した「国王のいない国」アメリカ合衆国では、エイブラハム・リンカーン（一セント）、ジョージ・ワシントン（二五セント）といった過去に大きな業績をあげた大統領がコインの肖像になっている。このことはいわば当時の西欧世界の常識だから外国人たちはそう勧めたにちがいないのだ。

しかし、当時の人々にはまだまだ朱子学の悪影響が残っていた。「金銭などという卑しいもの」に神聖な天皇の肖像など使えない。しかしそうすることが近代化への第一歩だとするとどうしたらいいか。

ところで天皇の肉声のことを「玉音《ぎょくおん》」という。一九四五年（昭和二〇）八月一五日の玉音放送でおなじみだ。では天皇の「お顔」のことを何というか。そう、**「龍顔」**というのである。天皇のお顔のことを「龍顔」というのは当時の教養ある人間ならだれでも知っている常識である。一方、国王（あるいは大統領など元首）の肖像をその国のコインに刻み込むのはローマ帝国の昔から二〇〇〇年以上続いた西洋社会の常識である。つまり新政府が初めて発行した「壱圓（一円）」などの金貨銀貨のデザインが「龍」となったのは、**「天皇の肖像の代替物」**であったということだとおわかりいただけたと思う。

なぜ造幣局の本拠が大阪にあるのか

しかしここでまた一つ、技術上の問題が発生した。もし明治天皇の肖像を使うならば話は簡単だ。その写真を、硬貨製造を技術指導することになった外国人技術者に渡せばよい。それに合わせて彼らが図案を作ってくれる。しかし、龍の文様ではそうはいかない。日本側が見本を作って示さねばならない。

そこで主に刀剣の装飾金具製造を専門としていた金工師加納夏雄《かのうなつお》が現在**「龍銀貨」**と呼ばれている硬貨の裏表のデザインを担当することになった。実際にその職人芸を発揮して、直径わずか二センチ余りの銀の円盤に文様を刻みこんだのである。

新政府の腹づもりではこれはあくまで「見本」で、これをイギリス本国に送って正式な型を作ってもらうつもりであった。ところがそれを見た「お雇い外国人」の**トーマス・ウォートルス**は感嘆し「こんな見事なものは、そのまま使えばよいではないか」と言ったため加納夏雄のデザインがそのまま採用され一門が造幣作業に加わることになった。

ウォートルスはアイルランドの生まれで幕末から長崎のグラバー商会で働いていたから、坂本龍馬あたりも顔見知りだったかもしれない。大隈重信の推薦で新政府の建築事業を担当し、日本初の西洋式ビル街「銀座煉瓦《れんが》街」（一丁ロンドンとは別）の建設にかかわった。つまり世界水準でも一流の技術者であり、その彼を驚嘆させるほど日本人の職人芸は見事なものだったのである。

ところでコインを製造する部門を造幣局という。当時は造幣寮といったのだがこの時代の正門が国指定の重要文化財として今でも大阪市北区で保存されている。これもウォートルスの設計である。

造幣局といえば桜の季節「大阪造幣局の通り抜け」がいまでも有名だが、**なぜ造幣局は東京ではなく大阪に本拠があるのだろうか**。一刻も早くコインを作らねばならない。そのためには製造機がどうしても必要だと日本人が考えたとき、グラバー商会のトーマス・グラバーが「耳寄りな話」を持ってきた。イギリス領香港で使用されていた貨幣製造機が用済みになり宙に浮いている。これを新政府が購入したらどうだ、という話である。

旧造幣寮鋳造所正面玄関

渡りに船と、新政府では三岡八郎、五代才助（友厚《ともあつ》）らが交渉の窓口になり六万ドルで買い付け海路大阪へ運ばせた。なぜ大阪かといえば明治の初期には、首都を京都に近い大阪に移転するという計画があったからだ。

ところが、その後江戸を東京と改称し首都とすることになった。しかし既に大阪では造幣寮の建設が始まっており今さら移転するには費用がかかりすぎる。そこで「造幣作業は大阪で」という方針が決まったのである。

ちなみに六万ドルという価格は決してリーズナブルなものではなく、グラバーが多額の利益を上げたというのが大方の研究者の見方である。

二、不換紙幣からの脱却

銀本位制に待ったをかけた伊藤博文

「硬貨の製造」の話に続くのは当然「紙幣の印刷」の話だが、ここでその前に語っておかねばならないことがある。**本位制度**だ。

本位制度とは何かといえば、専門書にはたとえば**「貨幣の一般的受領性を保証する仕組みのこと」**だ、などと書いてある。一般的受領性などというと難しそうだが、実は簡単で、たとえば千円札を持ってコンビニに買い物に行くと、店員は商品の代金としてそれを受け取る。「こんな紙切れでは商品と交換できない」とは決して言わない。つまりこの千円札（正式には日本銀行券）は少なくとも日本国内ならどこでも「お金」として通用する。このことを「この日本銀行券には一般的受領性がある」という。

このことは当たり前のようだが、すべての前提を白紙に戻して考えてみよう。日本銀行券は単なる印刷物で原価は確か数十円だ。つまりそれを「モノ」として見るなら、これが金貨や銀貨のようなコインなら地金としての価値があるが、紙幣では「数十円の価値しかない紙切れ」に過ぎない。では、なぜ人はこれに「千円の価値」を認めるのか？

「政府が保証しているから」、その通り。しかし今と明治では保証の仕方が違った。欧米列強にも、日本の紙幣を相応の価値があるものと認めさせるためには、単純な保証ではなく実際にその紙幣の額面の金額に見合う貴金属と、いつでも交換する体制を整えておく必要がある。このような紙幣を兌《だ》換《かん》券《けん》と呼ぶ。だから、紙幣を発行するためには、まず「兌換」の対象とする貴金属を何にするかを決めなければならない。それが**金なら金本位制、銀なら銀本位制**になる。

　実は当初日本は銀本位制をとる方針だった。世界の貿易で決済に使われているのが銀貨であり、もう一つ、前にも述べたように幕末にきちんと交換レートを決めておかなかったので、日本の金が大量に海外に流出してしまったからである。

　金の見返りには銀が入ってきたので、ある程度の量を確保できることから、銀本位制でいくしかないと実行寸前まで行ったのだが、これに待ったをかけたのが海外視察中の伊藤博文であった。当時欧米列強では金本位制が評価されており、世界の趨勢《すうせい》はそちらの方向であったからだ。

　価格の変動しやすい銀に比べて金の方が安定している。特にイギリスが金本位制を採用したのも大きかった。しかし実際は**金保有量の少なさがネックとなって通貨制度はなかなか安定し**

なかった。

金もさらに流出した。日本人が商品の代金として外国人に紙幣つまり兌換券を渡した場合、外国人はそれをそのまま持ち帰ったりはせず金と交換する。中央銀行に行く必要もない、本位通貨として壱圓金貨が発行されているから、それと等価交換すれば一円分の金の現物が手に入る。それを国外に持ち出す、つまり流出するということになる。それゆえ一時的に金銀の複合本位制が施行されたこともあった。日本が完全に金本位制になったのは、一八九七年（明治三〇）、日清《にっしん》戦争に勝利して賠償金を獲得した時であった。

とにかく明治の初期、なんとか本位制が成立したので紙幣を作ることになったのだが、問題は紙幣の「顔」である。今度は「龍」でごまかすというわけにはいかないからだ。

紙幣の最大の欠点は何か

実は**最初の紙幣の図柄も「龍」**だった。しかし問題は、コインと違って精密な絵を印刷で大量生産する技術は日本にはなかったことだ。印刷機もない。そこでドイツの印刷会社にデザインを送り紙幣を印刷してもらうことにした。これを**明治通宝（ゲルマン札）**と呼ぶ。海を越えて送られてきたこの紙幣、一八七二年（明治五）にさっそく発行されたが、流通するにつれて不満が高まってきた。まずは偽造しやすいということがあった。

コインと同じく紙幣にも国王の肖像などを使うのが西欧社会では一般的だったが、その理由はまったく違っていた。コインは前に述べたように、その人物の業績を顕彰し記念するために肖像を使うのだが、**紙幣に肖像を使うのは第一に偽札防止のため**であった。紙幣の最大の欠点はもともと「印刷物」であり、地金のようにそれ自体に価値はまったくないということである。だから偽札造りが成功すれば犯罪者は濡手で粟の大儲けができる。何としてでも偽札を防止せねばならない。そのためにはどんなに記憶力の弱い人でも一見して「これは何の絵」だとはっきり認識でき、さらにその形状を簡単に記憶できるものがいい。

龍の絵はひと目で「龍」だとわかるが、細かい部分まではなかなか記憶できない。記憶できないということは、偽札が細かい部分で真札と違っていても区別がつかない、ということになる。実はかなり複雑な「絵」なのに人間が簡単に覚えられ、ほかのモノとの見分けがつくのが「顔」つまり人の肖像なのである。

明治通宝（ゲルマン札）一円

また、この明治通宝は紙の質にも問題があった。どうも洋紙は高温多湿な日本の気候に合わないらしく早く劣化する。日本の気候に合った和紙を使った方がいいのではないか、という議論が起こってきた。もちろん新しい紙幣を作るとしたら、それは西洋のように人物の肖像を入れたものでなければならない。そこで日本国内で紙幣を印刷することになった。だが、そんな精密な印刷ができる技術者は日本にいない。そこで「お雇い外国人」としてイタリア人の**エドアルド・キヨッソーネ**が招かれることになった。キヨッソーネの専門は精密な銅版画を作ることで、彼が「改造紙幣」の印刷原版を作ることになった。

問題は誰の肖像を選ぶかだ。もちろんキヨッソーネ自身が選んだのではない。彼が作ることを命じられた原版の肖像は**神功《じんぐう》皇后**であった。

彼女のことをあなたはご存じだろうか。明治の人間で、少なくとも知識階級で、彼女のことを知らない人間は一人もいなかっただろう。しかし**今はまったくと言っていいほど忘れられている**。これが日本人のダメなところで、歴史というすばらしい資源を生かし切れていないのも、こういうところに由来する。

一応、国語辞典にも「記紀に伝えられる仲哀天皇の皇后。名は気長《おきなが》足姫尊《たらしひめのみこと》。仲哀天皇の没後、懐妊のまま朝鮮半島に遠征し、帰国後に応神天皇を出産したといわれる」（デジタル大辞泉）などと簡単な解説はある。

「記紀」とは『古事記』『日本書紀』のことだが、私に言わせれば「神功皇后とは何者か」がわかっていないと日本の歴史はわからないほどのビッグネームなのである。

肖像になぜ神功皇后が選ばれたのか

一昔前は、子供たちに神話を教えることは戦前の誤った歴史の教え方で、そんなものは教える必要がないと声高に主張する教育関係者がいた。いや、今もいるのかもしれない。こうした人たちは歴史教育とは何かがまったくわかっていない。

たとえば「江戸時代の武士階級は朱子学を基本教養としていた」という厳然たる事実がある。それを知ることによって初めて、朱子学が具体的に当時の政治や経済にどのような影響を与えたかがわかってくる。一つの例として、農業に基づく幕政改革は支持されたが、商業振興策は卑しいものとして軽蔑《けいべつ》された。そして、それだけでも、渋沢栄一の為《な》した意識改革の偉大さがわかる。

同じように日本最初の肖像紙幣の肖像に「なぜ神功皇后が選ばれたのか」がわからなければ、当時の歴史も政治も経済もわからなくなる。**歴史とは政治経済文化の混合物**だからだ。前にも述べたように、朱子学を道徳の中心に据える中国では決して民主主義は生まれない。人間には優れた人間と劣った人間がいて絶対に平等ではない、と朱子学の信者は考えるからだ。

だから科挙という「朱子学の試験」で合格した人間を社会の指導層にすればいい。これが「士」であとの「農工商」は、エリートである「士」の指導に従っていればいい、という考え方になる。絶対に一人一票あるいは四民（士農工商）平等ということにはならないのだ。

ところが日本では吉田松陰らが中心となってこの不平等を克服した。具体的には天皇を神に等しいところまで持ち上げ、それであるがゆえに**天皇の下では貴族も武士も庶民も平等**ということにした。本場中国の朱子学が絶対に成し遂げられなかった四民平等を実現し、これは大正デモクラシーへと続く日本民主主義の基盤となった。

しかし人間の作った制度や機構はどんなに優れたものでも必ず欠陥がある。人間は神ではないから当然なのだが、この「一君万民主義」を構築するにあたって、日本人が天皇を絶対化した結果、その歴史でもあり神話でもある**『古事記』『日本書紀』の記事もすべては事実である、疑ってはならない**、ということになってしまった。

前にも述べたように、実際の歴史では日本は唐・新羅の連合軍に白村江で惨敗を喫し半島の拠点をすべて失ったのだが、神話の神功皇后は皇后でありながら男勝りの豪傑で朝鮮半島の三国（百済、高句麗《こうくり》、新羅）を攻めてすべて服従を誓わせたとされているのだ。もちろんこれは真実ではない。にもかかわらず、「天皇は神聖にして侵すべからず」と憲法で規定した大日本帝国では、この「白村江の敗戦」を語ることが禁じられ、子供には偽りの歴史が教えられた。

日露戦争でバルチック艦隊を撃滅する作戦を成功させた名参謀秋山真之《あきやまさねゆき》中佐（当時）ですら、**この「神功皇后の三韓征伐」を歴史的事実だと信じ込んでいた**。彼が起草した「聯合《れんごう》艦隊解散の辞」にはこれが事実として語られている。東郷平八郎大将が読み上げた、この「解散の辞」

は多くの海軍士官が耳にした。当然彼らは「朝鮮半島は古代から日本固有の領土だ」と思っただろう。こういう風潮の中でお札の肖像に神功皇后が選ばれたのだ。もちろん女性尊重という話ではない。こうしたことをきちんと教えるのが真実の歴史教育である。

新政府は不換紙幣を濫発

新政府がドイツに発注し印刷させた龍のデザインの明治通宝から、一足飛びにイタリア人の版画家、エドアルド・キヨッソーネが印刷原版を担当した神功皇后肖像の国産紙幣ができたわけではない。それを可能にするには紙を整え印刷機を購入せねばならないので時間がかかる。そこで新政府は一八七三年（明治六）、金本位制採用に伴い、兌換券の印刷を今度はアメリカの印刷会社に依頼した。デザインは日本のものを送ったが、ドル札の感覚で印刷されたので何かちぐはぐなものになってしまった。これを**国立銀行紙幣（旧券）**と呼ぶ。この国立銀行は**現在の日本銀行（日銀）とはまったく違うもの**であった。

そもそも、その直前に出された国立銀行条例（条例は現在の法律の意味）によって定義された、民間資本で設立され政府の承認のもとに兌換券の発行を行うもので、一行ではなく四行もあった。いの一番に第一国立銀行を設立したのが官を辞し野《や》に下った渋沢栄一である。この銀行は紆余《うよ》曲折を経て現在は「みずほ銀行」と呼ばれている。だから、「みずほ」のコードは〇〇〇一だ。

しかし経営はうまくいかなかった。前に述べたように金本位制をとるには、日本の金準備高つまり保有量が不足していたからである。渋沢もさんざん苦労したようだが、結局、兌換券だけでは経営が成り立たず、不換紙幣も発行せざるを得なかった。たとえ兌換券のように金と交換できなくても、政府が一定の価値を保証すれば国内で通用する紙幣を作ることはできる。それが不換紙幣であるが、国際的信用はまるで無い。**この時代は不換紙幣を発行しているうちは一流国家とは言えなかった**。

しかし新政府自体がなかなか安定しない。四民平等になったのはいいが特権を奪われた士族の恨みが爆発し、一八七七年（明治一〇）には西郷隆盛が率いる薩摩士族を中心とした**西南戦争**が勃発《ぼっぱつ》した。大規模な内乱であったのでその鎮圧には膨大な費用を必要とした。新政府は**不換紙幣を濫発《らんぱつ》**して何とか費用を調達したが、そのために**激しいインフレ**を招いてしまった。

紙幣のデザインに話を戻せば、アメリカに発注して作られた国立銀行紙幣（旧券）の一円のデザインは、表が上毛野田道《かみつけののたみち》という新羅を「征伐」した古代の武将（肖像ではない全身像）と蒙古《もうこ》の兵船、裏はその蒙古軍を蹴散《けち》らす日本の騎馬武者の図だ。「元寇」を表現しているのだが、田道と時代は合わない。要するに外敵に勝った英雄ということかもしれない。十円札は表が雅楽演奏で裏は早くも神功皇后征韓の図が使われていた。しかし肖像ではなく全身像で馬に乗っているからまるでジャンヌ・ダルクのように見える。総じて出来は良くない。やはり日本のことを知らない人間が作ったからだろう。江戸時代に西洋人によって描かれた日本人のような感じなのだ。その上に兌換券としての価値が認められないままに終わったので、言ってみれば**日本紙幣史上影の薄い存在**である。

あまり出来が良くないので、国産で作ろうということになった。ようやくキヨッソーネの出番が来たわけだが、その新札つまり国立銀行紙幣（新券）は**不換紙幣の上に肖像を使わない**と

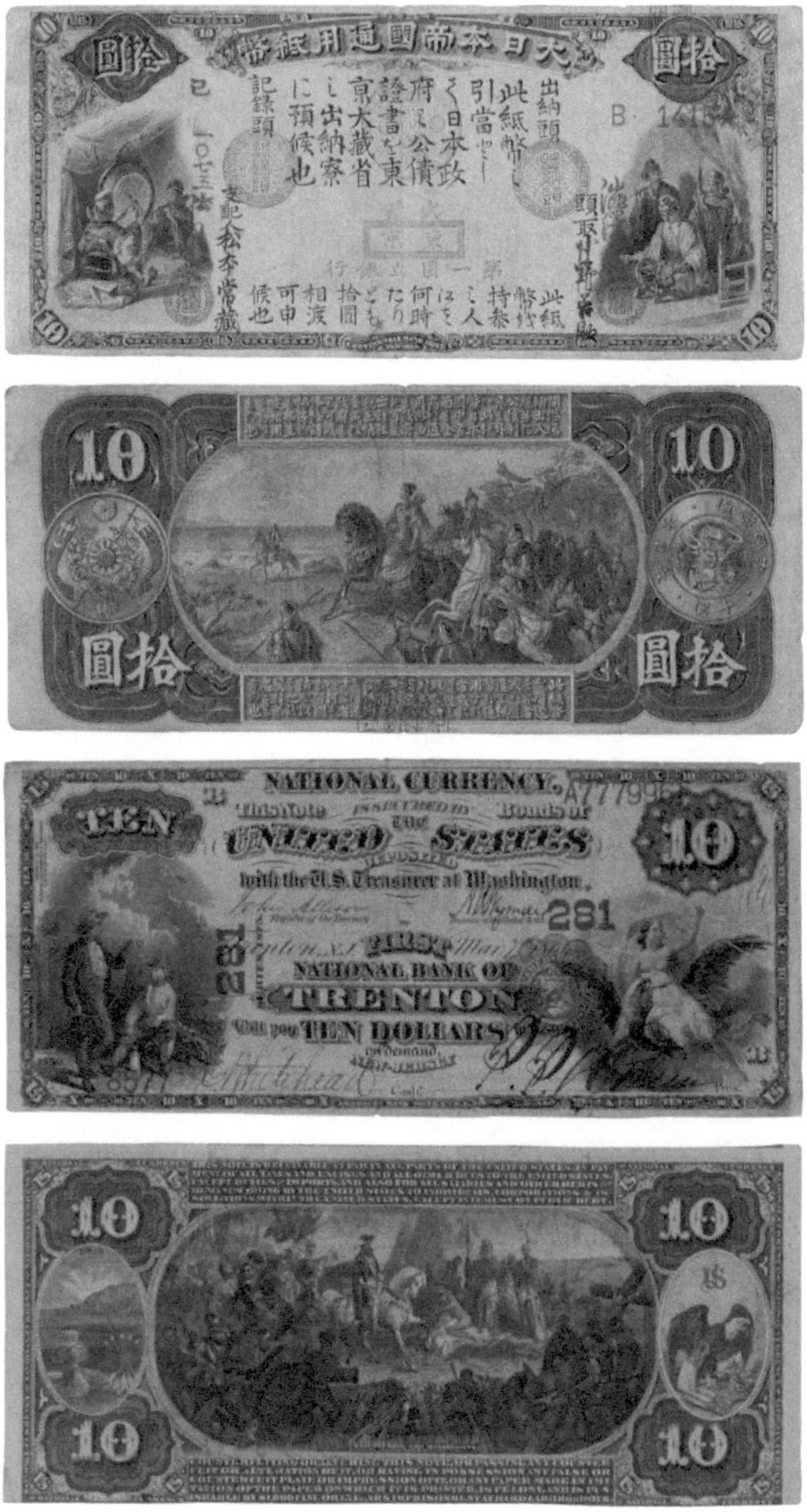

上より、国立銀行紙幣（旧券）十円　表と裏、アメリカ　ナショナル・バンク紙幣 10 ドル　表と裏

いう方針のままで作られることになった。彼はやる気を失ったに違いない。

渋沢栄一とナンバー銀行

一八七二年（明治五）の国立銀行条例によって、民間で設立されたのは渋沢栄一が頭取に就任した第一国立銀行から第四国立銀行まで、当初は四行だけだった。しかし紙幣（正確には銀行券）の流通を円滑にするため、**その後各地で設立**された。

伝統ある銀行の中にはこのナンバーを銀行名として今も使っているところがある。たとえば、そのものずばりの第四《だいし》銀行（新潟県、現・第四北越銀行）はかつての第四国立銀行の流れをくむ名門行だ。ただし現在は地方銀行になったので銀行コードは「〇〇〇四」ではない。これらの**「ナンバー銀行」のナンバーは基本的には設立の順**で、十六銀行（岐阜県）、十八銀行（長崎県、現・十八親和銀行）、七十七銀行（宮城県）、百五銀行（三重県）、百十四銀行（香川県）などがある。

郷土愛の強い長野県人からは八十二銀行を忘れちゃいませんかなどと突っ込みが入りそうだが、実はこの銀行は八二番目に創立された国立銀行ではない。ナンバー銀行の第十九銀行と六十三銀行が合併した時に数字を足して新しい銀行の名前としたのである。ちなみに渋沢栄一は七十七銀行の創立にもかかわっており一八七八年（明治一一）には東京商法会議所を立ち上げ初代会頭となった。現在の東京商工会議所の前身である。

それを作ったのは起業家たちの相談に乗るためであった。前にも述べたように、渋沢が設立にかかわった企業は東京ガス、帝国ホテル、東洋汽船それに各地の鉄道会社など多岐にわたっている。前にも述べたが、特筆すべきはこれらの企業を渋沢個人が支配しグループ化することも可能だったのに、その道を行った三菱の岩崎弥太郎とは異なり、渋沢は一切の私物化をしなかったことだ。日本に健全な資本主義を構築するのが彼の目的だったからである。

その渋沢が**自ら設立し目を離さなかった唯一の企業が「抄紙《しょうし》会社（のちの王子《おうじ》製紙）」**であった。資本主義のファンダメンタルともいえる紙幣を国産の紙で作るためである。また、これから日本で大量に必要とされる西洋風の書籍も国産の紙がなければ作れない。

ところで「銀行」という言葉は国立銀行条例公布にあたり英語の「ＢＡＮＫ」の正式訳語として採用されたものだが、もともと**中国語で「銀」を扱う「店」を意味**する。イギリス統治下の香港ではすでに「ＢＡＮＫ」が「銀行」と呼ばれていた。金ではなく銀なのは、東アジア特に中国では銀が基準通貨だったからだ。しかし日本は金本位制を採用した。ならば中国と差別化するために「金行」としてもよさそうなものだが、この辺り日本銀行のホームページによると「結局語呂のよい『銀行』の採用が決まったといわれています」とある。確かに日本金行では締まらないような感じがするのも事実だ。

また「Ｂａｎｋ」の語源についても同じホームページに「12世紀頃、当時世界の貿易、文化の中心地であった北イタリアに生まれた両替商（銀行の原型といわれている）が、両替のために使用した『ＢＡＮＣＯ』（長机、腰掛）とする説があります」と記されている。

とにかくこういった形で基盤は整備されつつあった。国産紙も整い印刷機も購入され、国内で紙幣を印刷する態勢が整ったところで、キヨッソーネが腕を振るおうとしたのだが、それは前に述べたように肖像も使えない国際的にも通用しない不換紙幣の製造だった。

国産初の紙幣は「試作品」感覚

一八七七年（明治一〇）、各地の国立銀行つまり「ナンバー銀行」から**初めて国産の紙を使い国産の技術で印刷された不換紙幣「国立銀行紙幣（新券）」**が出た。この紙幣の「一円札」のデザインは画面右側に海軍の水兵二人の全身像が描かれ、中央に現代とは逆に右から「壹圓」（つまり圓壹）と額面が、そして画面左には大蔵卿《おおくらきょう》（大蔵大臣）の印章が印刷されていた。裏面は七福神の一人「恵比須《えびす》」があぐらをかいて算盤《そろばん》を弾《はじ》いている図である。それぞれの「ナンバー銀行」の行名が入っているが、もちろん中央の印刷局でまとめて印刷されたものである。アメリカで印刷された旧券よりは、エビスも「エビスらしい」から出来が良いといっていいはずだが、一円、二円、五円、十円および二十円と五種類作られた旧券と異なり、一円、五円の二種類しかなく、なぜ水兵なのかもわからない。日露戦争どころか日清戦争（一八九四）もまだ始まっていない。海軍が大活躍したというわけでもないのだ。これは想像だが、不換紙幣つまり「兌換券という真打ち」ではなかったので、発行する側もあくまで**「つなぎ」という意識が強かった**のではないか。また国産としては初めての紙幣だから**「試作品」のような感覚**もあったのではないかと思われる。

国立銀行紙幣（新券）上より五円、一円

そしてとうとう「お雇い外国人」でこの目的のために招かれたイタリア人、エドアルド・キヨッソーネの出番がやってきた。彼はそもそも西洋風の人間の肖像を用いた紙幣の印刷原版を作るために招かれたのだから。

これは文化史の問題だが、明治になって文明開化つまり西洋近代化する前は、あらゆる技術が西洋に比べて劣っていたように思い込んでいる人が多いが、決してそうではない。古代の銅鐸《どうたく》鋳造技術は現在のハイテクでも再現できないものだし、世界で初めてカラー多色刷の印刷物を安価に庶民に提供したのは日本である。浮世絵のことだが、ゴッホやセザンヌが驚嘆したのはその図柄だけではない。

当時五色刷や七色刷の印刷物などヨーロッパには影も形もなかった。ただ問題は**日本の印刷技術はすべて木版**で職人芸に頼ったものであったということだ。これに対して**紙幣の印刷原版は銅版**である。銅板に針のように先が細い「彫刻刀」で原版を刻みつけていく。まさに職人芸の世界だが日本にはその伝統はなかった。

前にも述べたように結局日本最初の肖像紙幣の肖像に選ばれたのは神功皇后だった。そしてキヨッソーネが彫った神功皇后の肖像は、その出来栄えは良かったのだが評判は悪かった。皇后の肖像がまるで西洋人の女性のようだったからだ。

もっともキヨッソーネも困惑したに違いない。当時、天皇の肖像画のようなものはほとんどなく、あったとしても大和絵の技法で描かれた、まさに「源氏物語絵巻」のような「引目鉤《ひきめかぎ》鼻《ばな》」のものしかなかったからだ。そもそも日本人の顔は外国人に比べれば平坦《へいたん》である。しかし雇い主の要求には応《こた》えなければならない。その後発行された五円札、十円札ではその肖像は和風のものに少しずつ修正されていたという。何しろ印刷原版を銅版画でつくる技術は彼しか持っていないのだから。弟子が育ってくるまでは彼がやるしかない。

しかし、この紙幣、実は完全な兌換券ではなかった。

「政府紙幣」と「銀行券」の違い

キヨッソーネが印刷原版を担当し、国産の紙で国内印刷され日本初の人物肖像（神功皇后）が使われた紙幣は、**銀行券でなく政府紙幣**で表面には「大日本帝国政府紙幣」と明記されていたが、**一般には「改造紙幣」**と呼ばれた。一八八一年（明治一四）の発行である。

ここで一般的にはともに「紙幣」と呼ばれてしまう「政府紙幣」と「銀行券」の違いを説明しておこう。話は簡単で政府が現代の日本銀行のような**「中央銀行」を設けてそこに「紙幣」の発行を委託すれば、それは銀行券**と呼ばれる。現代の一万円札や五千円札には「日本銀行券」と明記してあるはずだ。一方、太政官札や明治通宝のように**政府が直接発行したのが政府紙幣**だ。

ところがドイツに製作を委託した明治通宝は肖像ではなく、龍の図案がデザインのため偽札が作りやすく、しかも紙の強度も低く損耗しやすいものであった。一刻も早く質の良い紙幣と取り換えないと、経済の健全な発達を妨げるばかりでなく日本の国際的信用にもかかわる。そこで作られたのが「神功皇后札」だった。これは「一円札」「五円札」「十円札」のほかに、「五十銭札」「二十銭札」も作られた。ただし肖像が入っているのは一円札以上の札で、五十銭札、二十銭札には「絵」らしいものは無く、大蔵卿（大蔵大臣）の印影が印刷されていた。

改造紙幣「神功皇后札」一円

また一円札以上には表に「此紙幣ヲ贋造シ或ハ贋造ト知テ通用スル者ハ國法ニ處スベシ」と書かれていた。意味はおわかりだろう。念のためだが明治になって金銭の単位は江戸時代の「両、分、朱、文」から「圓（円）、銭、厘」に変わった。厘はプロ野球の打者の打率「○割○分○厘」で今も使われているが、金銭の単位としては昭和の新円発行まで一円＝百銭＝千厘だった。

では中央銀行とは何かといえば、「一国における金融組織の中核をなす銀行。特別法に基づき設立される。法定通貨の独占発券権を持ち、通貨量の調整をする銀行、銀行の銀行、国庫の支出・収納・保管や公債発行など政府の銀行としての業務を行い、これらの機能を通じて金融政策の運営にあたる。外国為替の管理・決済の集中機関としての役割ももち、国家間の金融協定では当事者とされる」（デジタル大辞泉）である。だから一〇〇行以上設立された「国立銀行」いわゆる**「ナンバー銀行」は中央銀行ではない**。

この神功皇后札発行の翌一八八二年（明治一五）、条例によって日本の中央銀行である日本銀行が設立された。注意すべきは日銀（略称）は設立された時から日本銀行で「大日本帝国銀行」だったのではない。また「法律」でなく「条例」なのは、まだ帝国議会が開設されておらず正式な立法府が無かったからでもある。日本の議会開設は一八九〇年（明治二三）だ。つまり**国会よりも憲法（明治二二年公布）よりも早く日銀は設立された**のである。

ところで本当の意味の国際的信用を確立するためには兌換券の発行が必要だ。この神功皇后札は兌換券ではない。そこで四年後の一八八五年（明治一八）、今度は政府紙幣ではなく日本銀行券として新しい紙幣が作られることになった。

デザインの担当はもちろんキヨッソーネだったが、彼が使うことを命じられた「肖像画」は実在の人物のものではなかった。

新紙幣の肖像は大黒天

キヨッソーネが使うことを命じられた新紙幣の肖像は、天皇でも武将でもなく七福神のメンバーの大黒天《だいこくてん》だった。大黒天はもともとヒンドゥー教の最高神「シヴァ」だったが、のちにインドで起こった仏教が「守護神」として取り入れたもので、この神々はほとんどが「天」と呼ばれ、女神もいる。同じ七福神のメンバーで「紅一点」の弁財天《べんざいてん》（いわゆる「弁天様」）がそうだ。「フーテンの寅さん」の生まれた柴又の帝釈天《たいしゃくてん》もヒンドゥー系だが七福神には入っていない。

七福神の他のメンバーを紹介すると恵比須《えびす》、毘沙門天《びしゃもんてん》、福禄寿《ふくろくじゅ》、寿老人《じゅろうじん》、布袋《ほてい》である。この中で純粋な日本人（?）は恵比須だけで、大黒天、毘沙門天、弁財天はインド系、福禄寿、寿老人、布袋は中国系なのだが、宗教で分けると福禄寿、寿老人は道教、布袋は仏教になるので話はややこしくなる。

大黒天は袋をかついでいる姿から、後に**日本の大国主命《おおくにぬしのみこと》と同体（大国＝ダイコク）**だとされるようになった。実は平安時代の大黒天は同じ「インド出身」の不動明王《ふどうみょうおう》のように「怒りの表情」をしていたのだが、大国主命と同体とされたことによって非常に柔和な顔に変わっていった。

そもそも大国主命は苦しんでいた「因幡《いなば》の白兎《しろうさぎ》」を助けた情け深い神様だからだ。この温顔いや笑顔の大黒天ら七福神のメンバーが全員乗っているのが「宝船」で、昔は正月の「福を呼ぶ」縁起物として大変人気があった。日本という国は国民の大半がキリスト教徒でないにもかかわらず、クリスマスやハロウィンを「お祭り」として受け入れるユニークな国だ。かつては、その象徴が宝船という縁起物だったのである。

ところがこの時代つまり明治の初期は、一方で天皇家が仏教と完全に縁を切り、国家は神道から仏教を切り離すべく、大々的な**「神仏分離」**を政策として実行していたのだから面白い。それは日本のアイデンティティーを確立し、「国民を団結させ侵略されない国家」を作るためだったから、やむを得ない一面もあるのだが、多くの仏教文化財が破壊された。現在「シカの名所」「奈良公園」として知られる広い敷地は、実は興福寺《こうふくじ》などの塔頭《たっちゅう》寺院が密に建てられていた場所なのだが今は跡形もない。その時代に破壊されたのである。

最初の日本銀行券、通称「大黒札」十円

そうした観点からみれば日本の基準通貨に、ヒンドゥー教の神であった大黒天の肖像が使われたのは非常に興味深いのだが、やはりこれは「大黒様は日本の神様」ということになっていたからだろう。

ちなみに、さきほどから「肖像」という言葉を使っているがこれは正確ではない。神功皇后は彫刻で言えば「胸像」にあたる肖像であった。今の福沢諭吉や樋口《ひぐち》一《いち》葉《よう》と同じだ。しかしこの大黒天は全身像なのである。また昔に戻ってしまったのだ。なぜそうなったかと言えば顔だけでは、誰だかわかりにくいからだろう。米俵に座り右手に「打ち出の小槌《こづち》」を持ち左肩には大きな袋を背負ってこそ大黒天とわかる。

しかしこの「福を呼ぶ」はずの**大黒札に重大な欠陥**が発見された。

改造一円札の肖像に武内宿禰

なんと**新札がネズミにかじられる**という「事故」があちこちで起こったのだ。そもそもこの新紙幣は、それまでの質の悪い紙幣に代わるものとして発行されたのに、これでは何のために作ったのかわからなくなる。

実は大黒天にはネズミがつきもので、この新一円札の大黒天の足元にもネズミが描かれているのだが、ネズミの「好物」になってしまったのではシャレにならない。一体どうしてこんなことになってしまったのか？

紙の質を強くするためコンニャクの粉を混ぜたのが原因だった。確かに紙の質は強くなったが、ネズミだけではなく「虫食い」の害も発生した。政府が日本銀行まで設立し満を持して発行した日本初の兌換券である。大黒札は早々に切り替えなければいけない事態になってしまった。

前にも述べたように、「国立銀行旧券」は一応「兌換券」と称していたのだが、日本では兌換を保証する本位制が完全に機能しておらず、名前ばかりで国際的信用もゼロであった。

しかし、この大黒札はたとえば一円なら表面の「壹圓（右から読む）」のすぐ下に「此券《このけん》引かへ尓《に》銀貨壹圓　相渡可申候也《あいわたすべくもうしそうろうなり》」、つまり**いつでも「一円銀貨と交換しますよ」**と書いてある。銀本位制である。日本は当初は銀本位制をとる予定だったが、伊藤博文が世界の趨勢は金本位制にある、とストップをかけたため金本位制をとると宣言した。

しかし実際には金貨の不足によってそれができず、兌換券を発行するにあたっては金ではなく銀本位制を取らざるを得なかったのである。日本経済はそれだけ「ひよわ」だったということだ。

それにしてもせっかくキヨッソーネを招いて国立銀行新券、改造紙幣（神功皇后札）という試行錯誤を重ねながら、ようやく日本オリジナルの兌換券を発行したのに、またまた問題が生じ、**早急に紙質を改善し改造紙幣を発行しなければならない**ということになった。それでも新札を作るには四年の歳月を必要としたが、おそらくキヨッソーネの強い要望もあったのだろう。今度の「改造紙幣」には大黒天のような全身像ではなく「肖像」を使うことになった。

問題は誰の肖像を使うかである。当時の日本は外国のように「元首の肖像」を使うことには抵抗があったようだ。やはり朱子学による「金銭は卑しいもの」という感覚と、もう一つ「写真（あるいは肖像）」は本人の魂が宿る神聖なものという感覚があったからだろう。

一九四五年（昭和二〇）まで日本の学校には「御真影《ごしんえい》」と呼ばれた天皇の肖像写真が祀《まつ》られていた。様々な人間の手に触れ、場合によっては折り畳まれる紙幣に、現役の天皇の肖像は使えない。伝説的存在である神功皇后ならまだよかったが、既に一度使ってしまった。新しさを出すためには新しい肖像を使いたい。

一円札に選ばれたのは**武内宿禰**《たけしうちのすくね》であった。今ではほぼ忘れられた人物といっていいだろう、そもそもこの名前を「たけしうちのすくね」と正確に読める人も少ない。では、これはいったいどういう人物か？　実は数百年の寿命を保ったとされる伝説的人物であり、神功皇后を補佐して、「三韓征伐」の実現に大功があった男なのである。それが、数ある候補から武内宿禰が選ばれた最大の理由だったに違いない。

三、地租改正と松方デフレの功罪

地租改正でコメ重視からカネ重視へ

紆余曲折の末、ようやく一八八八年（明治二一）に日本銀行から、まず兌換銀券の改造版五円券が出た（一円券は翌年）。明治初年から数えれば**完全な兌換券が出るまで二一年の歳月を必要**としたわけだ。

この間、明治新政府の財政事情は大きく変化している。その流れを改めて振り返っておこう。最後の将軍徳川慶喜《よしのぶ》による大政奉還によって通貨発行権は新政府に移ったわけだが、坂本龍馬の盟友三岡八郎（由利公正）以外は全くこれを認識しておらず、それればかりかまともに予算を立てて国家を運営することもできなかった。

そもそも日本国の税収は大和朝廷が「租《そ》」と呼んだコメがその大半を占めていた。武士が台頭し幕府という軍事政権を樹立し、朝廷から政治の実権も財政基盤である土地（水田）をすべて奪ってからも基本は変わらず、武士は「租」を「年貢」と呼んで財政の基盤にしていた。

朝廷にとっても幕府にとっても、土地とは田畑それもコメが収穫できる水田のことで、コメが栽培できなかった蝦夷地《えぞち》（北海道）は「土地」ではなかった。だから朝廷も幕府も蝦夷地を征服しようとはしなかったのである。逆に「朱子学バカ」でなかった老中田沼意次《たぬまおきつぐ》は蝦夷地に交易の拠点としての魅力を感じ調査団を派遣したが、「朱子学バカ」の老中松平定信によってその調査自体「無かったこと」にされてしまった。

神聖なる幕府が「交易（商売）」などという人間のクズの所業に関心を示したなど、あってはならないからである。

しかし、明治になると**新政府は蝦夷地の限りない可能性に気がついた**。当時の技術ではコメの栽培は相変わらず不可能だったが、ドイツなどヨーロッパでも寒冷な土地の気候に合うジャガイモなら栽培できるし、牧畜には適している。クマやサケなど魅力的な物産もあるし、なにより領土として広大だ。そこで政府は北海道開拓使という役所を置き、先住民のアイヌ民族を取り込んでこの土地を領土とした。

大政奉還という形で幕府が天皇に政権を「返還」したのは誰でも知っているが、**意外に認識されていないのは版籍《はんせき》奉還**という形で、武士がこれまで「横領」していた版（土地）と籍（人民）を朝廷に「返却」したことである。この時点で土地はすべて国有地となり人民は国民となった。

もちろん資本主義発展のために国は「国有地下げ渡し」という形で国民の土地私有を認めていくのだが、問題はこれまでコメであった「租税（最も基本的な税）」をカネにする必要があったということだ。**現物納税ではなく金納**にしなければ近代国家になりようがない。そこで行われたのが**地租改正**である。

新政府は地券（土地権利書）を発行し、実質的にこれまでの土地所有者の権利を認めた。そしてその土地（基本的には水田）の収穫量に直接課税するのではなく、収穫力に応じて決められた地価の三パーセント（農民の抗議にあってその後二・五パーセントに減免）をカネで毎年納税させることにした。こうすれば、豊作であろうと凶作であろうと、毎年定期的な収入が確保できる。だが財政はなかなか安定しなかった。

インフレ解消に挑んだ大隈重信

前にも述べたかと思うが、幕末の日本は世界一の金持ちだったかもしれない。

確かにビル街も上下水道も鉄道も何もなかった。しかし金《きん》だけはあり余るほどあった。それなのに朱子学バカの幕府は金銀の交換レートを国際水準に合わせて修正しなかったため、莫大《ばくだい》な金が国外に流出してしまった。莫大な量が流出したということは、とりもなおさず莫大な量が国内にあったということである。

しかし金は流出し、無謀な攘夷《じょうい》戦争の賠償金や不平等条約での貿易損失で、**新政府にはとにかくカネが無かった。**だから新政府は太政官札など金銀とは交換できない不換紙幣を発行して何とかしのいだ。

ところがそのうちに不平士族たちの反乱がおこりその戦費を賄うためにもさらに不換紙幣を濫発せざるを得なかった。そのために激しいインフレが起こった。これをどうやって解消するかが、不平士族の最後にして最大の反乱、一八七七年（明治一〇）の西南戦争後の日本の緊急課題であった。

この財政上の難問に最初に取り組んだのは大隈重信であった。日本の通貨を「圓（円）」とするのに多大の功績があった大隈は、新政府の中にあって数少ない「財政のわかる男」と評価されていたからだ。大隈はインフレを必ずしも悪とは考えていなかった。むしろ景気を牽引《けんいん》するものとして評価していたふしがある。

明治以降の農民といえば、昭和恐慌のころの「娘を売って飢えをしのぐ」イメージが強く、ずっと貧しかったと思っている人も少なくない。ところがこの時代はそうではなかった。むしろ**農民が最も豊かな時代であった**といってもいいぐらいなのである。

その理由は簡単で、インフレだからだ。インフレとは貨幣価値が下がって物価が上がるという状態である。地租改正によって農民はコメを手元に置いてカネで納税ができるようになった。そのカネはインフレのおかげでどんどん価値が下落していく、つまり実質的には減税があったと同じことだ。

一方、手元におけるコメは商品だからインフレ下ではどんどん価値が高まっていく。人間にとって絶対必要な商品だから売り損なう心配もない。野菜のように腐ることもない。かくして農民は豊かになっていった、都市の住民も目端のきく人間は商品相場などで大もうけをした。要するに**この時代は一種のバブルであった**と思えばいい。

大隈は自由経済論者であった。一言で言えば民間の活力を信頼し「お上の指導」は必要ないという立場である。それゆえ新政府の大蔵卿（大蔵大臣）として、**景気の火を消すことなく不換紙幣を回収しインフレを沈静化させよう**とした。そのために提案したのが**外債の募集**であった。外国から金を借りてカタをつけようというのである。

大隈は単なる財政専門家ではなく、政治の面でも国民の活力を信頼する主義であった。だから憲法についても国王の力を制限し民間の活力を生かすイギリス流にすべきだと考え、いち早く憲法の草案も作った。

佐賀藩の出身である大隈は新政府の中では主流派ではない。最初から血を流して幕府と戦った薩摩、長州あるいは土佐出身者とは違って戦功も無い。そんな大隈が、ライバル伊藤博文に勝って権力の座を獲得するには、憲法制定でもいち早くリードすべきだと考えたのだ。しかし強引な手法には必ず反発が出る。

大隈失脚で正反対の松方デフレに

大隈重信の権力奪取計画は失敗した。まず憲法制定において機先を制するという作戦は草案作成あたりまではうまくいった。この点については在野の福沢諭吉も大隈を支持していたのだが、王権の制限に懐疑的だった朝廷勢力の代表とも言うべき岩倉具視《いわくらともみ》ら保守派の抵抗にあい一歩も進まなかった。

それでも大隈の財政再建策がうまくいっていれば、ある程度の巻き返しが可能だったのだが、肝心の外債募集計画は政府部内の賛同を得られなかった。やはり外国に多額の借金を背負うことは危険であるという慎重論が根強かったのである。

ここに財政面の大隈のライバルとして出現したのが薩摩出身の**松方正義**であった。一八三五年生まれで、大隈よりは三歳年上ではあるが財務畑ではこれまで大隈の補佐に甘んじていた男である。しかし海外留学経験の無い大隈に比べて松方は維新後フランスにわたり、当時の大蔵大臣で経済学者としても著名だったレオン・セイの知遇を得るなど、**財政通として知る人ぞ知る存在**であった。

実は明治初頭に日本で行われた地租改正も中心となって働いたのは松方であった。そんな松方をセイは高く評価し、日本のいわゆる国立銀行（ナンバー銀行）方式による通貨体制を改革し、中央銀行を設けて金本位制を確立すべきだと忠告した。このあたりで松方は大隈と思想的にたもとを分かつことになる。

要するに松方は**不景気を恐れずデフレを恐れず、緊縮財政を敷いてその健全化を図り、その中で不換紙幣の回収および兌換券の発行を行うべき**だという考え方である。これは大隈の路線とは真っ向から対立する。通常なら大隈の補佐に甘んじていた松方の出番はないはずだが、歴史はここで主役を交代させた。

大隈が**「明治十四年の政変」**で政府部内より追放されたからである。きっかけは北海道開拓使官有物の民間への払い下げ問題だった。この時点で開拓使長官は薩摩出身の黒田清隆だったが、黒田は同じ薩摩出身の政商五代友厚に不当に安く開拓使の施設を払い下げしようとしているとマスコミに糾弾されたのである。

松方正義

この話は事実だったのか不可解な部分もあるのだが、ともかく自由民権運動を扇動し憲法制定と国会開設を早めるために、これを不平士族が中心となっている新聞にリークしたのは大隈である、ということになった。大隈自身は自分ではないと回想録で述べているが、とにかく政府部内は岩倉も伊藤も、そして西郷隆盛亡き後どちらかといえば大隈支持派だった薩摩の黒田清隆も完全に反大隈になった。「この裏切り者め」というわけだ。

私は、やはり大隈自身が言うようにリークには関与していなかったと思う。官営工場を払い下げるという方針自体は、民間活力推進派の大隈が進めていたものであり、その過程の中で若干の不正があったとしても、それを告発することは大隈自身の地位を危うくする。たとえ憲法制定論議を自分に有利に進めるためとしても余りにリスクが大き過ぎる。しかし、**「大隈犯人説」は成立してしまった**。その結果、大隈は政府部内から追放されてしまう。

こうなれば大隈とは全く反対のやり方を実行しようとしていた松方が、何の抵抗もなく自分のやり方を貫ける環境が整ったわけだ。大隈の「後任」の形で大蔵卿に就任した松方の政策を一言で言えば「(不換)紙幣整理」であった。

その財政政策を松方財政あるいは**「松方デフレ」**という。インフレ抑制には目もくれずに好景気を維持し、その中で財政を再建しようとした「大隈バブル」とは正反対のやり方であった。

最大の目標は**本位制を確立し兌換券を発行すること**、別の言葉で言えば**不換紙幣を回収し廃止すること**である。

十円札の肖像・和気清麻呂

この流れの中で、松方の主導のもと改造紙幣（神功皇后札）が発行され、さらに日本銀行が設立され、銀本位制に基づく兌換券（大黒札）が発行された。しかし、その紙質に問題があり改めて改造紙幣が発行されたのはすでに述べたとおりだ。

一円札と相前後して五円札、十円札などの高額紙幣（やはり日本銀行券）が発行されたので、その肖像を紹介しておこう。**五円札が菅原道真《すがわらのみちざね》、十円札が和気清麻呂《わけのきよまろ》、百円札が藤原鎌足《ふじわらのかまたり》**であった。菅原道真は学問の神様「天神様」として有名な人物で、藤原鎌足も「大化の改新」で中大兄皇子（後の天智天皇）を助け藤原氏の祖となった人物だから割と知られているが、和気清麻呂は知らない人が多いかもしれない。

奈良時代の末期、聖武《しょうむ》天皇の娘の称徳《しょうとく》女帝が後継者に悩み「仏僧弓削道鏡《ゆげのどうきょう》を天皇にしたい」と望んだ時に、その選択が正しいかどうか九州の宇佐《うさ》神宮まで確かめに行った人物である。「神のお告げ」は言うまでもなく「天皇家の血筋でないものは天皇にはなれない」というもので、それを持ち帰った清麻呂は天皇家の血統を守った大忠臣として讃《たた》えられ、戦前の教育では必ず学ぶ対象だった。皇居のお堀端には　清麻呂の銅像も建立されている。

つまりこのメンバーは**戦前の教育を受けた人間ならだれでも知っている有名人**ということで、その肖像を担当したのもイタリア人のキヨッソーネだった。まだ日本人の弟子たちは師匠の力量に及ばなかったのだ。

大黒札では一円も百円も大黒天の肖像（全身像）だったが、紛らわしいので諸外国と同じよ

日本銀行券　改造紙幣　上より百円、十円、五円

うに、**額面によって肖像を替える試み**がこの時初めてなされた。ただ百円札はあまりにも高額で発行部数は極めて少なかったという。ちなみに一円あるいは百円がどれぐらいの価値か気になる人もいるだろうが、比較はなかなか難しい。

ひとつの目安になるのが**一円はそもそも一アメリカドルと等価値**だったということだ。もちろん偶然ではない。意図的になされたことで、政府は一円金貨を作るときに含まれる金の量を一ドル金貨と同じにし、そののち一ドル銀貨に含まれる銀の量と一円銀貨を同じにした。銀本位制であるし、その方がわかりやすいからだ。

コインの方は紙幣と比べてトラブルが少なく、すんなり流通した。ところでその円の価値、日本国内ではどうだったかといえば、司馬遼太郎の名作『坂の上の雲』の主人公のひとりである俳人、正岡《まさおか》子規《しき》のエピソードが教えてくれる。

一八九八年（明治三一）、子規は自分の死を覚悟し、友人に死んだらこの墓碑銘にしてくれと手紙を送った。子規のファンならよくご存じだろう、その結びは「日本新聞社員タリ明治三十□年□月□日没ス享年三十□月給四十円」である。サラリーマンで妻子を養える給料がこれくらいだということだ。子規はこの四年後に亡くなった。

さて、問題は松方デフレの評価である。

「財政健全化」という名のデフレ地獄

「松方デフレ」は学問の世界では評判がいいようだ。一言で言えば「インフレを終わらせ大日本帝国の財政を健全化させ、日清戦争の戦費もうまく調達し、その勝利で多額の賠償金を獲得することによって結果的に銀本位制から金本位制を確立した」からである。

しかし個人的偏見かもしれないが、どうも日本の学者や官僚は「財政健全化」つまり実質的な**デフレを異常に高く評価**し、その逆の「バブル」あるいは**インフレを極端に罪悪視**するような気がする。

私はこの歳だから、いわゆるバブルも経験している。今のデフレの時代と違って確かに物価は高かった。都心のマンションなど、高級なものでなくても永久に買えないかもしれないとも思ったが、人々はみんな元気で町は活気があり映画や音楽などの各種のイベントも盛んだった。

前にも述べたが**「江戸三大改革」はすべてデフレ志向**で町人文化は徹底的に弾圧された時代でもあった。「享保《きょうほう》の改革」において八代将軍徳川吉宗は「心中物」の出版上演を一切禁止したので、近松門左衛門《ちかまつもんざえもん》の名作「曾根崎《そねざき》心中」も江戸では上演できなくなった。「寛政《かんせい》の改革」において吉宗の孫の老中松平定信は、江戸の町人文化の担い手であった山東京伝《さんとうきょうでん》を目の敵にして弾圧した。「天保《てんぽう》の改革」において老中水野忠邦《みずのただくに》は江戸の芝居小屋をすべて廃止しようとした。

これにひきかえ「曾根崎心中」が書かれた元禄《げんろく》年間は五代将軍徳川綱吉が勘定奉行荻原重秀《おぎわらしげひで》に、おそらく日本初といっていいインフレ政策を実行させた時代でもある。貨幣改鋳つまり金貨銀貨の質を落とすことによって発行量を増やし、現代風に言うならば紙幣を増刷する形で空前の好景気を招いた。だから文化の花が咲いたのである。

いまだに歴史教科書では「改革」と表記されない「田沼政治」の時代も事情は同じで、「財政健全化」よりも好景気を重視した老中田沼意次によって、平賀源内《ひらがげんない》の活躍もあり町人文化は大きく発展した。

しかし**「元禄バブル」**も**「田沼インフレ」**も、そのあとデフレ政策を実行した新井白石《あらいはくせき》そして松平定信によって徹底的に批判され、**荻原は「不正蓄財の帝王」**、**田沼は「ワイロの帝王」**にされてしまった。団塊の世代以上の方々はよくご存じだろう。昔の時代劇ではこの二人が悪人の典型だった。

しかし実際に農民を徹底的に搾取し「ゴマの油と百姓は絞れば絞るほど出るもの」と豪語した「悪代官の親玉」勘定奉行神尾春央《かんおはるひで》は、誰の部下だったかご記憶だろうか？　徳川吉宗である。朱子学の悪影響もあり商業に頼ることを嫌った吉宗は農民を徹底的に絞り上げるしか「財政健全化」の道はなかった。神尾は期待に応えて当時の年貢徴収量の新記録を達成した。農民側から言えば徹底的に絞り取られたわけである、血の涙を流した農民は数えきれなかっただろう。

大隈バブルから松方デフレへの転換の中での最大の被害者も農民であった。大隈バブルの時代、農民は極めて豊かであった。明治維新から一九四五年（昭和二〇）までの間で農民が最も豊かだった時代かもしれない。しかし松方デフレで農民は地獄のどん底に突き落とされた。

「松方デフレ」が生んだ小作人と大地主

「松方デフレ」はなぜ農民を地獄に突き落としたのか、逆に「大隈バブル」が農民を日本歴史上始まって以来というほど豊かにした理由について、私が次のように書いたのを覚えておられるだろうか？

「インフレだからだ。インフレとは貨幣価値が下がって物価が上がるという状態である。地租改正によって農民はコメを手元に置いてカネで納税ができるようになった。そのカネはインフレのおかげでどんどん価値が下落していく、つまり実質的には減税があったと同じことだ。一方、手元におけるコメは商品だからインフレ下ではどんどん価値が高まっていく。人間にとって絶対必要な商品だから売り損なう心配もない。野菜のように腐ることもない。かくして農民は豊かになっていった」

おわかりだろう、「松方デフレ」はちょうどこの逆だから、「デフレによって貨幣価値が上がり農民は実質的に増税される形となり、農民の持つ唯一ともいえる商品のコメは値下がりを続け価値がなくなる、すなわち貧乏のどん底に突き落とされた」わけである。

「食えなくなった」農民はやむを得ず、唯一の資産とも言うべき田畑を余裕のある大地主に売って、その田畑を耕す小作人として生きていく他はなくなった。百科事典にも「松方デフレともよばれたこの政策は、インフレを終息させることに成功したが、物価の急落を招き、多数の農民が土地を失い、地主制の成立を促進した」（『日本大百科全書』小学館刊）と明記してある。

自分の土地を耕す**自作農が小作人に転落する**とはどういうことか。国は農地の所有者に課税する。したがって大地主は基本的に土地価格の二・五パーセント（地租）を国に納めるだけでいい。しかし小作人と大地主の雇用関係は私的なものだ。だから大地主は小作人に対する農地賃貸料をいくらでもつり上げることができる。

逆らうことなどできない。「だったら出ていけ」と言われたらおしまいだからである。国も私的雇用関係にまでは介入してこないし、介入することもできない。だから**小作人は大地主に徹底的に絞り取られる**。大地主はまさに悪代官のような存在で、それに対し零細農民は一切対抗できなくなった。

昭和前期というと「農民は貧しい」というイメージがあり、実際東北地方は冷害に見舞われるとせっかく女学校に行かせた娘を遊郭に売らねば生きてゆけなかった。「昭和維新」を目指した二・二六事件（一九三六年）の青年将校たちも、決起の理由の一つに「農民の困窮」を挙げていたが、そもそも農民がそこまで困窮したのは、この「松方デフレ」が最大の原因なのである。

農民が本当の意味で救済されたのは、大日本帝国が一九四五年に戦争に負け、アメリカ軍を主体とするGHQ（占領軍総司令部）が大地主から安価で強制的に農地を買い取り、それを小作人に与えるという形で自作農に復帰させた、**農地改革**によってである。

つまり、この大地主制は大日本帝国という強権的な国家でもついに改革できなかったほど、抵抗の強いものであったということだ。後知恵といわれるかもしれないが、松方はこのデフレ実施の過程において、中小農民が没落しないように何らかの手を打つべきであった。それがあればこの政策は一〇〇点満点といえたかもしれない。

松方が政界トップに君臨し続けた理由

「農民を地獄のどん底に突き落とした」松方正義ではあるが、のちに日本初の内閣制における大蔵大臣そして内閣総理大臣まで務め、引退後は元老として明治大正の政界に君臨した。

その理由だが、やはり**松方デフレで国家の財政を健全化**させたのが大きかった。その具体的内容を見ていこう。まずは紙幣整理を完遂するために、松方は国家財政の緊縮化を図り、合わせて酒税、煙草税など間接税を増税した。まだ不採算であった官営工場を民間に売却して赤字を減らし、逆に売却益で増収を図った。海外貿易においては不平等条約で関税自主権が無いという大ハンデがあったが、輸出を推進し外貨を獲得できるよう様々な環境を整えた。

その一つが外国為替専門であった**横浜正金銀行**（東京銀行＝現三菱ＵＦＪ銀行の前身）の改革である。大隈重信らによって設立された当初は単に海外貿易業務を推進する銀行だったが、松方は輸出自体を紙幣で行わせ利益を銀貨で回収するというシステムを推進し、この間の「つなぎ」の貿易資金を融通する金融機関という役割を持たせた。

旧横浜正金銀行本店本館

これで当時日本の「ゼニの取れる」輸出品つまり茶や生糸などの輸出拡大に貢献した。そのため銀本位制の基礎となった銀貨が蓄積されるようになった。戦前この銀行は世界の主要都市に支店があり、第二次世界大戦の敗北によって解体されるまでは、対外的には日本銀行よりも「日本の顔」であった。

ただ、松方がのちに総理や元老になるほど日本の政界で高く評価されたのは、やはり**日清および日露戦争の戦費をうまく調達したから**だろう。日清戦争の勝利がなければ日露戦争の勝利もあり得なかったし、日露戦争に敗北していれば欧米列強の仲間入りどころか下手をするとロシアの植民地にされていたかもしれないのである。

確かに日本軍は優秀で、少なくとも第一次世界大戦ごろまでは欧米列強に匹敵する軍隊であったが、「カネがなくては戦はできぬ」というのが、二〇世紀いや人類の歴史の常識である。そして清（中国）という巨大国家と対決するためには、国内の財政環境を整えただけではダメで、本当は外国の力を借りる必要があった。具体的には外債の募集、つまり日本の国債を外国に買ってもらい、その資金で戦費を調達することだ。

しかし日清戦争勃発（一八九四年）の頃の日本は、「大日本帝国」と名乗ってはいたものの海外領土の一つも無く、それどころか本格的な対外戦争などしたことのない国である。戦争の準備はその数年前から始まっていたが、その時点で考えれば、ほんの四半世紀前までは、鉄道も国会も無く武士たちは刀を振りまわし黒船（蒸気船）を追い払えると信じていた国なのである。

そんな国が「近代化しました。今までとは違います。清は世界一巨大な国家ですが、われわれは勝ちます」といったところで、信用する方がおかしいということに気がつかれただろうか。**「一度も勝ったことのない馬の馬券」を買うようなもの**で、まともな投資家なら腰が引けるのが「大日本帝国の国債」である。いくら償還率（利率）が高くても、「紙くず」になる恐れだってあるのだ。となれば、勝てばその後は道が開けるかもしれないが、とりあえずは苦しくても「自腹」でやるしかない。

日清戦争の費用調達に臨時国債発行

日清戦争の戦費は一体いくらかかったのか？

当時のカネで約二・三億円といわれている。問題は現代の貨幣価値でこれがいくらかということだが、ここで前に紹介した俳人正岡子規のサラリーマンとしての月給が四〇円だったことを、思い出していただきたい。ちょっと乱暴だがこれが現代なら四〇万円にあたると考えるなら、一円＝一万円ということになる。つまり二・三億円は**現在の二・三兆円**になる。ひとつの目安になるだろう。

当時の日本の一般会計歳出決算額は九〇〇〇万円に達していなかったから、**全予算の約三年分を一気に使う**ということになる。当然、「カネは足りない」。しかし、せっかく銀本位制ながら兌換券を発行するところまで財政を健全化したのだから、いまさら不換紙幣を濫発して戦費を調達するわけにもいかない。そんなことをすれば国際的信用を失ってしまう。

日清戦争の開戦は一八九四年（明治二七）だが、この頃になると国民の意識も高まってきていた。江戸時代は士農工商で民（農工商）は政治に口を出すなという世界だった。明治維新で日本は四民平等の世の中になり、男子は商人の子であろうと国家のために戦うという世になった。

そこで松方正義をリーダーとする日本の財政担当者は**増税を実行する**とともに**軍事公債を大大的に募集**した。つまり戦費調達のための臨時国債を発行したのだ。「お国のために買ってくれ、利子を付けて返すから」ということで、総計一億円の軍事公債が発行されたが、国民が買ってくれたのはそのうち約八〇〇〇万円だった。

日本国民が愛国心に欠けていたというわけではない。日本という国家の経済的実力はその程度のものだったのだ。その売れ残りを日本は国際市場で売りたいところだったが、金本位制ではなく銀本位制の国家の軍事公債は国際的信用が無かった。

このままでは財政危機に陥るところだったが、幸いにも戦争は一年半で日本の勝利に終わり、日本は敗戦国の清国から賠償金と領土を獲得できた。賠償金は当初二億両(日本円にして約三億円)で、領土として遼東《りょうとう》半島・台湾・澎湖《ほうこ》島を獲得したが、日本がこれ以上、中国大陸に勢力を伸ばすことを嫌ったヨーロッパの三国(ロシア、フランス、ドイツ)が、本土の遼東半島は清国に返還するよう圧力をかけてきた。世に名高い**「三国干渉」**である。

日本は口惜《くや》しがったが、この三国に対抗する力はない。そこで遼東半島を返還し、清国がその代償にさらに五〇〇〇万両(のち三〇〇〇万両に減額)の賠償金を支払うことで話をつけた。結果、戦費よりも賠償金の額の方がはるかに多くなり、日本は財政危機を脱したばかりか、念願の金本位制確立のための正貨蓄積ができることになった。

こうなれば松方正義の出番である。戦後、松方は伊藤内閣の大蔵大臣に就任した。実は松方は日本最初の内閣、第一次伊藤博文政権で大蔵大臣を務め、その後は総理大臣も経験していたのだが、日清戦争中は入閣せずにいわば財政アドバイザーの立場にいた。だが、いよいよ金本位制が確立できるということになると、第二次伊藤内閣に総理経験者でありながら大蔵大臣として入閣した。

これは明治天皇の直々のお声がかりでもあった。**天皇は松方の財政家としての手腕を高く買っていた**のである。

松方を毛嫌いした伊藤博文

ところが金本位制は、すんなり成立とはいかなかった。

財政的には何の問題もなかったのだが、**総理大臣を務める伊藤博文と大蔵大臣の松方正義のそりが合わなかった**のである。

もともと伊藤の方が松方より六歳も年下なのだが、薩摩出身で主に文官としての道を歩んできた松方に比べ、長州出身の伊藤は政治でも戦争でも何度も修羅場をくぐってきた男であり、政治家としての力量は明らかに伊藤の方が上であった。先に総理大臣になったのも伊藤で、その後松方が自分の内閣を統制力不足で早々とつぶしたのに対し、伊藤は人事も巧みでそういうヘマはしなかった。伊藤の方が年上なら波風が立たなかったかもしれないが、年下の有能な男というのは何かとシャクにさわる存在である。

しかも日清戦争の講和条件については、伊藤よりも松方の見通しの方が正しかった。伊藤はこの際中国大陸進出への足掛かりとして、最初から遼東半島を要求すべきだという立場だったが、松方はこれに反対していた。清国がそれを認めたとしても、列強が干渉してくることは明らかで、それならば最初から賠償金を高めに要求した方がいいという意見だった。だが、当時松方は閣外にいたこともあり伊藤は自分の外交センスに自信を持っていたから松方の主張を無視した。結果は松方の予想した通りになった。

その伊藤内閣に松方が大蔵大臣として入閣した時、「それ見たことか」というような態度をとった。伊藤は面白くない。そして松方は金本位制を確立するための財政計画を練り上げたうえで、この計画の承認を得るために伊藤に臨時国会の召集を要求した。ところが伊藤はこれを、三国干渉を招いた自分のミスを糾弾し、松方が政権を奪取するための召集と考えた。

松方が本当にそこまで考えていたかどうかはわからない。金本位制を確立するためには大蔵大臣のポストがあれば十分であり内閣総理大臣になる必要はないから、私はこの時点では松方はそこまで考えていなかったと思う。しかし伊藤はそう受け取り、国会を召集せず、あまつさえ松方の方針に何かと反対するようになった。こうなれば仕方がない、松方は辞表を叩きつけて閣外に去った。

後任の大蔵大臣は伊藤のメガネにかなっていたが財政家としての手腕ははるかに及ばず、日清戦争勝利で発言力を増した陸軍や海軍の予算要求を大幅に認め、一方で金本位制確立に向かおうとはせず国内産業の充実に多額の予算を投入した。その時の日本にとって何が一番大切か、多額の賠償金を獲得しそれを金準備に回せる**今こそ金本位制確立の最大のチャンス**だということが、わかっていなかったのだ。

その結果、日本の財政規模は拡大したものの、輸入が激増し金利が高騰し金融は逼迫《ひっぱく》した。財政のバランスが大きく崩れたのである。このままだとせっかく手に入れた賠償金を食いつぶしてしまう形になった。

前にも述べたように、この頃になると日本の国民も明治以後の新しい教育や制度が功を奏し、国政への参加意識も高まってきた。唯一のマスコミであった新聞も国民にある程度方向性を示せるようになった。そこで起こったのが松方内閣待望論であった。

金本位制確立こそ最優先されるべき政治課題

念のためだが伊藤博文は日本近代史上最もすぐれた政治家の一人である。現に政治外交を中心とした歴史では伊藤が主役であり、松方正義はほとんど出てこない。「松方デフレを推進した」の一行で終わったりもする。

しかしどんな政治家でも欠点があって、**伊藤の欠点は「財政に疎い」こと**だった。それでも伊藤がそうした欠点を自覚し、たとえば「財政については松方に任す」という方針をとったのなら、政治家としての評価はますます高まっただろう。しかし残念ながらそうではなかった。それゆえ伊藤内閣において総理伊藤と大蔵松方は対立し松方は閣外に去った。

松方の生涯の念願は金本位制を確立すること、であった。そうすれば日本は欧米列強に並ぶ世界の一流国になれるからである。もちろん伊藤も一流国を目指していたが、伊藤の関心は国家の様々な制度の確立と、陸海軍の充実、そして巧みな外交の展開にあって、金本位制確立が一流国へのパスポートであるという認識はなかった。そこで松方は伊藤内閣を倒して自分を首班とする内閣を作らなければ金本位制の確立は不可能だと考えた。

だが一流の政治家である伊藤にどうやって勝つか? まさに松方には無い政治力を補ってくれる人物が必要である。そこで松方が考えたのが、かつて袂《たもと》を分かった**大隈重信との連携**であった。「敵の敵は味方」というわけだ。

大隈は松方と違ってインフレ推進派ではあったが、金本位制の確立が最も優先されるべき政治課題ということは完全に理解していたし、民間の活力を高めることが国家の隆盛につながるという点では、松方と同じ意見である。

両者の連携を実現したのが三菱財閥の総帥岩崎弥之助であった。弥之助は財閥の創設者岩崎弥太郎の弟であり、その死後総帥の座を継いだ。長女繁子は松方の次男正作に嫁いでおり両家は姻戚《いんせき》でもあった。余談だが松方は子供が一五男一一女もおり大変な子福者だった。うそかまことか明治天皇に子供の数を尋ねられ咄嗟《とっさ》に答えることができず「帰ってよく調べてからご報告します」と言ったというエピソードが伝えられている。この点では明治天皇から女遊びを慎むように言われたという伊藤に負けていないということか。

この時代の内閣は、まだ国政選挙で第一党になった政党の首班が国会で指名されて首相になるという形ではない。有力な政治家がまず天皇の大命降下を受けて首相となり内閣を組織する。ただし既に政党は存在し、そこから当選した議員もいた。大隈重信は進歩党を率いていた。松方は進歩党の全面協力を得るため党首の大隈を外務大臣として入閣させ、自分は総理兼大蔵大臣として金本位制の確立に全力を注いだ。早速、清国からの賠償金で金地金を購入しその第一歩を歩み始めたのである。

ところが、**大隈以外の政治家は金本位制採用には反対**だった。最初に日本は銀本位制ではなく金本位制で行くべきだと進言した伊藤も、福沢諭吉あるいは渋沢栄一のような民間人ですら反対の論陣を張った。その理由は金準備高の不足、別の言葉で言えば時期尚早である。

しかし松方は今しかチャンスはないと思い定めていた。その松方には強い味方があった。明治天皇である。天皇は松方の財政手腕を誰よりも高く評価していた。

当初、松方正義の金本位制採用に対し、福沢諭吉らとともに反対の立場をとった渋沢栄一は後年次のように述懐し、完全に兜《かぶと》を脱いでいる。

「私は反対したが、後で考えてみると私たちは先見の明がなかったのである。松方さんは之を思い切って断行したのである。先見の明があったのである」

それにしても「日本資本主義の父」渋沢すら反対した金本位制を、不退転の決意をもって実現したのだから、この点は松方の政治的手腕を評価せねばなるまい。そして松方がそうした政策を実現できたのも、明治天皇が「松方のやることなら間違いはない」という絶対的な信頼を置いていたからだ。

ただし皮肉なことに松方は政権を維持することは大の苦手であった。金本位制がスタートしたのは一八九七年（明治三〇）で松方内閣二年目のことだったが、その翌年には松方内閣は総辞職に追い込まれる。その後、松方は基本的には元老として国家の運営に参与するようになった。

第六章

日露戦争による飛躍

一、ロシア帝国の脅威と日英同盟

シベリア鉄道使い日本狙うロシア

そもそも**日清戦争が勃発《ぼっぱつ》したのは朝鮮問題**であった。朝鮮国を清国の支配下から独立させ、日本の味方とするのがその目的であった。しかし、朝鮮国は清国以上に朱子《しゅし》学の毒に冒された国である。西洋近代化は祖法（御先祖様の決めたルール）に反するとしてかたくなに拒んでいたし、下目に見ていた日本が国の方針に口を出すことも嫌っていた。そして、日本嫌いのあまりに、こともあろうにロシアと接近した。「こともあろうに」というのは、ロシアは虎視《こし》眈々《たんたん》と領土を広げることを狙っていたからだ。**ロシアが朝鮮を植民地化すれば、次は日本の番**である。

ロシアは広大な国家だが、この少し前まではアジア側の東半分があまり機能していなかった。まず冬でも氷に閉ざされない不凍港がない。また広大な国土もウラル山脈・バイカル湖あたりで分断され、物資の輸送や人員の往来が妨げられていた。

ところが二〇世紀になると状況はがぜんロシアに有利になってきた。まず清国の領土である旅順《りょじゅん》を「租借（借り上げ）」という形で実質的なロシア領とし、ここに巨大な軍港と要塞《ようさい》を築いた。旅順は不凍港である。長年の宿願だった東アジア地域における不凍港をついにロシアは手に入れたのだ。

それればかりではない、ロシアは物資の豊富な西側と東側をつなぐ**シベリア鉄道の建設**に取り掛かった。これが開通してしまうと、ロシアは西側にある首都サンクト・ペテルブルクやモスクワといった大都市から兵員でも物資でも大量に送れることになる。朝鮮半島はあっという間にロシア領となり、次は日本の番という未来図が誰の目にも明らかになった。

伊藤博文はロシアに対し、「シベリア鉄道の終点満州付近はロシアの勢力圏と認める。代わりに朝鮮半島はわが日本の勢力圏として認めてもらいたい」という韓満交換論を持ちかけたが、ロシアは耳も貸さなかった。シベリア鉄道が完成すれば朝鮮も日本もあっという間に支配できる。妥協する必要はない、ということだ。

しかしここで日本に強い味方が現れた。ロシア帝国が強大化することを嫌ったイギリスが、日本を応援しようという立場を鮮明にしたのである。**日英同盟**（一九〇二年）だ。これならロシアと戦えると日本は考えたが問題は戦費だ。「カネ」をどうやって捻出《ねんしゅつ》するか、である。

イギリス人が絶賛した日本人の能力

日露戦争の戦費調達問題に入る前に、日露戦争を可能にした強力な軍事同盟「日英同盟」が成立した事情、日本側から見れば**当時世界一の大国であったイギリスとなぜ同盟できたか**を解説しておこう。「お金の日本史」から「イギリス外交史」になるが、実はこの両者は密接な関係を持っているのである。

そもそもイギリスが日本を「パートナーにできるかもしれない」と考えたのはいつごろだかご存じだろうか。日清戦争に勝った後？　いやいや、そうではない。なんと幕末、薩摩藩がイギリス艦隊と戦って惨敗した**薩英戦争**（一八六三年）の頃からなのである。

この戦争は明らかに薩摩側に非があった。国父（藩主の父）島津久光の行列を誤って横切ったイギリス人男女を薩摩藩士が殺傷した（生麦《なまむぎ》事件）ためイギリスは薩摩藩に抗議したが、久光は「足軽のやったこと」とごまかそうとした。怒ったイギリスは艦隊を差し向け鹿児島城下を艦砲射撃で攻撃し砲台などを破壊したが、薩摩も劣悪な武器ながら奮戦しイギリス艦隊に損害を与えた。その約二カ月後の一〇月二一日イギリスの新聞『タイムズ』は次のように書いた。

「大名たちには怒りを感じるが、将来的にはこの類《たぐ》いまれな国の知能と信頼に対して我々は敬意をもって刺激を受けることになるかもしれない」

英語の原文はもっと長く、これはあくまでほんの一部である。『逆説の日本史 第20巻 幕末年代史編 Ⅲ』（小学館文庫）に全文引用しておいたので、興味のある方はそちらをご覧いただきたい。実はこの記事、幕末の日本史に大きな影響を与えているのだが、その話は本題から外れるのでここでは省略する。

改めてイギリス人の冷静で客観的な評価能力には敬服せざるを得ない。この時代、「ガイジン」はすべて斬り殺せなどという攘夷《じょうい》熱が日本全土を覆っており、だからこそ薩摩もそのような行動に出たのだし、イギリス公使館を攘夷浪人が襲うなどという先進国では絶対あり得ないような事件もあった。ところがその襲撃で危うく命を落としかけた当時の公使ラザフォード・オールコックも、この記事の中で日本人の能力を絶賛しているのだ。逆に日本人は、こういう場合犠牲者のことばかりにこだわり、こうした客観的な見方をする人はほとんどいない。この辺がイギリスの底力だろう。

ところで団塊の世代なら**「北京の55日」**というハリウッド映画を覚えておられるだろう。主題歌の出だしに「時は一九〇〇年」とあったように、明治三三年、ちょうど日清戦争と日露戦争の間に北京で起こった**義和団事件**を描いたものである。簡単に言えば幕末の日本のように、外国勢力と妥協した清国政府に、怒った攘夷派の民衆によって組織された武闘集団が、各国の駐在武官はいるが守りが手薄な北京を攻撃し、軍人だけでなく外国人を皆殺しにしようとした事件だ。そこで各国は援軍を呼んだがそれが到着するまでの五五日間、少ない兵力で何とか北京で持ちこたえなければならなくなった。

映画では各国の部隊をまとめあげ要塞ではなく都市に籠城《ろうじょう》するという困難な戦いを見事勝利に導いたのは、チャールトン・ヘストン扮するアメリカ人の少佐であったように描かれていたが、これは「ハリウッド映画のウソ」で**本当のリーダーは日本軍の柴五郎中佐**だった。当然、イギリスはこれも高く評価した。

ボーア戦争都合で日本人を「アジアの代理人」に選ぶ

各国軍をまとめ上げ勝利に導いた柴五郎中佐は、頭脳明晰《めいせき》、語学堪能《たんのう》、百戦錬磨の理想的な軍人で、実は会津《あいづ》藩士の息子でもあった。戊辰《ぼしん》戦争で家族の大半が自刃するという悲劇をくぐり抜け苦学して陸軍軍人となったのだ。

日露戦争でバルチック艦隊を撃滅した東郷平八郎以前、**日本で最も有名な軍人といえばこの男**だった。イギリスのビクトリア女王から勲章も授与されている。私としては、映画かテレビのスペシャルドラマで柴を主人公にした「新・北京の55日」を制作してもらいたいところだが、最近の中国では義和団事件を民衆の蜂起《ほうき》として肯定的に評価しているというから、中国に忖度《そんたく》する人間の多い今の日本では難しいのかもしれない。残念なことだ。

ところで、この籠城戦で軍人ではなく文官つまり各国外交官グループのリーダーだったのがイギリス公使クロード・マクドナルドで、彼は柴五郎と共に戦ううちに日本はイギリスと同盟を組む力量のある国家と確信するようになり、故国に戻ってからは首相や有力な貴族にそのことを訴えた。これが日英同盟推進の陰の力となったのである。

それにしても、と疑問に感じた読者もいるに違いない。義和団事件の時、イギリス軍は何をやっていたのか。イギリス軍がしゃんとしていれば日本軍に頼る必要はない。

実はアジアから出払っていた。遠くアフリカにほとんどの兵力を投入していたのだ。ボーア戦争である。このボーア戦争、「お金の日本史」とは直接関係ないが「お金の世界史」には深い関係をもつ出来事であり、当然「お金の日本史」への理解も深まるから少し解説したい。

柴五郎

一九世紀世界の貿易大国を目指していたオランダは新興のイギリスにその地位を奪われた。だが、アフリカの最南端で今の南アフリカ共和国のあたりはオランダの勢力圏であり、オランダ人が多数その地に移住していた。彼らはその地に土着し南アフリカを自らの故郷と考えるようになった。このオランダ系白人をボーア人という。彼らはアフリカーンスという独特の言語を話す。

ところがそこへ勢力を伸ばしたのがイギリ

スだった。そのイギリスの手から逃れてボーア人たちは内陸へ移動（これをグレート・トレック という）し**「オレンジ自由国」**を建国（一八五四年）したのだが、ここで世界最大級のダイヤモンドと金の鉱脈が発見された。こんな「宝の山」をイギリスが放っておくわけがない。

世界各国に派遣していたイギリス軍を一つにまとめオレンジ自由国に戦争を仕掛けた。これが**第二次ボーア戦争**（一八九九〜一九〇二年）で世界の金とダイヤモンドの独占を狙う戦いであった。ところがボーア人も「アフリカこそ故郷」と思い定めているからなかなか強い。イギリスはてこずり、その結果アジアには手が回らなくなった。

そこで「鬼のいぬ間に洗濯」とばかりにロシアがアジアでやりたい放題を始めたのである。シベリア鉄道建設もその一環だ。それが完成してしまえばイギリスが中国に保有している利権や領土がロシアに奪われてしまう。となれば、イギリスの代わりにロシアを食い止めてくれる「アジアの代理人」が絶対必要だ。

その「代理人」に日本が選ばれたのである。

日英同盟の誤解と実情

義和団事件のあった一九〇〇年が一九世紀最後の年で、翌〇一年から二〇世紀が始まった。そのころ日本で大流行した歌が「アムール川の流血や」であった。これは一高つまり第一高等学校東寮の寮歌で、かつては日本寮歌祭などでも人気の曲だったから、一度は耳にされたこともあるかもしれない。

この続きは「凍りて恨み結びけん　二十世紀の東洋は　怪雲空にはびこりつ」である。実は日本人の多くが「アムール川（中国名・黒龍江《こくりゅうこう》）」がなぜ「凍りて恨みを結んで」いるのか、まったく忘れてしまっている。

義和団事件のどさくさに紛れ、ロシアはかつて清国から領土として奪ったアムール川東岸にまだ住んでいた**清国人約二万五〇〇〇人を大虐殺**し、死体処理が面倒だとばかりに、アムール川に「投棄」したのである。邪魔者を一掃したのだ。清国は義和団事件への対応で何もできなかった。まさにロシアのやりたい放題、日本もイギリスも危機感を高めたが、前に述べたようにイギリスはボーア戦争で動きが取れない。

そこでこれまでまったく他国とは軍事同盟を結ばず「栄光ある孤立」を貫いていた大英帝国が「初めてのパートナー」として選んだのが日本だった。前にも述べた日英同盟である。日本は国を挙げて喜び、これを機にあくまで戦争を回避するという慎重派の伊藤博文は、「韓満交換論」を成立させようとしたが、ロシアは言を左右にして応じなかった。この時のロシアの本音を代弁すれば、「間もなくシベリア鉄道も開通し、わがロシアにとって最も有利な状況ができる。弱小国日本などと妥協する必要は一切ない」であろう。

実は日英同盟についても誤解があるようだが、これは日本がロシアと戦う場合イギリスも共に戦うという内容ではない。日本とロシアが戦っている間に、三国干渉の仲間であるフランスやドイツがロシアに味方して参戦するというなら、イギリスも参戦するという内容で、「三対一」を防止することはできるが、ロシアとはあくまで「一対一」でやることが前提なのである。しかも日本とロシアは**国力では「一対一〇」ぐらいの差**があった。この時代、GDPなどの指標はないが粗鋼（鉄鋼）生産量などで比較はできたのである。

要するに客観的に見る限り、「勝てるはずの無い戦い」なのである。しかしこのまま「座して死を待つ」よりは戦うべきだと考えたのが元老の山県有朋《やまがたありとも》、首相の桂太郎であった。国民も多くがそう考えていた。

しかし、戦力も問題だが、戦費はさらに問題だった。松方正義の努力によって金本位制は確立しており、日本の戦時公債（国債）は海外市場でも取り扱われてはいたが、「一対一〇」の「賭《か》け率」に乗るのは投資家というよりギャンブラーである。

それでも日英同盟のよしみでイギリスが多少は買ってくれたのだが、額としてはまったく足りない。この時、日銀副総裁として戦時公債の募集のためイギリスに滞在していたのが**高橋是清《たかはしこれきよ》**（のちの大蔵、総理大臣）だったが、最初はまったく引き受け手が現れず困惑していた。

ところがそこに救いの神が現れた。**国際ユダヤ資本**である。世界で最も優秀で堅実な投資家でもある国際ユダヤ資本がなぜ日本の戦時公債を大量に引き受けてくれたのか？

ユダヤ日本買いの背景に「ポグロム」あり

実は、彼らも日本が勝つと考えたわけではない。いやもっと率直に言えば「ロシアには負けるだろう」と予測していた。「ユダヤ商人」といえば言葉は悪いが「転んでもタダでは起きない連中」であろう。そんな面々が、日本が負けたら紙くずになる可能性が高い戦時公債を、なぜ大量に買い付けてくれたのか?

「ポグロム」という世界史用語をご存じだろうか? ご存じならば説明の必要はない。しかし残念ながら日本は世界史の教育もおざなりで、肝心な用語を教えていない。現に私の手元にある高校の歴史教科書にも載っていない。これはロシア語で「集団的で計画的な迫害・虐殺。特に一九世紀後半から二〇世紀初頭にかけて、ロシアを中心に行われたユダヤ人の虐殺をいう」(デジタル大辞泉)。

ユダヤ人虐殺というと誰もが思い浮かべるのがアドルフ・ヒトラー率いるナチスドイツによるホロコーストだろう。しかしユダヤ人の虐殺や迫害はヨーロッパでは珍しいものではなく、それがひとつのピークに達したのがロシア帝国によるポグロムであり、実は**ホロコーストの先駆けをなすもの**であったのだ。

「なぜ、そうなったのか?」の説明をしたいところだが、それをきちんとやると本当に一冊の本になってしまう。ではインターネットで検索すればいいのかといえば、私の経験ではどうも日本語サイトの中には適切なものがない。これは本当の話だ。『逆説の日本史　第26巻　明治激闘編』にはそのあたりを詳しく書いておいたので、私の言葉が大げさだと思う人はぜひインターネットサイトの解説と比較していただきたい。

ひとつだけポイントをいえば、日本人が大好きな『罪と罰』『カラマーゾフの兄弟』のフョードル・ミハイロヴィチ・ドストエフスキーも「ホロコーストの先駆者」であった。ヒトラーはドストエフスキーの影響を強く受けている。あのドストエフスキーがそんな人間だったのか、と驚く人は多いだろう。ヒューマンな作風で日本人はファンが多い。

しかしそれを言うなら「あのシェークスピア」もそうだ。徳川家康と同じ時代に『ロミオとジュリエット』で恋愛の素晴らしさを称賛し、『オセロ』で人種差別を激しく糾弾したウィリアム・シェークスピアも、ユダヤ人だけは「強欲非道な金貸し」として作品『ベニスの商人』に描いた。**ユダヤ人はキリスト教徒から見ると「極悪人」**なのである。だから最終的に「極悪人は皆殺しにしろ」というホロコーストが実行されたのだ。

ちなみに前に取り上げたオレンジ自由国は、イギリスに占領され英連邦に組み込まれた。しかし絶対的多数を占めるオランダ系住民（ボーア人）はイギリスに反旗を翻し、紆余《うよ》曲折の末、南アフリカ共和国を誕生させた。南アフリカ共和国といえばかつてアパルトヘイトつまり黒人に対する徹底的な差別が行われていたが、この原因も彼らの信じたキリスト教の宗派の教えにある。

話を戻そう。要するにユダヤ人たちは**ロシア国内の同胞の命を守るため日本を援助した**のだ。日本が奮戦しロシア兵が戦場に動員されればされるほど、ユダヤ人の犠牲は減るからである。

金融業は「人間のクズのやること」

さて、話の続きとして日本が国際ユダヤ資本からどんな援助を受けたかを述べたいところなのだが、ここで**国際ユダヤ資本の誕生**について説明しておいたほうがいいような気がする。前に述べたように、日本の歴史教科書には「ポグロム」も載っておらずユダヤに対する理解が薄いのだが、これがわからないと世界史も「お金の日本史」もそれどころか現代の世界情勢もわからなくなるので、ここは基本知識だけ述べたい。といってもユダヤ民族は数千年の歴史を持つ民族だから、短く済めば良いのだが、とにかくやってみよう。

ユダヤ人は民族宗教ユダヤ教の信者である。ユダヤ教の神はヤハウェ（エホバ）であり、天地創造、アダムとイブ、あるいはノアの方舟《はこぶね》といった神話はもともとユダヤ教の神話である。ところがそこからキリスト教が発生した。ユダヤ教を母体に新しくイエス・キリストを信仰する宗教が始まったのだ。これは全世界に広まっていくのだが、肝心のユダヤ人たちはキリスト教を認めなかった。

神は唯一でヤハウェのみであり、イエスなどは人間に過ぎないと言うのだ。一方で彼らは自分たちの信仰を貫くために強大なローマ帝国にも反旗を翻した。怒ったローマは彼らの古代イスラエル王国を滅ぼし、生き残りのユダヤ人たちに命が惜しいなら二度とこの地に帰ってくるなと宣告した。

国を失ったユダヤ人たちはヨーロッパ各地に散って在日ならぬ在仏、在英、在独ユダヤ人として生活していた。しかしそれらの国々ではすべてキリスト教徒が絶対的多数派だ。イエスを神と認めないユダヤ人たちは差別され迫害された。具体的に言えば市民権が無い。公務員にはなれないし、土地の正式な所有者になれないから農業も工業もやれない。

となるとキリスト教徒が「人間のクズのやること」として忌み嫌う仕事をやるしかない。それが金融業だった。金融業は「正業」ではないかと言うのは近代以降の話である。人に金を貸して利息を取る行為はユダヤ教でもキリスト教でもイスラム教でも禁じられていた。難しい話ではない。たとえば兄弟姉妹のいる読者の方々、あなたは弟や妹に金を貸したときに利息を取りますか？　少なくとも高い利息は取らないだろう。ところが同じキリスト教徒、同じイスラム教徒なら「兄弟」だから**利息を取ることは「悪」、高利をむさぼるなら「極悪」**になる。

中世ヨーロッパでは貿易が盛んだったので古代中国のような商人に対する蔑視はなかったが、金融業者は差別の対象であった。前に言及したウィリアム・シェークスピアの『ベニスの商人』のあらすじを覚えておられるだろうか？　未読の人にはネタバレになってしまうが、そもそもイタリア人のキリスト教徒でまっとうな貿易商人であるアントニオが、高利貸のユダヤ人シャイロックから借金したのが事の発端だ。

ここで「マチキンなど行かずに銀行へ行けばいいのに」と思った人は、残念ながら世界史の常識をご存じない。**この時代「まともな銀行」は存在しない。**銀行は「まともな商売ではない」からである。シャイロックですら、同じユダヤ人からは利息はとらない。しかし異教徒なら兄弟ではないから高利で貸してもいいというわけだ。

ホロコーストはなぜ起こったのか

人に金を貸して利息を取る行為はユダヤ教でもキリスト教でもイスラム教でも禁じられていた、と書いた。「兄弟にカネを貸して利息を取るとは何事だ！」ということだが、過去形で書いたのは正確ではない。**イスラム世界では今もそうで、少し前までは大銀行は無かった。**膨大なオイルマネーも西側の銀行に預けられていた。これではならじと始まったのが「イスラム金融」だ。

一口に言うのはものすごく難しいが、あえて言えば金の貸し借りを物の売買に転換するシステムだ。売買の形を取れば利潤の形で実質的な利息を取ることができる。実質的には利息でもあくまで利潤なのだからイスラムの教えに反しない、ということなのである。

キリスト教社会では、何とか金融つまり利息を正当化しようと様々な試みが行われた。最も有名なのはイタリアのメディチ家が大々的にやった**メセナ活動**だろう。メセナという言葉自体はローマ時代からあった。簡単に言えば力を持つ者、財力のある者が社会的に有意義な文化活動に、利益を求めない形で資金を提供することである。

誰もが知っている「モナリザ」の作者レオナルド・ダ・ビンチ、「ダビデ像」の作者ミケランジェロ・ブオナローティらは、メディチ家が強力にバックアップした。つまりルネサンス芸術はメディチ家の豊富な財力によって実現したといっても過言ではない。

メディチ家は一方で銀行を営業しながら、こうした文化的貢献で金融業の悪いイメージを払拭《ふっしょく》していった。資本主義社会が動くためには銀行がどうしても必要だから、最初は必要悪として白眼視されていた銀行業もだんだんまともな商売とみなされるようになった。

こうした中、各国で迫害されていたユダヤ人たちは国際金融ネットワークを作った。キリスト教徒の銀行はどこでも自国中心なのだが、ユダヤ人たちは国家への帰属意識よりも民族愛の方が強い。だから彼らのネットワークは強力で国際社会の金融を操るようになった。これに対しキリスト教徒は常に偏見を持って彼らを見るから、たとえば「ユダヤ人どもは国家の枠組みを破壊しようとしている」などという憶測を生み、ポグロムが猛威をふるっていたロシアでは**「シオン長老の議定書」**という文書が作られた。

これはユダヤ人の「世界征服計画」を述べたものだが、もちろんロシア人によってデッチ上げられたものである。ところがどうやらアドルフ・ヒトラーはこれを本物だと信じ込んでしまったらしい。しかも、ヒトラーがユダヤ人弾圧政策を取っていたのを知りながら、当初ヨーロッパ諸国は見て見ぬふりをしていた。「ユダヤ人はキリスト教徒の敵」だからである。

しかしその結果、ホロコーストという大虐殺が実現してしまったので欧米諸国は反省し、今度は古代イスラエル王国があった場所に、ユダヤ人が新生イスラエル国を建国するのを黙認した。しかしそこにはユダヤ人を追い払った後、ローマ帝国が入植させたパレスチナ人がおり、今度は彼らが国を失う形となったので問題は複雑になった。どう「住み分けるか」でいまだに決着はつかない。

これが**パレスチナ和平問題**である。だから世界各国によるユダヤ人は団結を高め金融ネットワークも維持している。

二、アメリカ対日支援への裏切り

国家予算の二年分以上を外債で獲得せよ

日露戦争に話を戻そう。いったい戦費はいくらかかったのか？

以前概算したところでは、当時のカネで**総額約一七億円**である。当時の国家予算は約三億五〇〇〇万円だから、**五年分の予算**を一気に使い切ったことになる。しかも一七億のうち**一四億は戦時公債（臨時国債）**でまかない、国内で売られたもの（円建て）と海外市場で売られたもの（英ポンド建て）の比率はほぼ半々だった。つまり七億円（国家予算の二年分！）以上を外債で獲得せよというのが、ロンドンに派遣された当時の日銀副総裁高橋是清に課せられた使命だった。

常識的には達成不可能といっていい。しかもイギリスの民間資本の間にも「日英同盟は独仏などが参戦した場合には軍事同盟として有効だが、日露が単独で戦っている場合、イギリスは中立を保つべきだ」という意見があった。要するにこれは「紙くず（になる債券）は買いたくない」ということだ。民間としてはある意味で当然の判断である。

しかし担当の高橋是清は明治維新前にアメリカに渡り、悪徳商人にだまされ農場などで奴隷労働をさせられたものの、努力して英語を完璧《かんぺき》に習得して帰ってきたという粘り強い苦労人だった。のちに財政通として総理大臣を務めた後、総理経験者ながら大蔵大臣として入閣もして「ダルマ大臣」の愛称で親しまれた人物でもある。

得意の英語で熱弁をふるい「日本は借金を必ず返す国だ」とイギリスの資本家たちを説得した。これは事実であった。日本は国際的信用を獲得するため明治維新以来そうしてきた。担保としては何十年分の関税収入を提示したりもした。それで目標額一〇〇〇万ポンドのうちほぼ半額は達成したものの、残りがどうしても集まらない。それはそうだ、何しろ国家予算の二年分なのである。一年分集めただけでも大したものなのだが、頼みのユダヤ人陣営にも問題があった。

ユダヤ人の銀行家といえば誰もがイギリスのロスチャイルド家をあげる。ところがこの時ロスチャイルド家は、間の悪いことにロシ

高橋是清

アのバクー油田の占有を目指して動いており、ロシアとは対立したくないという立場だった。高橋はあてがはずれ困惑したに違いない。

そこへ救いの神が現れた。それはアメリカの銀行家**ジェイコブ（ヤコブ）・シフ**であった。ポグロムに苦しむロシアのユダヤ人を救うため、アメリカのユダヤ資本が動いてくれたのだ。シフは残りの公債をすべて引き受けてくれた。これで日露戦争をとりあえず戦えることになった。その意味で高橋の功績は、旅順要塞を陥落させた乃木希典《のぎまれすけ》、バルチック艦隊を撃滅した東郷平八郎に、勝るとも劣らない。これが日本にとってどれだけの恩恵だったか。実は戦争終了後、明治天皇はシフを日本に招待し、通常は外国の元首クラスにしか贈らない最高勲章の勲一等旭日《きょくじつ》大綬章を親授しているのである。

ところで高橋とシフが出会ったのは、ロンドンで開催された銀行家の晩餐《ばんさん》会の席で二人は隣同士の席だったという。それまで二人は面識もなかった。それなのに高橋の話を聞いたシフは翌日五〇〇万ポンドの公債を引き受けてくれたのだ。

この出会いは果たして偶然だったのか？

松方が発揮したユダヤ人社会との強力なコネ

結論から先に言えば、高橋是清とアメリカの銀行家ジェイコブ・シフが晩餐会の席上で隣同士になったのは、偶然ではなくそれをおぜん立てした人物がいるということだ。こんなことは誰も言っていないが、私はそれは松方正義だったと思う。

まず、こんなことを仕組める人間は当時の国際情勢に精通した人間でなければならない。ロシア国内のユダヤ人がポグロムという激しい弾圧に苦しめられていること、それを国際ユダヤ資本が何とか救いたいと考えていること、しかし肝心のイギリスのロスチャイルド家はロシアとの利権問題があって表に出られないこと。それらの事情を詳しく知っていると同時に、ユダヤ人社会に強力なパイプというかコネを持っている人間である。

前に松方の「恩師」ともいうべきフランス人であるレオン・セイのことを述べたことがあるが、覚えておられるだろうか？　実は松方はセイから中央銀行方式の財政制度を指導されたことを感謝し、明治天皇に奏請して後にシフがもらったのと同じ勲一等旭日大綬章を贈っているのだ。極めて緊密な関係にあったということである。

そしてこのセイという人物、ユダヤ人ではなかったようなのだが、ロスチャイルド家とはきわめて親しく、そのコンツェルンで幹部として働いたこともある人物だ。ちなみにロスチャイルドとは英語発音で、フランス語ではロチルドという。

松方は在仏中、セイの紹介でフランス・ロチルド家の総帥アルフォンス・ド・ロチルドに面会もしている。つまり松方はユダヤ社会の事情に精通しコネもあったということだ。当時、松方は日本国内にいたが表立った役職には就いていなかった。しかしそれがゆえに自由に動ける。

もちろん日本国民の一人として日露戦争には絶対勝たねばならぬと思っていただろう。

当時電話はないが、電信はあるし国際郵便もある。そしてユダヤ国際資本というのは世界一速い情報網を持っていた。また新聞などのマスコミに情報を売る通信社というものがあるが、既にヨーロッパではフランス通信社（現在のＡＦＰの前身）が生まれ、そこで働いていたユダヤ系ドイツ人ポール・ジュリアス・ロイターがイギリスでロイター通信を始めた。イギリスの代表紙『タイムズ』と共にこの**ロイター通信は日本の強い味方となってくれた**ので記憶されたい。

とにかく松方がレオン・セイを通して「何とか日本の戦時公債を引き受けてくれないだろうか」と要請を送ることは十分に可能であった。そしてそれを聞いたアルフォンス・ド・ロチルドが国際ユダヤネットワークを動かし、ジェイコブ・シフを動かしたのだろう。

高橋とシフが出会った晩餐会はロンドンで開かれたのだが、なぜアメリカ人のシフがそこまで来ていたのか。銀行家の開いた晩餐会なら席順などイギリス・ロスチャイルド家の思惑でどうにでもなる。おわかりだろう、松方が動いたと考えるのが自然である。

こういうことを言うと必ずプロの歴史学者は「そんなことは史料に無い」とケチをつけてくるのだが、ここでセイもアルフォンス・ド・ロチルドも国籍はフランスであることに気づいていただきたい。

当時フランスはロシアの味方でイギリスとは敵対している。だから「敵に塩を送った」とわかれば国内の立場がまずくなる。だから「松方、われわれが動いたことは秘密だぞ」と釘《くぎ》を刺したに違いないではないか。

シオニズムと新生イスラエル

ところで炯眼《けいがん》の読者は、ユダヤ人は中世ヨーロッパでは市民権も取れなかったのに、なぜ銀行家のアルフォンス・ド・ロチルドはフランス、ロイター通信の創業者ポール・ロイターはドイツの国籍を持っていたか疑問に思うかもしれない。

フランス革命のおかげである。「自由、平等、友愛」を旗印にしたフランス革命は、そのスローガンのもとに国王ルイ一六世をギロチンにかけて共和国（国王のいない国）になった。その結果、それまで差別されていたユダヤ人たちもキリスト教徒と同じ権利が与えられ、社会で一定の地位を占めるようになった。

もっともキリスト教にもとづくユダヤ人の差別は相変わらず根強く、フランス陸軍でユダヤ人の大尉（つまり公務員にもなれた）アルフレド・ドレフュスが無実の罪で終身流刑を言い渡されるという事件も起こった。文豪エミール・ゾラは「われ、告発す」とこの不正を広く訴え、結果的にドレフュスは無罪となった。

だが、この事件に衝撃を受けたユダヤ人ジャーナリストのテオドール・ヘルツルは、結局ユダヤ人はキリスト教社会には溶け込めない、差別を解消するには古代イスラエル王国のあった土地に新生イスラエルを建国するしかない、という運動を始めた。古代イスラエル別名「シオンの丘」に戻る運動だから**「シオニズム（英語でザイオニズム）」**という。

最初は「夢物語」だったのだが、前に述べたようにアドルフ・ヒトラーのナチスドイツによるホロコーストのせいで、やっぱりヘルツルの主張が正しいということになり、ホロコーストを黙認していたヨーロッパ諸国の反省のもとに新生イスラエル国が誕生（一九四八年）したというわけだ。

アメリカも「合衆国（合州国）」と名乗っているが、実態としては連合王国（イギリス）から独立した共和国である。だからフランスはアメリカの建国祝いに大きなプレゼントをした。いわゆる「自由の女神」像だが、それゆえに自由を求めたユダヤ人がアメリカにも多く移住した。日本の戦時公債を大量に買い付けてくれた銀行家ジェイコブ・シフもドイツからの移民であった。

ところで、アメリカ人ジェイコブ・シフのみならず**アメリカ合衆国という国家自体も、日露戦争においては日本の味方だった**。別に軍事同盟を結んでいたわけではないが、戦争終結後に仲裁をアメリカに依頼するということは、日露戦争が始まった当初からの日本の戦略であった。どういうことか説明しよう。

ロシアは日本の一〇倍の国力がある。ということは長期戦や持久戦になったら絶対に勝てない。そこで日本はアジアにおけるロシアの兵力をきわめて短期間に「撃滅」つまり壊滅状態に追い込んだところで、そのタイミングを逃さず講和に持ち込もうと考えていた。

ロシアは大国でありシベリア鉄道も完成間近だから、そのタイミングを逃してしまえば必ず立ち直る。だからとりあえず「アジアでは戦う力が無い」というところで第三国に仲裁に入ってもらい有利な条件で講和しようと考えていたのだ。

イギリスは日本と軍事同盟を結んでいるから中立的な立場ではなく、フランスやドイツはロシア寄りだから、これも適任ではない。唯一中立的な立場の大国がアメリカであった。しかも日本はアメリカを味方にするための「アメ」を既に用意していた。

日本が米国に与えた二つの「アメ」

日本がアメリカを味方に引き込むために与えた「アメ」は二つあった。

一つは**フィリピンをアメリカの「領分」として認めること**だ。フィリピンはスペイン人が「発見」したこともあり、ずっとスペインの植民地だった。ところが、南アメリカの覇権をめぐってアメリカとスペインが争うようになると、アメリカはフィリピンの独立運動派に援助を始めた。そうすればスペインはフィリピンに鎮圧軍を派遣しなければいけなくなるから、その分アメリカと戦う兵力が減殺《げんさい》されるからである。

こうしてアメリカはスペインとの戦争つまり米西戦争（一八九八年）に勝った。するとアメリカは手のひらを返すようにフィリピン独立党を弾圧し始めた。今度はアメリカがフィリピンを植民地化しようとした。アジア進出の第一歩としてだ。

日本は欧米列強の植民地にされまいと明治維新を断行した。だからアジア諸国の独立運動は援助すべきだ、という考え方もあった。実際、日本の「大アジア主義者」はフィリピンの独立に手を貸そうとした。これに対し、日露戦争の真っ最中、日本の桂太郎首相とアメリカのセオドア・ルーズベルト大統領の腹心陸軍長官ウィリアム・タフト（のちに第二七代アメリカ大統領）との間に秘密協定が結ばれた。**「桂・タフト協定」**という。

日本はこれ以後、フィリピン独立派を支援することはしない代わりに、アメリカは日本をバックアップするという内容だ。ここで日本は、少なくとも政府は、アジアを見捨てて欧米列強の仲間入り、つまり「他国を植民地化する」側に入ったということだ。大日本帝国が成長したともいえるし、理想を捨てて現実路線に踏み切ったともいえるだろう。

それ以前に、日本はアメリカにもう一つの「アメ」を与えていた。**「中国進出へのパスポート」**である。アメリカがフィリピンにこだわったのも、日露戦争開戦当時まで中国に大きな利権を持っていなかったからだ。自由貿易体制にこだわったため列強の中国分割に後れを取ったのである。焦ったアメリカは国務長官**ジョン・ヘイ**が**「門戸開放宣言」**を出した（一八九九年）。「中国市場を（植民地化などで囲い込みにせず）もっと公平に開放すべきだ」という内容だが、他国の領土のことをアメリカが「宣言」するのはおかしい。誤訳というべきだろう。

原文は「Open Door Notes」である、近年は**「門戸開放通牒《つうちょう》」**と訳す場合が多い。通牒とは書面で正確に意思を伝えることで外交文書が特にこう呼ばれる。実際にこの通牒はアメリカからヨーロッパ列強プラス日本に送られてきた。そしてその後、日本とイギリスが日英同盟を結んだ際（一九〇二年）に、その前文に日英両国は中国の門戸開放を推進するという文言が入れられた。アメリカへの配慮である。アメリカは当然日本が日露戦争に勝てばアメリカ資本の中国市場への参入が容易になると考えた。だからアメリカは日本をバックアップする姿勢を取ったのだ。

ところが、なんと**日本はこの約束を反故《ほご》にしてしまった**のである。いわば「アメ」をちらつかせて、相手がその気になったところで「やらないよ」と逃げたのである。当然アメリカは激怒した。私はこれが最終的には約三〇年後に太平洋戦争が起こった遠因とすら思っているのだが、なぜ日本がそんなバカをやってしまったのか？

乃木希典と東郷平八郎が起こした日露戦争の「奇跡」

日本がアメリカに飲ませた「煮え湯」、それを解説する前に日露戦争において日本がいかにアメリカに「世話」になったか、どれぐらい恩義があるかということを説明しておこう。一言で言えば「アメリカの協力無しでは日本の勝利はあり得なかった」ということだ。

明治維新後の日本というのは、**負けても不思議はない「丁半バクチ」を次々に打ち続けて連戦連勝したという奇跡の国家**であった。

日清戦争を始めたとき、日本にはカネがなく金本位制でもなかった。だが戦争に踏み切り何とか勝ったので、賠償金を獲得し金本位制も確立できた。ところがロシア帝国が東アジアを征服しようと迫ってきたため、一〇倍の国力を持つ敵にやむを得ず立ち向かうことになった。「敵の敵は味方」ということで、イギリスと国際ユダヤ資本が味方についてはくれたが、日本の戦略は短期間で東アジアのロシア軍を壊滅状態に追い込むという、これまた「丁半バクチ」のようなきわどい作戦である。いや、「丁半バクチ」なら五〇パーセントの勝つ見込みがあるが、日露戦争はそうではなかった。

ロシアは広大な大陸でヨーロッパ側の首都サンクト・ペテルブルクから陸路で兵員や物資を補給できる。ところが日本は島国だから主戦場の満州へは必ず海を渡らなければならない。もし制海権が奪われたら補給不能になり海を渡った陸軍は孤立してしまう。

制海権を確保するためには強力な艦隊が必要だが、日本は東郷平八郎率いる聯合《れんごう》艦隊が「一セット」しかない、ところがロシアは**旅順を本拠とした旅順艦隊**とヨーロッパ側の**バルト海を本拠としたバルチック艦隊**と「二セット」持っている。

この時代、艦隊決戦をやれば双方とも大きな損害をこうむり、一方的に敵を「撃滅」できないというのが海軍の常識であった。しかし、日本は旅順艦隊を撃滅しないと確実に負ける。そういう状況の中で、ロシアは「難攻不落」の旅順要塞に守られた旅順港に引きこもってしまった。戦力を温存する作戦に出たのである。ここでバルチック艦隊の到着を待って「二対一」で聯合艦隊と対決すればいい。そうすれば日本は絶対に勝てない。そして艦隊決戦に敗れたら陸軍も孤立して下手をすれば全滅だ。まさに日本は絶体絶命のピンチだが、これを救ったのが陸軍の乃木希典だった。

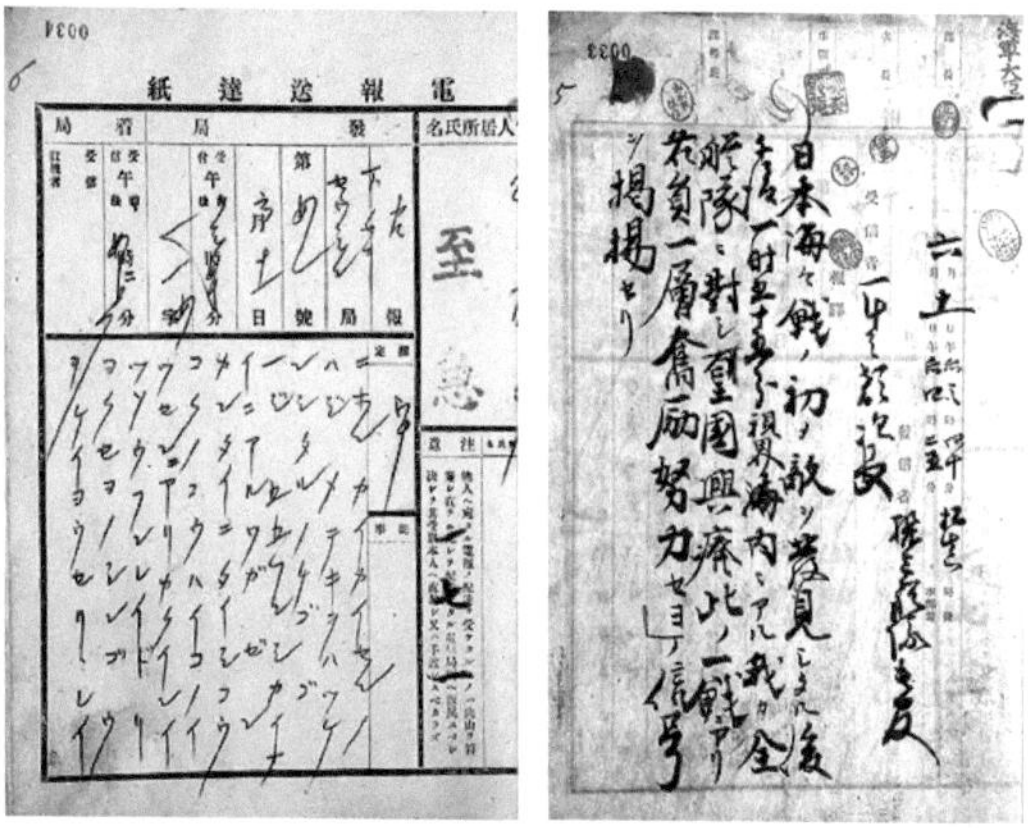

東郷平八郎の電文。「皇国興廃此の一戦にあり各員一層奮励努力せよ」の文字が見える

司馬遼太郎は小説『坂の上の雲』で「乃木愚将論」を展開した。筆者は司馬史観にいろいろと教えられ感謝もしているが、この点だけは納得できない。乃木は愚将どころか名将で敵のロシア軍の評価もそうだった。このあたりは本題ではないので、ここではロシアが**難攻不落と確信していた旅順要塞を乃木が見事に陥落**させ、その結果、要塞に守られる形で旅順湾内に停泊していた旅順艦隊が袋のネズミとなり、陸軍の砲撃でまさに撃滅されてしまったという事実だけ述べておこう。

しかしロシアはまだ「一セット」バルチック艦隊を持っている。バルチック艦隊に敗れてしまえば、やはり制海権を失うことになる。ところが今度は**東郷平八郎がバルチック艦隊を文字通り撃滅**したのである。そんなことは海軍の常識では考えられない「奇跡」だったのだが、東郷はそれを成し遂げた。実はここにはイギリスの「アシスト」があった。

米仲裁で日露戦争完全勝利

イギリスは条約を守る国家である。日英同盟は日本とともにロシアと戦うという内容ではなく、もしフランスやドイツがロシアに加勢する事態になったらイギリスも参戦するという内容であった。だからバルチック艦隊がバルト海のリバウ軍港を出撃しアフリカ大陸の最南端の喜《き》望《ぼう》峰《ほう》を回って遠く日本を目指した時も、イギリス艦隊を出して妨害しようとはしなかった。

しかしアシストをしてくれた。バルチック艦隊が各地の様々な港に入り、**補給や乗組員の休養ができないように**、いろいろと手を回してくれたのだ。さすがは「七つの海を支配する大英帝国」である。ロシア人は寒さには強いが暑さには弱い。ところがこの日本への航海は赤道近くの焼けつくような暑さの中を進まなければならなかった。

それでも補給がスムーズに行われればシャワーも浴びられるし飲料水も不自由しない、何とか暑さをしのげる。だが、バルチック艦隊の水兵たちは酷暑の狭い船室に「密」の状態で詰め込まれて長い旅をしなければならなかった。

ポーツマスで行われた日露講和会議の様子（明治38年8月14日）。手前の列左より三人目が全権の小村寿太郎

新鮮な野菜も補給できないとなれば壊血病（ビタミンC不足症）にもなる。その初期症状は「うつ」になることである。また燃料の石炭も補給がままならないので甲板にうずたかく積まれていた。大量に確保しておかないと燃料切れになる恐れがあるからだ。だから倉庫に収まりきらないほど石炭を積んでいた。当然船の速度は遅くなる。長い航海を続けると船体にも貝がへばりつく、ときどきドック入りしてそぎ落とさなければいけないのだが、それもできなかったので船足はさらに遅くなった。

東郷平八郎率いる聯合艦隊は休養も整備も十分の上に、実際に戦いが行われた日本海で何度も訓練を重ねていた。日本海海戦はそうした聯合艦隊と、**整備不足で半病人の集まりのバルチック艦隊**との戦いだった。日本の

「完勝」のウラにはそういう事情もあった。

旅順艦隊とバルチック艦隊をともに撃滅され、ロシア帝国も戦争を続けられなくなった。そこですかさずアメリカの仲裁が入った。もちろん偶然ではない。日本は早くから、セオドア・ルーズベルト大統領とハーバード大学で同窓だった外交官金子堅太郎を派遣し、根回しをしていたのだ。

そこで日露講和交渉はアメリカのポーツマスで行われ、全権の**小村寿太郎《こむらじゅたろう》**は賠償金こそ取れなかったが、ロシアが清国領土内に建設したシベリア鉄道の支線（東清鉄道）の一部や南樺太《からふと》を獲得するなど多大の成果を上げた。要するに**アメリカのおかげで日本は日露戦争に完全な勝利を収めることができた**ということだ。

獲得した鉄道は日本によって**南満州鉄道**（通称・満鉄）と改称され、後に日本の東アジア経営の要《かなめ》となるのだが、ポーツマスで講和が成立した直後にアメリカの「鉄道王」エドワード・ハリマンが急きょ来日し満鉄の共同経営を提案してきた。日本は賠償金も取れなかったのでカネが無い、それにアメリカの中国市場参入を歓迎する姿勢を示していたこともあり、元老伊藤博文、首相桂太郎はこの提案を大歓迎し、**「桂・ハリマン協定」**が成立した。

ところが帰国した小村寿太郎は、この協定をぶちこわしたのである。アメリカに飲ませた「煮え湯」とはこのことである。

「桂・ハリマン協定」ぶちこわしの謎

なぜ小村寿太郎はそんな馬鹿なことをしたのか。ベテランの外交官である彼ならそんなことをすればアメリカが激怒するとわかりそうなものなのに。

他のアメリカ資本でもっと条件の良いところがあったので、とりあえずハリマンとの話はぶちこわしたという「弁護論」があるが、これは成立しない。なぜならその後日本は満州の利権からアメリカを一切シャットアウトしているからである。

私にはずっとこれが謎だった。小村に関する資料をいくら読んでも冒頭の問いに対する答えは見つからない。だが、松方正義を調べている時、**これを小村に実行させた黒幕は松方ではなかったか**と気が付いた。

というのは松方がフランス滞在中に学んだ中に次のような教えがあったからだ。「政府は決して外国人に対し鉄道系の免許を与えてはならず外国の資本を用いてこれを建設してもいけない」というもので、これは松方の公式伝記によるとレオン・セイとも親しかったフランスの国会議員ジャン・カランツの言葉である。このため松方は日本国家の独立を維持するためにはこのルールを絶対に守らねばと考えたようなのだ。

当時の日本にそういう考え方をした政治家は他にいない。元老の伊藤博文も首相の桂太郎もハリマンの提案にもろ手を挙げて賛成したくらいだ。ところが、その伊藤の財政手腕に疑問を持っていたのが松方だった。少なくとも金本位制の実施については伊藤より松方の見解が正しかった。そうしたこともあり、松方は「伊藤は何もわかっておらん」と「桂・ハリマン協定」をぶち壊すよう、小村寿太郎に命じたのではなかったか。

こうした見解を発表するのは多分私が初めてではないかと思うのだが、プロの歴史学者は当然そんなことは一切史料に残っていない、と反論してくるだろう。しかしこの場合は史料を残せなかった事情がある。国際ユダヤ資本である。高橋是清が金集めにロンドンに向かった時、アメリカのジェイコブ・シフが助けてくれなければ目的は達成できなかった。

先に述べたように問題は誰がシフに話を通したか、だ。日本の政治家の中で強力なユダヤコネクションを持っているのは松方しかいない。しかし**松方のコネはすべてフランス系**である。当然フランス・ロチルド家のアルフォンスに頼んだのだろうが、彼は国籍上は「フランス人」である。フランスは、日本が同盟を結んでいるイギリスのライバルでありロシアとは親しい国だ。だから「フランス人」が日本を助けるのはまずい。ただでさえ「ユダヤ人は国家の枠組みを壊そうとしている」という偏見があり、その偏見がポグロムそしてホロコーストを生んだのがヨーロッパという土地柄なのである。

アルフォンスは当然、「アメリカのユダヤ資本を紹介する、ただし我々が仲介したことは絶対秘密だぞ、松方」と念を押したに違いない。通常こうしたことは回顧録などで後に明かされるのだが、この件ばかりは公表されれば、一般のフランス人はフランスのユダヤ資本が「裏切った」と考え差別を深めるだろうから、絶対に秘密にしなければならない。

それでものちにヨーロッパではホロコーストが実行されたことをどうかお忘れなく。だから松方はあくまで黒幕として振る舞い、小村にも高橋にも自分の関与を固く口止めしたに違いない。だからこそ今まで真相は明らかになっていないと私は考えるのである。

二・二六事件でユダヤ資本との太いパイプも切断

話は一九〇五年（明治三八）から一九三六年（昭和一一）に飛ぶ。

この年「二・二六事件」が起こった。陸軍の青年将校が独自の国家改革「昭和維新」を断行しようとした軍事クーデター未遂事件である。「決起」した部隊は政府要人を襲撃し、財政立て直しのために総理経験者でありながら蔵相で入閣していた高橋是清も射殺された。

青年将校は「農村の疲弊」を決起理由に挙げていた。それは事実で、このころのイネは寒さに弱く、東北・北陸では天候不順だと凶作になることが珍しくなかった。しかも前に述べたように大地主制の下での小作農に対する搾取は激しく、こうした時「苦労して女学校を卒業させた娘を遊郭に売る」などという事態も起こっていた。

こんな悲惨な状況を慈悲深い天皇が認めるはずがない、にもかかわらず政治が変わらないのは取り巻きの重臣が悪いからだ、彼らを排除すれば天皇もわれわれを支持する、というのが青年将校の論理だった。しかし、あくまで憲法に従い立憲君主制の君主としての立場を崩さなかった昭和天皇は、この**違法行為に激怒し鎮圧を命じた**ので「乱」は数日で収まった。

ところで、農民がこれほど悲惨な境遇に落ちた責任者は誰か、覚えておられるだろうか？そう、松方正義なのである。その後継者が高橋是清といえるだろう。もちろん松方も好んでしたことではないし、一方で日清・日露戦争を可能にした財政環境を作ったという大功績がある。「すべての国民を幸せに」というスローガンは口で言うのは簡単だがこれほど難しいことはない。「あちらを立てればこちらが立たず」が現実で、その中でどのようにバランスを取っていくかというのが政治家の手腕だろう。とにかく**日本の財政担当松方正義の後継者は明らかに高橋是清**であり、だからこそ青年将校に目の敵にされたのだ。「農民を不幸にした元凶」だからである。また後継者といえばユダヤコネクションについてもそうであった。高橋は戦時公債を引きうけてくれたアメリカ人銀行家ジェイコブ・シフと極めて親しくなり、娘がアメリカに留学した時シフの家を寄宿先に選んだほどだ。

その高橋が日本陸軍の将校に殺されたということは、松方以来日本が保持していた国際ユダヤ資本との太いパイプも切断されたということだ。当然それはユダヤ最大の敵ナチスドイツとの連携を深める方向に陸軍が向かったということでもある。

ところで、「東北の凶作」などと言ってもピンとこない人がいると思うので説明すると、今は「米どころ」と知られる東北各地は、歴史的に言えば「つい最近」の昭和二〇年以前は「まずい米」の産地だった。そもそもイネは熱帯原産で寒冷地の栽培には向かない。それを無理やり強制したのが、アテルイ（平安時代初期の蝦夷《えみし》の軍事的指導者）を倒し東北を領土とした大和朝廷だった。

朝廷の「租」つまり最も基本的な税金は何だったか？　コメである。だからコメを無理やり栽培させた。蝦夷地《えぞち》（北海道）ではコメが取れないので朝廷も幕府も征服しようとはしなかった。「コメ政権」だからだ。もしジャガイモがもっと早く普及していたら、ドイツのように主食とし飢えから免れたかもしれないが、とにかく「つい最近」まで東北とは**「成長不良のまずいコメ」**の産地であった。それがなぜ変わったのか？　誰が変えたのか？

東北に起こった「水稲農林一号」の大革命

筆者は早稲田大学の出身である。ところで早稲という言葉の意味をご存じだろうか、読んで字のごとく栽培期間が短くて済むイネのこと（ミカンなら「早生」と書く）だ。反対語は晩稲（晩生、おくて）だが、どちらが美味《おい》しいかと言えば常識的には晩稲の方だ。エサ不足で成長不良の豚より、じっくり肥え太らせた豚の肉のほうが美味しいのと同じことである。

ところが戦前の東北や北陸では早稲が主体として植えられていた。理由はおわかりだろう。

西日本に比べて寒いからだ。確かに夏は暑いが秋の訪れも早いし冷夏になればたちまち凶作になる。本当は南北に長い日本列島では、「南」にあたる西日本ではコメを栽培しても「北」にあたる東北・北陸では寒さに強いムギかジャガイモにすべきだったのだ。

ところが大和朝廷も幕府（武家政権）も「コメ政権」であったがゆえに、東北・北陸はコメの栽培を強いられた。コメの栽培競争ならば、もともと気候の良い西日本に、東北・北陸が勝てるはずがない。だから、日本史の中で特に東北は「貧しい土地」であったのだ。

ところが、すべての条件を完全にひっくり返したイネの品種が生まれた。いや作られた。**「水稲農林一号」**という。今のコシヒカリなどすべての美味しいコメの「先祖」と言ってもいい品種である。なんとこの「水稲農林一号」は通常の早稲より早く育つ「極早生《ごくわせ》」なのに、それまでのコメより遥《はる》かに美味しいというすばらしいものであった。どんなに革命的なものであったかおわかりだろう。

この普及以後、東北は「米どころ」になり、「美味しいコメ」といえば東北産ということにもなった。また凶作という言葉が消えた。冷夏になっても二・二六事件の青年将校のように農村の困窮を心配しなくても済む。**もっと早くこのコメが普及していれば二・二六事件も無かったのではないか**とする論者もいるほどである。

大和朝廷がコメを税の基本（租）にしたのが七世紀で、それから一三〇〇年経過したが、この「大革命」がなされてから、まだ一〇〇年たっていない。それなのにほとんどの日本人はそんな大革命があったこと自体忘れているし、その開発者の名前も普通の人は知らない。並河成資という農林省の技官だが、この項を書いている時点でインターネット上の百科事典ウィキペディアの日本語版にも彼の項は無い。本来なら東北六県プラス北陸で毎年「感謝祭」を催してもいいぐらいの功績なのだが、実に情けない話だ。

ところで、話がそれたように感じている人がいるかもしれないが、それは違う。まずコメとは日本人にとってカネと同じものであった、税とは近代以前はコメのことであった。その歴史にうといのは問題だ。

そしてもう一つ、日本人の悪いところは過去の歴史をころりと忘れてしまうことだ。そもそも満州が日本の手に入ったのは誰のおかげか？　もちろん日本が日露戦争に勝ったためだが、それを強力にアシストしたのがイギリスとアメリカであった。イギリスは同盟国だからある意味で当然なのだが、アメリカはそうではないのに助けてくれたのだ。だが、この時から三六年後にアメリカと戦争を始めた時、日本はこのことをすっかり忘れていた。

三、日本の列強入りと韓国併合

関税自主権回復の悲願達成

日露戦争の勝利は、日本にとっても世界にとっても**歴史上画期的な出来事**であったことは間違いない。

有色人種の国が初めて白人のキリスト教徒国家に対して、それも欧米列強の一角であるロシア帝国に勝ったのだ。欧米列強に植民地にされ、しょせん白人には勝てないと思い込んでいた民族に大きな希望を与えた。

また日本つまり大日本帝国にとっても、それは**列強の一員となった瞬間**でもあった。覚えておられるだろうか、日本が明らかに幕府の不手際による、朱子学の呪縛《じゅばく》によって、極めて不利な形で開国してしまったときに、押し付けられた負の遺産があった。不平等条約である。その内容は**領事裁判権を認めてしまった**こと、もう一つは**関税自主権を奪われた**ことであった。

領事裁判権というのは一般には外交官にしか認められない治外法権、つまり外国人を日本の法律で裁けないという特権を、すべての外国人に適用したものであった。外国人が日本でどんな卑劣な罪を犯しても、逮捕することも日本の法律で裁くこともできないのである。ただし、これは国の体面に関わることだが経済的な損失は少ない。

その逆に日本に恐るべき経済的損失をもたらしたのが、関税自主権が奪われたことであった。イギリス産の綿花を日本に輸入しようとしたとする。イギリス製は植民地インドで栽培されたため人件費がかからず安価で良質である。だから、そのまま輸入を許すと国内の綿花産業が太刀打ちできず壊滅してしまう。

そこで二〇〇パーセントの関税を課すとしよう。原価一〇〇円の綿花も日本国内では三〇〇円で販売される。だから日本の業者はそれ以下の値段で売れば何とか対抗できる。要するに関税自主権があれば自国の産業を外国製品から守ることができるのだ。ところがこれを奪われてしまった。これはゴルフにたとえれば、日本は「アマチュア」なのにプロと同じノーハンデで戦わされたということである。

この間の膨大な経済的損失はどれほどのものか。寡聞にして私は知らない。渋沢栄一も岩崎弥太郎も五《ご》代《だい》友《とも》厚《あつ》も、いや日本人のすべてが文字通り血のにじむような努力をしてこのハンデと戦ってきた。このハンデを計算に入れれば明治の国家発展がどれほどすごいものであったかを理解できるだろう。しかし**これがある限り日本は半植民地状態**である。

領事裁判権の方は政治の問題だから簡単に述べよう。やはり日本に救いの手を差し伸べたのはイギリスだった。日露戦争どころか日清戦争の前にロシアの南下政策を警戒し、いずれ東アジアでロシアと対抗することを予測していたイギリスは、日本を友好国にするために条約改正交渉に応じた。日本側は「カミソリ陸奥《むつ》」と呼ばれた外相**陸奥宗光**《むねみつ》が粘り強く交渉し、ついに**領事裁判権の撤廃と関税自主権の一部回復**を勝ち取った。これが**日英通商航海条約**で調印は日清戦争開戦直前、それもわずか九日前の一八九四年(明治二七)七月一六日のことだった。

ほかの欧米列強もイギリスが認めるならということで、順次領事裁判権の撤廃に踏み切った。問題は関税自主権の方である。日露戦争に勝利を得た日本はこの関税自主権の完全回復に駒を進めた。

「向こう四〇年の魔の季節」

日本の悲願だった条約改正。それを完全に成し遂げるためには、まだまだ相当な年月を必要とした。ただ日露戦争の勝利によって、欧米列強は日本をその仲間に迎える形をとった。具体的に言えば、これまでアメリカに対してもイギリスに対しても公使しか置けなかったのだが、それより格上の大使を置けるようになった。それは対等な国家関係になったということだから、基本的に**外国人居留地は廃止**された。それまでは日本の法律や官憲が信頼できないということで、特に欧米列強の国民は横浜などの指定された地域に住み大使館のように各国の軍隊が警備する形をとっていたのである。

日本が日露戦争に勝ったのは、前にも述べたように一九〇五年（明治三八）だが、考えてみればその約四〇年前は、いわゆる尊王攘夷の「志士」が外国人と見れば斬り殺すという蛮行に及んでいたのである。しかも実行していたのは他ならぬ明治政府の高官たちだった。伊藤博文も長州《ちょうしゅう》藩士の時代、英国公使館焼き打ちに参加したこともある。それから考えれば**この約四〇年の変化は驚くべきもの**だということがわかるだろう。

それだけではない、この年から四〇年後は一九四五年つまり昭和二〇年なのである。たった四〇年で日本いや大日本帝国は二発の原爆を落とされ崩壊した。しかもその相手は日露戦争当時最も日本を応援していたイギリスとアメリカであった。司馬遼太郎はこの四〇年間を「向こう四〇年の魔の季節」と呼んだが、まさにそうではある。まるで**ジェットコースターのような歴史**ではないか、一体何故、そういうことになったのか？　やはりポイントは「日米関係の悪化」にあるだろう。

だが、とりあえず歴史の流れに戻ろう。実は日露戦争の勝利の時点では、まだ大日本帝国は頂点に達したとは言えない。まだ関税自主権も完全に回復していなかったし、日本経済の規模も小さい。だが大正・昭和に入ると、日本は**ワシントン海軍軍縮条約**（一九二二年）、**ロンドン海軍軍縮条約**（一九三〇年）を英米と結ぶ。これは海軍の主力艦および補助艦の比率を決めたものだが、この時代まさに日本は世界三大海軍国の一つになっている。このあたりが大日本帝国の絶頂と言えるだろう。一九三〇年（昭和五）が絶頂なら、それからわずか一五年で大日本帝国は崩壊したわけだ。それに至る過程を語ろう。

関税自主権を回復する以前に、日本の経済規模が大きく拡大した一大事件があった。これは政治史でも経済史でも大日本帝国史における重大な事件の一つと言っても良いのだが、それは**韓国を日本に「併合」したこと**である。一九一〇年（明治四三）のことだ。日本が日清戦争を戦ったのは「朝鮮国の独立」を確立することであった。具体的に言えば清国（中国）から韓国を「引き離す」ためである。これは成功し「清国皇帝の支配下にあった朝鮮王国」は一〇〇〇年以上にも及ぶ中国支配から独立し大韓帝国となった。首長は国王から皇帝となり歴史上初めて中国と対等になった。だが、日本にとって韓国はまるで頼りにならない国であった。

「自己中心真理教」とも言うべき朱子学

大韓帝国が何故頼りなかったか説明するのは実は大変である。私の愛読者なら説明は不要だ。要するに「朱子学とは何か」を理解しているからだ。だが、朱子学って何？　とか、聞いたことはあるけど中身を知らないというのが日本人の大半の反応である。

本書は『お金の日本史』であり政治の話ではないので、あまり紙数をとっていられないが、それでは本当の歴史がわからなくなるので、改めてできるだけ簡単に説明しよう。

まず伊藤博文ですら幕末の頃は英国公使館を襲撃するほど攘夷思想、つまり「外国人出て行け」という思想にはまっていたことを思い出してほしい。それは伊藤個人だけでなく長州藩や薩摩藩といった組織もそうで、彼らは外国には一切学ぶことなど無いから、**外国人など片っ端から斬り殺し日本から追い出すのが正しい**と信じていた。その上に、それが実行可能だと信じていた。もっと具体的に言えば戦国時代以来の火縄銃と青銅製の大砲で彼らに勝てるということである。

勝てるはずがない。火縄銃の射程距離はせいぜい一〇〇メートルで雨の中では使用不能、さらに弾丸込めも一発ずつで時間がかかる。西洋の銃は射程距離も約三倍、全天候で使用可能の連発銃である。また大砲は鋼鉄の砲身でできており大量の火薬の爆発に耐えるから射程距離は長く、しかも砲弾は当たったら炸裂《さくれつ》する榴弾《りゅうだん》である。勝てるわけがない。

にもかかわらず薩摩は薩英戦争でイギリスと戦い、長州は下関《しものせき》戦争で英米など四カ国と戦った。当然惨敗する。そこで初めて目が覚めて**西洋近代化こそ日本を救う道だと方向転換**するようになった。

ここでちょっと戦国時代の日本人と比べてみよう。初めて種子島《たねがしま》に伝わった西洋の鉄砲を目の当たりにした日本人は、これこそ究極の兵器だとすぐに取り入れ改良し国産化に成功した。その時代の日本人と比べると、幕末の日本人は実に頭が硬くなっていることがわかるだろう。

戦わなくても西洋人の銃器か大砲を見れば、それを取り入れなければ勝てないとわかるはずだ。だが幕末の日本人の多くは、それがわからなかった。ある思想に洗脳されていたからである。それこそオウム真理教ならぬ**「自己中心真理教」とも言うべき朱子学**だった。

では、なぜ日本人は朱子学に洗脳されてしまったのか？　それは徳川家康が武士の公式哲学として朱子学を採用し、これで徹底的に子弟を教育するよう決めたからである。もちろん家康は日本人の頭を硬くするために朱子学を採用したのではない。

既に述べたように本能寺の変が原因である。本能寺の変以後の歴史をご存じだろう。これを織田信長の視点から見ると自分が取り立ててやった光秀に殺されたばかりか、光秀以上に取り立ててやった秀吉に天下を奪われたということだ。それを横目で見ていたのが家康なのである。家康は嘆いた。当然だろう。日本人は恩義を一体何だと考えているのか、主君に対する忠誠を確立しない限り、また光秀や秀吉のような「恩知らず」が出てくるだろう。そこで忠義を絶対とする朱子学を武士の基本哲学とすることにしたのだ。

ところがこの「恩知らず人間排除ワクチン」は思わぬ副反応を生み出した……。

「亡国教」に五〇〇年間洗脳され続けた朝鮮国

徳川家康は天才であり政治家としても超一流であることは間違いない。だから日本人から

「恩知らず」を無くすために、別の言葉で言えば徳川家への忠誠を絶対的なものにするために、武士たちに朱子学を学ばせた。教育で日本人の道徳を育てようとした。

これが裏目に出た。これも政治の話だから簡単に言うと、朱子学を学んだ武士たちは忠義を尽くす対象は将軍家ではなく天皇家だと思うようになった。だとすれば天皇家に忠義を尽くせば将軍家は倒してもいいことになる。それが幕末、薩摩や長州や倒幕派の考えたことであった。いかに天才であろうと、人間は神では無いから失敗もある。それを学ぶのが歴史の面白さだ。

そもそも朱子学とは、紀元前の孔子《こうし》が始めた儒教を、日本の鎌倉時代の頃、中国（当時は宋《そう》）の朱子という哲学者が改変したものである。その改変にさんざん苦労させられたのが、実は渋沢栄一なのだが、そのことは第四章にも書いた。

ここで申し上げておきたいのは、朱子学というのは**一種のヒステリー状態で作られたもの**だということだ。宋は中国の歴代王朝の中では最も文化的に優れているが、戦争にはめちゃくちゃ弱かった。そして彼らから見れば野蛮人であるモンゴル人が建てた「元《げん》」に滅ぼされてしまったのである。朱子は滅ぼされる寸前の宋に生まれた。文化的には絶対に野蛮人に負けていないという強烈なプライドはあるが、軍事的には彼らに絶対に勝てない。

そこで朱子は徹底的に現実を無視し、中国こそ世界一の国家であるという哲学を作った。それが朱子学なのである。若い人にわかりやすく「ドラえもん風」に言うと、朱子学とは「いじめられっ子のび太が見たジャイアンを叩《たた》きのめす夢」なのである。実はこれと同じ中国民族の夢がある。それは小説「水許伝《すいこでん》」である。水許伝の内容は簡単に言えば中華民族が野蛮な周辺民族を叩きのめすという物語である。現実の歴史とはまるで違う。

朱子学はそうした夢に加えて中国こそ世界一とのプライドが加わるから、外国には一切学ぶものは無く外国人など斬り殺してでも追放すれば良いという過激な思想に変わってしまった。ここまでくるとまさに宗教である。

しかもこれが**周辺国家に伝染病のように蔓延《まんえん》**した。日本は徳川家康が目的は違うのだがそれを導入して、結局朱子学病に染まってしまったが、その期間は約二六〇年間であった。ところがなんと五〇〇年の長きにわたってこの「病気」に感染してしまった国がある。

朝鮮国だ。その「症状」を述べれば、まず西洋近代化など絶対してはいけない。そんなこと言ったって、火縄銃では西洋銃に勝てないと言ってもダメなのである。また自分たちの文明つまり中華文明が最高である以上、西洋文明など学ぶところは一つも無い、となる。おわかりだろう、そもそも相手文化の良いところを取り入れるなどという、発想自体も消えてなくなってしまうわけだ。

この**「亡国教」に五〇〇年にわたって洗脳されたのが朝鮮国**（李氏《りし》朝鮮）で、この「李朝五〇〇年」の体質はその後の大韓帝国にも色濃く受け継がれた。つまり大韓帝国とは「火縄銃で欧米列強に勝てる」と信じ込んでいる、「頼りにならない国」だったのである。

韓国併合の真相

大韓帝国は当時の世界の中では最貧国の一つであった。ところが本人たちはそれを引け目に思うどころか、自分たちこそ世界の中心で最も優れた国家だと信じていた。本来はそれを上回る国として中国があったのだが、その中国（当時は清国）は日清戦争に負けたことによって日本に学ぶ姿勢を示したことが、韓国人たちは気に入らなかったのである。

なぜだか、おわかりだろう。朱子学という「自己中心真理教」の狂信者にとっては、外国に学ぶことなど一切ないからだ。つまり大韓帝国は清国の改革志向（＝西洋近代化）を**朱子学体制を放棄した堕落**と見たのである。となれば世界で一番まともな朱子学を信奉しているのは自国であるから、当然世界一の国家は大韓帝国であるということになる。

もちろんそんな幻想にいつまで縛られているのかと世界中の国がその現状に呆《あき》れていた。もちろん韓国国内にも日本を見習って改革すべきだと主張する人々がいた。日本にとっては**こんな国がすぐ隣国なのは大変危険**である。もしロシアに攻め取られたら次は日本の番だ。だから日露戦争でロシアは追い払ったものの、このままでは日本の安全も韓国の安全も守れないという理由から、まず保護国という形で韓国を取り込もうとした。

もちろん、この時点でいっそのことイギリスがアイルランドを併合したようにすれば良いで

往時の独立門、府民館(京城)

はないかという強硬意見もあったのだが、それを抑えていたのは伊藤博文であった。日露戦争の時も最後まで戦わずに平和裏にことを収めようとしたのが伊藤博文だ。

これより先、日本は日清戦争に勝ったとき朝鮮国が清国から独立することを認めさせた。それに感謝した朝鮮の民衆はその独立を記念するために独立門を建てた。つまり日本は韓国を近代的な独立国家に成長させていけばいいではないか、というのが当初の伊藤の立場だった。ところが韓国は朱子学の洗脳からまったく覚醒《かくせい》しない。要するに日本の提案はすべて「野蛮」で受け入れられない、ということだ。

忍耐強い伊藤もさすがに耐えられなくなってきた。しかもその伊藤が韓国人**安重根に暗殺**されてしまった。これで慎重派は一気に勢いを失い強硬派が主導権を得、日本は当時の桂太郎首相のもとに**韓国併合**に踏み切った。一九一〇年（明治四三）のことである。ただし日本はこの時点であくまでも韓国を植民地にしたのではなく、イギリスとアイルランドの合併のように、パートナーとして手を携えていくというのが建前であった。

ここは経済的視点からも最も重要なポイントで、植民地としたのなら同じイギリスがインドに行ったような「収奪」がテーマになるはずで、必然的に韓国はさらに極貧国に転落したはずだが、実態はまるで逆であった。韓国は朝鮮半島の国家としてはおそらく歴史上最も豊かな国いや「地域」へと変貌《へんぼう》していった。理由は簡単で、それまでまったくと言っていいほど西洋文明を受け入れていなかった韓国に、日本が大量に「投資」し最新の工業技術や農業技術を移転することによって生産性を向上させたからである。

イギリスはインドから「収奪」したが日本は韓国に「投資」したのである。ところが現在の韓国では学校で子供たちに日本は韓国を植民地化し徹底的に収奪したと教えている。もちろん完全なデタラメで、そのことはほかならぬ韓国の良心的な歴史研究者によって証明されている。

韓国の教科書に載っている「日本の収奪」は無かった

大韓帝国は併合によって大日本帝国の一部である「朝鮮区域」となった。

日本はこの区域に多額の投資をした。工場や発電所あるいは上下水道など近代国家として必要なものが何も無かったからである。投資したのはインフラだけではない。朱子学に洗脳されていた朝鮮では学問は「士」のやるもので、「農工商」すなわち「民」は学校に行く必要はなかった。男女差別も激しく「女に学問は不要」というのが常識だった。これらをすべて平等にし、民の識字率を世界最高レベルにしたのも日本である。

しかし、現在の韓国ではこうした歴史的事実がすべて隠され、大韓帝国は立派な国だったのに日本が植民地化して徹底的に収奪していた、という**ウソの歴史**を教えている。その結果どういうことになったかというと、国民は何百万の同胞を餓死という無惨な死に至らしめた北朝鮮より、戦後もずっと韓国に援助を続けてきた日本の方が「悪」だと思い込むようになった。もちろんそれは**韓国内の親北派の陰謀が大成功した**ということで、そのリーダーがかつての文在《ムンジェ》寅《イン》大統領である。現在の韓国は日本にたとえれば「朝日新聞と日教組が勝った国」なのである。

多くの日本人は知らないが、韓国には、韓国と北朝鮮が同盟して日本を核攻撃で屈服させる『ムクゲの花が咲きました』という小説があり、一〇〇万部のベストセラーになり映画化もされ大ヒットしている。不思議なことにテレビにコメンテーターとして結構出ている「韓国通のジャーナリスト」は、こういうことにはまったく言及せず日本の批判ばかりしている。本当に不思議な話である。

あなたがもし韓国人でこうした現況を認識したら一体どういう行動に出るだろうか？

本当の歴史を国民に知らせようと思うだろう。ところが、韓国ではそんなことをすると徹底的にマスコミに叩かれ、親日派（売国奴）のレッテルを貼られ社会的に葬られてしまう。こうなると、ほとんどの歴史学者も口をつぐむようになる。まさに政府とマスコミが一体となった恐怖政治の世界である。

しかし、勇気と信念を持つ歴史学者は韓国にもいた。以前に紹介した李《イ》栄《ヨン》薫《フン》氏である。氏の専門は歴史経済学で古文書などのデータを精査し、**韓国の教科書に載っている「日本の収奪」は無かった**ことを初めて証明した学者でもあった。しかし、マスコミはその研究を頭から否定し社会から葬り去ろうとした。だが、韓国にも極めて少数だが氏を支え、歴史の真実を明らかにしようとする人々がいる。そういう人々の研究を氏がリーダーとなってまとめ勇気を持って発表したのが**『反日種族主義　日韓危機の根源』**（文藝春秋刊）なのである。

その冒頭で氏は次のように述べている。「この国の国民が嘘を嘘とも思わず、この国の政治が嘘を政争の手段とするようになったのはこの国の嘘つきの学問に一番大きな責任があります」。いわゆる従軍慰安婦問題、徴用工問題についても真相が語られているのだが、特筆すべきはこの本が**韓国内でもベストセラー**になったことだろう。これまでの常識ではまったく考えられなかった現象である。韓国民の洗脳が解けるきっかけになればよいのだが、最後に一つ強調しておこう。日本は朝鮮から収奪したのではなく投資したのだ、と。

欧米とは違う日本の「植民地経営」

朝鮮より早く日本の領土となっていたのは清国の一部であった台湾である。日清戦争でこの島を得た日本は、ここにも全力を挙げて投資し教育制度も作った。現在台湾と言えば世界一の親日国として有名だが、それは日本のおかげで近代国家としての基礎が整えられたと台湾人が認識しているからだ。

もちろん台湾にも韓国にも日本の統治に反旗を翻した人間はいた。ただ、そういう人々のほとんどは朱子学に毒された保守主義者であった。西洋近代化に絶対反対だったからこそそうしたので、結局彼らは同胞の支持を失っていった。

では同じことをしたのに、台湾人はなぜいまだに日本に感謝し、韓国人は逆に徹底的に日本を憎むのか。それは前に述べたような歴史の歪曲《わいきょく》がなされているからだが、そうなったのも実は朱子学の影響であることを指摘しておきたい。朱子学では西洋近代化や男女平等など絶対ありえない世界が正しいし、その体制が最も優れていると考える。だからどんな形にせよ、それを改変した行為は許されない。優れていた国が劣った国である日本に改革されるなどありえないということにもなる。朱子学はそのように歴史の真実を改変してしまう、歴史学の最大の敵でもあるのだ。

ただし日本の行為がすべて正しかったと言うつもりはない。日本はイギリスのような植民地の民を差別し収奪するシステムを改変しようと考えた、その思いは良いのだが、具体的な手段として実行した事は、**同化政策**といい簡単に言えば「全員日本人になってしまえばいい」、そうすれば待遇も平等だし差別もなくなるというものであった。アパルトヘイトなどとは真逆の政策である。アパルトヘイトでは白人と黒人が平等ということは絶対あり得ない。だから徹底的に差別し収奪する。日本人はその逆をやればすべて丸くおさまる、と思ったのだ。しかしそれは民族の伝統文化の破壊につながる。これは確かに同化政策の大きな欠点であり、特に古い文化を誇りにしていた朝鮮の民の反感を買うことになった。

李登輝元総統（左）と著者

一方、台湾は韓国と違って独自の強烈な文化は無かった。だから日本の同化政策は成功し感謝もされた。二〇二〇年に亡くなられた台湾の李登輝《りとうき》元総統が、産経新聞の取材に「私は二二歳まで日本人だった」と答えた話は有名である。

私もかつて台湾に取材に行ったとき、李登輝氏に大歓迎され書斎にも招いていただいたのだが、その時強調されていたのは日本の京都帝国大学で学ばせてもらったことへの感謝だった。植民地であったインドではインド人がいかに優秀でも、大富豪でもない限りはオックスフォード大には入れない。そこがイギリスの植民地支配と日本の統治の大きな違いであった。

日本はこの後、第一次世界大戦の勝者となり、現在のミクロネシア連邦があるあたり、南太平洋のトラック、サイパン、パラオなどの島々を国際連盟から委託された委任統治領とした。それ以前はドイツ領でドイツは現地の産業を発展させようとか、教育水準を上げようなどとは全く考えなかったが、日本は盛んにインフラ投資を行った。

現在パラオ共和国が大の親日国でもあるのもそれが理由だ。要するに日本の「植民地経営」は欧米列強のものとはまったく違い、**経済的に言えば収入よりも支出が多かった**ということなのである。

安政五カ国条約が五三年ぶりに解消

話を日露戦争勝利直後の一九〇五年（明治三八）に戻そう。

この年、ポーツマス条約でロシアが清国内において保持していた満州に関する利権を獲得した日本は、その間に一時「桂・ハリマン協定」を結んでアメリカの南満州鉄道への資本参加を許そうとしたのだが、それを帰国したポーツマスの全権大使で外務大臣でもある小村寿太郎が

「ぶち壊した」ことはすでに述べた通りだ。だが、このことは問題だとしても小村が当時世界水準でも優秀な超一流の外交官であったことは紛れもない。

小村はポーツマス以前、旅順要塞が陥落したあたりからイギリスに対して同盟の継続を申し入れており、賛意を示したイギリスと直ちに交渉に入り日本により有利な条件で同盟を改訂させた。たとえば最初の同盟では日本が敵国と交戦状態に入っても、イギリスはただちに参戦するという内容ではなかったが、この点は完全な攻守同盟に改訂されたし、アジアにおける日本の利権、特に大韓帝国を「保護国」とすることをイギリスに認めさせた。

さらに小村は清国にも全権大使として赴き、ロシアが認めた満州に関する利権譲渡を当事国の清国に認めさせ、合わせて南満州鉄道の吉林《きつりん》までの延長と、鉄道守備隊としての日本陸軍の常駐権や沿線鉱山の採掘権等を認めさせた。これを**「日清満州善後条約」**と呼ぶ。

これだけの「根回し」をしたうえで、これもすでに述べたように、日露戦争戦勝の五年後一九一〇年（明治四三）、日本は韓国併合に踏み切った。これにより欧米列強は日本をそのメンバーとして迎え入れる下地ができた。

今こそ明治初頭いや幕末開国以来の悲願である完全な条約改正を成し遂げる好機と見た首相桂太郎と外相小村寿太郎は、今度はアメリカとの交渉を優先した。領事裁判権（治外法権）の撤廃の時はイギリスが相手だったが、今度は満州から完全に締め出されることを恐れたアメリカに的を絞ったのだ。

このもくろみは成功し、ついに一九一一年（明治四四）二月、アメリカワシントンD.C.において、**日米通商航海条約が改定調印**され、関税自主権の回復、言葉を換えて言えば**不平等条約の完全解消**がなされた。欧米列強のうち一つでもそれに応じれば、他の各国も日本との関係悪化を恐れ応じることになる。実際、年内に英、独、仏などとの間にも「平等条約」が結ばれることになった。

江戸幕府が一八五八年（安政五）にアメリカ、ロシア、オランダ、イギリス、フランスと結んだ不平等条約「安政五カ国条約」が、この年**五三年ぶりに解消された**ということだ。

朱子学の毒に染まったあげく、特に日本との友好関係を求めていたアメリカ、ロシア、オランダあたりとはいくらでも有利な条件で条約を結べたのにそのチャンスを逃し、さらには世界有数の保有量を誇っていた金を交換レートの不備から大量流出させた江戸幕府は、やはり倒されるべき政権であったということだろう。その前政権の膨大な「ツケ」をようやく解消したのが、この一九一一年という記念すべき年であった。

ご存じの通り明治は四五年までである。この年（一九一二年）の七月三〇日に明治天皇は崩御された。宝算（没年齢）五九歳。時代は大正になった。まさに新しい時代に突入したのである。

第七章

揺れる大正デモクラシー

一、第一次世界大戦の「特需」と「負の遺産」

第一次世界大戦で目覚めた米国

大正時代に入って三年目、一九一四年（大正三）に第一次世界大戦が勃発《ぼっぱつ》した。きっかけはその年、オーストリア＝ハンガリー帝国の継承者フランツ・フェルディナント大公夫妻がサラエボで民族主義者に暗殺された事件である。これでオーストリア＝ハンガリー帝国は、暗殺の黒幕がセルビア王国だと確信し宣戦布告した。これがきっかけとなって、それぞれの国に味方する列強が参戦したため世界を巻き込む大戦争に発展した。

オーストリア＝ハンガリー帝国にはドイツが味方し、ロシア、フランス、イギリスはセルビアに味方する形となった。形となったと言うのは、セルビアにはまずロシアが支援する姿勢をとり、さらにフランスに援軍を要請したために、今度はドイツがフランスに宣戦布告する事態となり、次いでドイツの拡張を嫌っていたイギリスがロシア、フランスに味方する形で宣戦布告したからである。そして**イギリスと攻守同盟（日英同盟）を結んでいた日本もドイツに宣戦布告**し参戦した。

初めはヨーロッパで起こった戦いになぜ日本が参戦したか。日本はヨーロッパの地域には何の利権も持っておらず、直接の国防的危機はなかったのだが、日英同盟の「よしみ」ということで参戦した。ではどこで戦ったかと言うと、ドイツが中国に保有していた「租借地」などである。特に山東省《さんとう》の青島《チンタオ》はドイツ東洋艦隊の根拠地であった。

戦争の詳しい経過は本題ではないので省略するが、この時日本は南太平洋にも艦隊を派遣し、ドイツが事実上の植民地としていた南洋諸島を占領し、ドイツ東洋艦隊の補給を封じて味方を優位に導いた。このことが大戦終了後、日本がこれらの島々を委任統治することにつながった。

これに対し、ドイツ艦隊は戦況を有利にするため潜水艦による補給船などに対する無差別攻撃を行ったが、これでアメリカ人が犠牲になったこともあり世論は激昂《げきこう》し、ついにアメリカもドイツに対して宣戦布告することになった。結局、ドイツは列強のほとんどを敵に回して戦う結果となり、敗北し皇帝制も崩壊した。**帝国としてのドイツは消滅**したのである。それだけではない、ロシア帝国にも革命がおこって**ソビエト連邦**となり、イスラムの最大の帝国だった**オスマン帝国も崩壊**した。

この大戦で戦闘員だけでも約九〇〇万人の犠牲者が出たが、日本は嵐の中で「漁夫の利を得た」といえば言い過ぎになるが、日清戦争、日露戦争と比べ得たものは多く、国内が戦場にならなかったため犠牲者も少なかった。

しかしこの大戦で、それまでどちらかといえば「モンロー主義」という孤立政策が基調だった大国アメリカが、真の意味での世界戦略に目覚めた。この時はともに戦った、つまり友好国である日本の海軍と太平洋で激突する事態も想定し、海軍の充実拡張に乗り出した。

その計画のことを**オレンジ・プラン**という。

対日戦想定計画「オレンジ・プラン」

アメリカは既に日露戦争直後、つまり桂・ハリマン協定の破棄こそあったが、日本との仲が極めて友好的だった頃からこのプランの策定を進めている。情勢はどう転ぶかわからないから、あらかじめ想定しておくのである。

実はこれは「カラーコード作戦計画」の一環でもある。対日戦が特にオレンジと呼ばれたわけで、ブラックもレッドもある。ブラック・プランは第一次世界大戦でも戦ったドイツ相手だから当然といえば当然だが、なんとアメリカはおそらく建国以来の友好国であるカナダに対しても、イギリスと組んで攻めてきた場合の計画を練っている。これがレッド・プランである。

だから彼らには**想定外の事件はほとんどない**し、組織のトップが倒れても「余人をもって代えがたいから代わりはいない」という態度も取らない。国民がそれを許さないのである。

バイデン大統領が二〇二〇年の大統領選挙の候補の時から、高齢でひょっとしたら任期終了までもたないかもという議論はされていた。だからバイデンは若いカマラ・ハリスを副大統領に選んだし、それで国民も納得した。もともと副大統領とは万一の時、直ちに大統領の職務が代行できるよう備えておくものである。

任務が重要であればあるほど、組織は「副大統領」を選んでおかねばならない。そういう意味で言えば、日本のオリンピック組織委員会は世界の常識から言えば論外であるし、二〇二一年当時、「若い」橋本聖子氏が会長になったからといって「副大統領」を決めておかなかったのはおかしい。「若い人」なら絶対に万一の事は無いのか？ 考えてみればわかる話だ。

だが日本人はこういう話を言霊信仰の影響で「縁起が悪い」と考えようとしない。だから「平和憲法を守ればいい」と叫べば安心するし、そういう人を相手にした新聞が何百万部も売れるのである。これはまさに亡国への道なのだが、それを確実に証明しているのが戦前の歴史である。

もちろん、この時代つまり大正初期に日本も徐々にではあるが、アメリカとの戦争を意識するようになり、海軍をいかにして充実するかという発想は出てくるのだが、その前に明治維新以来の日本の産業史をまとめておこう。国家の予算つまりカネを生み出すのは産業であるからだ。

実はずっと日本の産業の要《かなめ》であり、海外貿易を支えていたのは**生糸**であった。絹織物の原料でカイコを育ててマユから生産するのだが、近代的工業設備は必要ないので幕末から「もっとも稼げる産業」であった。

大河ドラマ「青天を衝《つ》け」（二〇二一年）で渋沢栄一の生涯で前半のハイライトは、幕末に将軍徳川慶喜《とくがわよしのぶ》の代理である弟昭武《あきたけ》の随員として、パリ万博に幕府のパビリオンを出展するため、フランスを訪問したことだろう。実はこのとき幕府は日本産の生糸をフランスに独占的に輸出する代わりに数百万フランの借款をする話を進めていたらしい。それだけのカネが借りられれば軍艦も兵器も多数購入できるから薩長《さっちょう》に勝てると考えたのだ。だがこの戦略、薩摩の思いも寄らぬ「一手」によってつぶされた。

渋沢のライバル五代友厚

一八六七年（慶応三）まさに明治維新の直前に開かれたパリ万博の会場で、将軍徳川慶喜の代理で幕府館の立ち上げに向かった渋沢栄一ら一行は仰天した。なんと**幕府館の向かい側に「薩摩館」が建っていた**のだ。しかもフランスでは幕府と薩摩は日本を二分する大勢力であるというマスコミ工作がなされていた。

何しろ建物が二つあるのだからフランス人はそれを信じてしまい、幕府が起死回生の策として考えていた、生糸を「カタ」にしたフランスからの借款話が完全につぶされてしまったのである。勝海舟が親仏派の幕臣小栗上野介《おぐりこうずけのすけ》について「小栗は腰を抜かしたよ」と言っていたのはこのことらしい。

ちなみにこの陰謀というか、日本初の「プレゼン合戦」を勝利に導いたのが薩摩藩の代理人のフランス人シャルル・ド・モンブランであった。この男がすべてを仕切ったのだが、モンブランと藩の間を取り持ったのが薩摩藩士で開国派の**五代友厚**《ごだいともあつ》であった。五代も渋沢栄一と同じく最初は官界に入ったが、早々に退官し実業界に転じた。渋沢が東京を中心に活躍したのに対し大阪を本拠として次々に会社を設立したほか、実業界の要である**大阪商工会議所**、**大阪株式取引所**、**大阪堂島米商会所**などの設立に尽力した。現在、大阪商工会議所ビルの前には初代会頭を務めた五代友厚の銅像が立っている。

五代友厚

かつてNHKの朝ドラ「あさが来た」に若き日の友厚が五代才助（ディーン・フジオカ）として登場したが、大河ドラマ「青天を衝け」にも五代は登場し同じ役者が演じていた。

ところで、確かに生糸産業は日本のお家芸でありドル箱だったのだが、そのうちに原材料である生糸をそのまま輸出するより、日本で製糸して輸出した方が商品価値が高まるということに日本は気が付いた。明治政府は盛んに官営模範工場を作り民間に払い下げる政策をとったのだが、その中で最もうまくいったものの一つに群馬県につくられた**富岡製糸場**がある。幸いにも山間部にあったため戦災を受けず、一帯は史跡、古い建物は国宝になったばかりか世界遺産にも登録された（二〇一四年）。その登録名は「富岡製糸場と絹産業遺産群」である。こののち紡績業が日本のドル箱になっていくのだが、その原点は富岡にあった。日本の資本主義はまずこのあたりから始まったのである。

日本初二四時間フル稼働の紡績工場

カイコによる生糸生産およびそれを原材料にした製糸業はその後も日本の最大の輸出品目で、日露戦争後には機械化によってアメリカ向けを中心とした輸出量がさらに伸び、一九〇九年（明治四二）には滅亡寸前の清国を追い越して**世界最大の生糸輸出国**となった。

これと並行して発達したのが綿花を原材料とする紡績業だった。前にも述べたように、日本の綿花生産は不平等条約によって、安値で売られた良質のイギリス産綿花に押されて振るわなかった。しかし日本はこの良質の原材料を安く輸入できることを逆手にとって、それを加工し付加価値を高めて輸出し外貨を稼ぐ、という方向に活路を見いだした。一昔前の中国と同じで人件費が安い分生産コストを抑えられるから利益も上がることになる。近代的な設備を使って効率的な生産体制をとれば利益はさらに上がる。

ここでも先鞭《せんべん》をつけたのは渋沢栄一であった。一八八二年（明治一五）に**大阪紡績会社**（現在の東洋紡）を設立し、イギリスから最新式の紡績機械を取り寄せ工場に電灯を設置した。そして日本初の二四時間体制で綿織物を生産し多大な利益を上げた。機械を遊ばせておくのはもったいないということだろう。こうして綿織物も日本の重要な輸出品となっていった。

大きな工場だけではない。貧しく小学校しか出られなかった豊田佐吉《とよださきち》（一八六七〜一九三〇）は、明治から大正にかけて小型で性能のいい自動織機《しょっき》を次々と開発し、これを購入した中小の町工場が日本の紡績業の底辺を支えた。佐吉が設立した会社**「豊田自動織機製作所」が現在のトヨタグループの原点**である。

こうした産業の発展にはインフラ（インフラストラクチャー）つまり社会的経済および生産基盤が必要だ。特に重要なのは**電気（発電所）と鉄道**だろう。最新設備の工場を建設しても電力がなければ動かないし、鉄道がなければ材料も製品も運べない。

念のためだがこの時代、自動車はない。しかし電車は既にあった。ちょうど日本の明治維新のころ欧米諸国では実用化が始まっていたのだ。まだまだ蒸気機関によって自力で走る蒸気機関車（汽車）の方が主流ではあったが、電気さえ安定的に供給できるようになれば電気鉄道で電車を走らせることができる。これも念のためだが、東急電鉄や小田急電鉄の「電鉄」はこの「電気鉄道」の略語である。

東洋紡績株式会社の一工場内の様子

日本最初の電力会社**「東京電燈」**設立にも渋沢栄一は発起人として名を連ねていたが、運営は「同志」の大倉喜八郎が中心となり、一八八三年（明治一六）に設立された。送電は八七年（明治二〇）から火力発電（日本橋に火力発電所があった）で、ついでダムを利用した水力発電で東京を中心に関東一円に電力を供給した。

ちなみに渋沢栄一と大倉喜八郎はともに帝国ホテルの創立者でもあった。これはもともと政府筋から日本の首都東京に外国人の賓客が宿泊できるような、世界水準のホテルが欲しいという要望があったからである。その敷地は実は明治の外交の拠点でもあった鹿鳴《ろくめい》館《かん》の隣であった。またのちに喜八郎の息子は「ホテルオークラ」を創立した。

とにかくこれに引き続き神戸、大阪などでも相次いで電燈会社が設立された。つまり渋沢の創立した大阪紡績の工場は自家発電による操業だったのである。

「鉄は国家なり」

もう一つの基礎的インフラである鉄道は、その最初の路線が新橋―横浜間であり早くも一八七二年（明治五）に開通した。この素早さは、既に述べたように、当時まだまだ朱子学の毒に冒され「西洋文明など学ぶ必要はない」と考えていた多くの**「元攘夷《じょうい》志士」の洗脳を解くため**だったと私は考えている。

渋沢栄一が「商業は人間のクズのやること」という偏見と戦い、これを撲滅することにいかに苦心したかは、すでに詳しく述べたところだが、朱子学の毒がもたらしたもう一つの偏見「西洋文明など学ぶ必要はない」も日本人の心の中から取り除くのは大変だったのである。そのことがいま忘れられている。ただ、この治療法はわりと簡単で西洋文明の産物を何か一つ見せてやればいいのである。それが蒸気機関車だったということだ。

いったん洗脳が解けてしまえば、むしろ日本人の特性で我も我もと鉄道建設に群がることになる。その甲斐《かい》あって一時は民営鉄道が官営をしのぐ勢いであった。しかし日本は日清日露大戦争にかかわる中、軍事的な観点からは国家が一元的に国内鉄道を管理した方が良いという考え方に傾き、日露戦争直後の一九〇六年（明治三九）、政府は**鉄道国有法を作り民営鉄道各**

社を買収して国有化した。

「鉄は国家なり」という言葉がある。ＧＤＰなどの指標が作られる前は、国力はその国の鉄鋼生産量で測った。つまり**「鉄」が国力の基本**であった。また戦争に次ぐ戦争で軍備を増強しなければならなかった日本にとって、製鉄所は何よりも必要な工業施設であった。

そこで官営の**八幡《やはた》製鉄所**が日清戦争の賠償金によってつくられた。北九州の地が選ばれたのは、溶鉱炉の燃料となる石炭が採れる優良な炭鉱が多くあったからだろう。炭鉱あるいは金銀銅などの資源を生み出す鉱山も最初は官営だったが、この頃になると大きく成長を遂げていた三井三菱古河《ふるかわ》などの財閥に払い下げられて採掘量を伸ばした。その中でも三菱は特に造船業、海運業に力を注ぎ**長崎造船所**はその拠点となった。

こうした中、資本主義の闇の部分も当然露呈してきた。『あゝ野麦峠』などに象徴される労働者の過重労働の問題、そして日本初の公害事件といってもいい**足尾銅山鉱毒事件**など、資本家の横暴ともいうべき事件も多数起こり、抗議活動や労働争議の中で労働者たちの団結も強まっていった。

日本は日露戦争の勝利によって朝鮮という新たな領土を得たが、まず投資することから始めたので直ちに巨大な利益をもたらすことはなかった。しかも戦費の調達のために募集した外債は莫大な借金であり国家財政を圧迫した。賠償金でも取れればよかったのだが、それは不可能だったことはすでに述べたとおりだ。要するに日露戦争直後の日本は財政的にはいいところがなく、先が見えない状態であった。

日本の産業を「育成」した第一次世界大戦

ところがそれを一気に吹き飛ばす事件が起こった。第一次世界大戦である。**軍需景気**というものだ。第一次世界大戦による大正の**特需**は、明治後半期からの「ツケ」ともいうべき、国家の財政危機と不況を過去のものにした。日本は英仏露などの連合国側に立って参戦したが、国内が戦場になったわけではないので工業生産力はすべて温存された。そのうえで戦争という「大消耗」の中で様々な物品を必要とする味方の陣営への**輸出量が急増**した。あらゆる物品である。

これまで自国製で充分にまかなえて日本製などに頼る必要がなかった分野でも、そもそも「足りない」のだから輸入せざるを得なくなったのだ。逆に言えばそうした分野で日本の産業が「育成」されることになった。

また戦争に集中すれば、輸出産業にも支障が出る。たとえばアジア市場に輸出された綿織物のうち最も優秀なものはイギリス製だったが、そうした製品が不足すれば日本の綿織物が求められることになる。また薬品や肥料などの化学製品の分野でも、最も優秀な製品を生み出していたドイツが、戦争で輸出どころではなくなったので結果的に日本のこうした分野の産業が

「育成」され輸出商品に「成長」することになった。

「成長」といえば造船業もそうで世界中で船舶が不足したので、日本が「世界の造船工場」の一角を占めることになった。また同時に海運業もこれまで以上に発達した。

大戦による打撃が日本と同じく少なかったアメリカでは、日本と同じように輸出が急増し好況となり、その結果アメリカで好まれていた日本の生糸輸出が増加した。絹は東洋の特産であり、二大輸出国のひとつであった清国が滅亡したことによって、日本の市場独占状態が続いていたので貿易黒字が増えるというオマケまでついたのだ。日本もそれらの利益を投じて水力発電用のダムを各地に建設し、相変わらずランプを使っていた山間部、農村地帯にも電気が通るようになった。このあたりから日本は**工業生産額が農業生産額を上回る**ようになった。つまり農業国から工業国へと発展した。

いいことばかりのようだが、松方デフレの犠牲者ともいうべき零細農民は相変わらず困窮したままだった。大地主制が一向に改革されず、地主と小作人の関係は「封建時代のまま」だったからだ。好況のもたらしたカネは**成金**と呼ばれた様々な工業経営者、それに投資した大地主などの階層はうるおしたが、一般の工場労働者や小作人はその恩恵を受けなかった。

ちなみに小説『人間失格』などで有名な作家太宰治《だざいおさむ》（明治四二年生まれ）は、青森県北津軽《きたつがる》郡の大地主で衆院議員、貴族院議員を歴任した人物の「おぼっちゃん」だった。父は「殿様」と呼ばれていたそうだ。

太宰の何不自由のない生活は、ボロをまとって必死に耕作する小作人の労働によって支えられていた。東北は前にも述べたように頻繁に冷害に悩まされていた土地だ。太宰の性格形成にはそのような環境の影響もあったかもしれない。

文学論はやめて本題にもどろう。不謹慎な言い方をすれば「第一次世界大戦は日本に好況をもたらした」。それは事実である。だがそれが日本にとって一〇〇パーセント良かったことかと言えば疑問がある。何不自由無い環境で育つことが人間にとって最良か、というのと同じことだ。

近代日本外交最大の失敗「対華二一カ条の要求」

人間は調子に乗るということがある。人間の集合体である国家もそういうことがある。第一次世界大戦の勝利で、日本は実は調子に乗ってしまった。その結果、「やってしまった」のが近代**日本外交の最大の失敗などとも言われる「対華二一カ条の要求」**である。日本は戦勝国となった。イギリスと組んで、ドイツが中国に租借地として持っていた膠州《こうしゅう》湾や青島を攻略した。

日本は日清戦争に勝った時、せっかく手に入れた遼東《りょうとう》半島を、ロシア、フランスと組んだドイツの三国干渉のために返還させられた。干渉の大義名分は「中国のものは中国に返せ」というものだったのに、その後ドイツは（ドイツだけではないが）自分の国の宣教師が中国で殺されたのをいいことに出兵し、膠州湾や青島を中国から租借していたのである。

もちろん「借りた」という形にはなっているが、実質的な占領である。日本が納得いかなかったのは当然だ。そしてリベンジのチャンスがやってきた。ドイツとの戦争に勝った日本は、このドイツの利権をそのまま継承しようとして、まずドイツ側にそれを認めさせた。だがあくまで中国の領土だから、最終的には中国が認めなければドイツの利権は継承できない。

ところがこの時代の中国は激動期であった。まず朱子学の毒にまみれ自己改革ができず、欧米列強および日本の「草刈り場」となった清国は、一九一一年（明治四四）の辛亥《しんがい》革命によりついに滅んだ。清を倒したのは孫文《そんぶん》であった。

孫文は日本人の援助も受けており、どちらかと言えば日本に好意的な人物であった。しかし清のような巨大国家を倒すためにはどうしても軍事力が必要で、孫文はその軍事力を軍閥の長である袁世凱《えんせいがい》という男から借りざるを得なかった。そして辛亥革命が成功すると袁世凱は新しい中華民国の総統の座を孫文に要求した。実はこの時、袁世凱は皇帝になることを考えていたが、軍事力を持たない孫文は熟慮の結果、袁世凱の要求に従うことにした。せっかくできた新しい国をとにかく残したほうが得策だと考えたのだ。

そこへつけ込んだのが日本である。中華民国はまだ安定しておらず、特に外国と戦う余力などない。だからドイツの利権を継承することについて反対はできないと読んだのだ。ところが問題はドイツの利権を継承するだけでなく、さらに他の利権を拡大する要求までしてしまったことだ。

当時のマスコミもそれが正しいと国民を煽《あお》った。私は戦前の日本を破滅に導いたのは、**陸軍の横暴よりもマスコミの煽動《せんどう》の方が大きかった**と思う者だが、それはともかく、この時も押せという世論はあったが一歩引けというものはなかった。結局日本は袁世凱に最後通牒《つうちょう》を突きつけ、要求を無理やり飲ませた。中国側ではこの日を、「国恥《こくち》記念日」と定め国民の反日感情を煽って団結を固めるという手段に出た。

まさに身から出たさびでもあるのだが、この結果、日本は中国国民の反日感情に最後の最後まで悩まされることになる。袁世凱はそれを狙ってわざと日本が最後通牒を出すように仕組んだという見方もある。ありえないことではない。何しろ孫子《そんし》の兵法の国である。

いずれにせよ、この過大な要求によって、日本は中国の反日感情という最大の敵を作り出してしまったのである。

二、米騒動・大震災・共産主義

台湾銀行と朝鮮銀行で独自の銀行券を発行

ここで**台湾銀行**と**朝鮮銀行**について述べておこう。

台湾銀行は一八九七年（明治三〇）に公布された日本の台湾銀行法に基づき、九九年に設立された。

特徴的なのは**日本本土の銀行券とは別の紙幣を台湾銀行券として発行した**ことである。ただし単位は同じ円（圓）で、日本円と同じ価値を持っていた。また日本は金本位制だったが、中国周辺では銀貨が広く流通していたので、台湾銀行券は銀兌《だ》換《かん》券の時代が長く続いた。ちなみにそのデザインには日本が建立した台湾神社（のち神宮に昇格）の風景が使われていた。

当初資本金は五〇〇万円であったが、第一次世界大戦による好況の影響もあり、資本金は徐々に増額され最終的には六〇〇〇万円を超えた。経営権は日本が握っていたが経営の方針は現地経営陣が決定し、特に日本の鈴木商店は有力な取引先であった。つまり台湾銀行は日本銀行のように中央銀行の機能も持ちながら、一般的な営業も行っていたのである。鈴木商店は今こそ知る人は少ないが、かつては三井三菱などと肩を並べる「総合貿易商社」であった。これは「お金の歴史」の重要なキャストなので、この名前は記憶されたい。

一方、朝鮮銀行も日本の朝鮮銀行法に基づいて設立された。実は韓国併合の直前、日本の第一銀行が大韓帝国で一円札を発行することになったが、その肖像はなんと渋沢栄一だった。当時、渋沢は日本の第一銀行頭取であり、その紙幣の価値を保証する意味で、頭取の肖像が使われたのだ。すなわち渋沢は、すでに「お札になったことがある」人物なのである。さすがに朝鮮銀行になってからは七福神のひとりの「寿老人《じゅろうじん》」が一円札のデザインに選ばれたが、この肖像は当時の韓国人にモデルがいたという説もある。

朝鮮銀行の資本金は日露戦争で日本の経済規模が拡大したこともあり、台湾銀行の倍の一〇〇〇万円だった。この時、日本も金本位制で経済規模を拡大したのだから、日本銀行券を朝鮮で流通させれば良いではないか、と政府当局は考えていた。

ところが反対したのが、あの松方正義だった。脆弱《ぜいじゃく》な朝鮮経済を日本に飲み込むのは危険がある。むしろ分離しておくほうがいい、との判断だった。財政ならば松方の意見に逆らえるものはいない。結局内地と同じ価値ながら独自の朝鮮銀行券を発行することになった。第一次世界大戦が勃発する前で、日本の財政はかなり逼迫《ひっぱく》した状態にあったことは既に述べたとおりだ。

その日本の景気を一気に回復させた、第一次世界大戦の好況も長くは続かなかった。工業が発達したため人口の都市集中化現象が起こり、農村の労働者人口が減少した。だが大地主が小作人を絞り上げる寄生地主制は一向に改善されず（結局、一九四五年の敗戦による農地改革までそのままだった）農業の生産性が落ちたところで、商品としての米は買い占め売り惜しみなどで価格操作され、地主、商人や相場師などが多大の利益を上げた。そして一九一八年（大正七）、あまりの米価の暴騰に怒り狂った女たちが「一揆《いっき》」を起こした。俗に言う**「富山の米騒動」**である。

米騒動は成金の米相場大量投資が発端

米騒動と言うと、富山県の女性たちが米価の暴騰に怒り狂って米を略奪し、それが全国に波及したというイメージがあるが、そんな**単純な事件ではなかった**というのが最近の見解である。まず基本だが、米はまったく国の管理下に無く、商品取引で自由に扱われる商品であった。大豆やトウモロコシのように、不作や戦争などの要因で値段が激しく変動するものだったのだ。では、なぜ米価が暴騰したかだが、凶作のせいではなかった。かつては陸軍がシベリア出兵のために大量に米を買い占めたのが原因などと唱えた人もいるがそれも違うようだ。

第一次世界大戦の好景気で日本の中には成金が多く生まれた。既に述べたように、ヨーロッパ列強が戦争に集中したため工業製品を世界に供給できず、国土が戦場にならなかったアメリカと日本がそれを肩代わりしたためである。ところがその戦争特需が収まるとカネの使い道が無くなった。

古今東西、カネを持っている人はさらに増やそうとする。増やすためには投資先が必要で、不動産や株式に投資するのが通常のやり方である。ところがこの時代は今ほどの東京一極集中も無いから土地は投資効果が期待できず、また株式市場も一般的ではなかった。

一般人が投資先として真っ先に思いつくのは商品取引それも**米相場**であった。日本の商品取引、特に先物取引の歴史は古く、江戸時代大坂堂島で始まった米の先物取引はヨーロッパよりも早く人類初だったという評価すらある。先物取引とは取引当日に代金と現物の売買を行わず、将来の期日（たとえば収穫期）に売買することを約定する取引である。その時点での商品価格（相場）によっては大儲《もう》けも可能だが逆の大損もある。これを専業とする人を相場師と呼ぶ。

ところが江戸時代の人々は彼らを軽蔑《けいべつ》していた。本書の読者ならその理由がおわかりだろう。朱子学である。「商売は人間のクズの所業」と頭に叩《たた》き込まれた知識階級つまり武士たちは、ちょうど今の人々が反社会勢力を冷ややかな目で見るように、相場を軽蔑し近づくことも利用することもなかった。

渋沢栄一がこの偏見を打破するのにいかに苦労したかは既に述べたところで再説しないが、この頃になると「渋沢ワクチン」が行き渡り、日本人は金儲けを悪いことだと考えなくなった。

相場師という言葉もだいぶイメージがよくなった。国民作家司馬遼太郎も和算（日本式数学）が得意だった幕末生まれの祖父福田惣八が、「堂島の米相場の会所で脳出血してたおれた。素人相場師だった」（「祖父・父・学校」『この国のかたち』六　所収）と書いている。いまならアマチュア投資家といったところか。

要するに当時は、第一次世界大戦特需という日本初のバブルで大金を手に入れた人々の投資先は米相場しかなかったのである。インターネットで海外の様々な商品に簡単に投資できる現代とはまったく環境が違う。結局**バブルマネーがすべて米相場に流れる**ことになった。商品相場は「逆張り」すなわち値下がりを当て込んで儲ける手もあるのだが、なにしろ「素人相場師」の集団である。値上がりだけを当て込んで買い占め・売り惜しみに走り、その結果とんでもないことになった。

米騒動が生んだ「平民宰相」

「ぼる」という日本語がある。動詞だ。「あの店でぼられた」などと使う。もともとは「暴利」という名詞からきた言葉で、「暴利をむさぼる（不当な利益をあげる）」が転じて生まれたものだ。この言葉、誕生したのは一九一八年、つまり米騒動の年だった。実は**この米相場の暴騰で暴利をむさぼった人々への反感から生まれた言葉**である。

シベリア出兵は確かに米騒動のきっかけにはなった。前年の一七年ロシアに革命が起こり、帝政が倒されて人類初の共産主義国家ソビエト連邦が生まれたが、それに対する警戒感から日・米・仏・伊など数カ国がシベリアに軍隊を送ろうと計画したのである。それが実行されれば軍がコメを買い占め米価は上がるだろうと当て込んだ人々が買い占め売り惜しみに走った。つまり実際に政府がシベリア出兵に踏み切る前に、米価は既に値上がりを見込んだ成金や大地主によって値段が吊《つ》り上げられていたのが、このニュースをきっかけにますます価格が上がったのだ。

どれぐらい上がったかと言えば、**平均値で二・五倍から三倍**は上がっている。これでは庶民はたまったものではない。

実は富山の米騒動とは、一般人がイメージしているように高価な米を女たちが略奪したのではない。現地では誰でも入手できる普通の米が、一旦《いったん》出荷され大阪などに運ばれてしまうと、庶民の全く手の届かない暴利をむさぼる「商品」になってしまう。だから米の富山からの出荷を阻止しようというのが、実際の行動だった。

富山の「大コメ騒動」という映画（二〇二一年一月公開）もその視点で描かれている。買い占め売り惜しみで市場に米が出回らなくなれば、政府としてやるべきことは海外からの輸入である。しかし当時の寺内正毅《てらうちまさたけ》内閣はそれをやらなかった。結果的に米は値上げを望んでいた人の思惑通りに暴騰し、庶民の怒りは爆発した。米騒動は全国に波及し大消費地では米の略奪も起こった。この騒動の社会的いや日本の歴史に与えた影響は多くの日本人が感じているよりはるかに大きい。

まず寺内内閣が倒れた。総辞職に追い込まれたのだ。それまでは選挙があるといっても、内閣総理大臣は実質的に元老の指名で決まり、公爵、伯爵など爵位を持つ者あるいは陸海軍の高官でなければ総理にはなれなかった。反主流派であり、庶民に人気のあった大隈重信《おおくましげのぶ》ですら伯爵であり、寺内も伯爵にして陸軍大将であった。

しかし、この混乱は思い切った手を打たないと収拾できないと考えた元老西園寺公望《さいおんじきんもち》は、爵位を持たない平民の**原敬**《はらたかし》を総理大臣に推挙し、原内閣が成立した。原は幕末には賊軍とされた盛岡藩の出身で、新聞記者経験もあるという変わり種だったが、議会で多数を占める立憲政友会の総裁でもあった。

そういう人物が内閣総理大臣になるのが立憲政治のルールのはずだが、日本はこの時までそうではなかった。だから誰も原が総理になるとは夢にも思わなかった。それを可能にしたのは米騒動で展開された民衆の力だ。

庶民は原のことを**「平民宰相」**と呼んで喝采《かっさい》した。数々の労働運動も起こり、民主主義とは言わなかったが民本主義と呼ばれた**「大正デモクラシー」**が推進された。食い物の恨みはだから恐ろしい。

帝国主義の崩壊と資本主義の欠陥

米騒動というとんでもないアクシデントがあったものの、第一次世界大戦後の大正年間、一九二〇年代あたりは**大日本帝国の絶頂期**だったということが言えよう。海外領土も最大になった。台湾に朝鮮を加え南太平洋の島々も委任統治領になった。経済も不平等条約の解消による貿易の発展、第一次世界大戦の特需による工業の発展があり、政治も「大正デモクラシー」と呼ばれる政権交代可能な立憲民主主義の体制もできた。

しかし、ご存じのようにこの四半世紀後の一九四五年（昭和二〇）に大日本帝国は崩壊する。日露戦争の勝利から数えてもわずか四〇年の栄華でしかなかった。一体、どうしてこんなことになってしまったのか。もちろん日本だけでなく世界史の問題でもあるのだが、「お金の日本史」で強調しておかねばならないのは、明らかに**当時の経済システムの破綻《はたん》が大きな原因**となったということだ。

一九～二〇世紀は帝国主義の時代だった。帝国主義とは資本主義つまり自由主義経済を基本としたものだが、その最先端の国家であるイギリスはその自由を「やりたい放題」にしてしまった。具体的に言えば卓越した軍事力で他国を侵略しその支配下つまり植民地とすることだ。それが世界の流行となり、アジアやアフリカそれに中東は欧米列強の草刈り場になってしまった。

日本も危うくその毒牙《どくが》にかかるところだったのだが、我々の先祖は努力して明治維新を成し遂げてなんとかそれを防いだ。有色人種の国として初めて欧米列強の一角、ロシア帝国にも勝ったのがその最大の成果だが、欧米列強の側にもそうした野蛮なやり方は決して正しくないと考える人たちがいたのは当然のことだ。その人たちの中には、原因は帝国主義の基礎である資本主義というシステムが間違っているからであり、これを根本から改革せねばと考えた。

この考えを理論化したのが**カール・マルクス**で、その理論を実践したのが**ウラジーミル・レーニン**だ。一九一七年、レーニンの革命によってロシア帝国はソビエト連邦になった。彼らの主張は、資本家が労働者を搾取するのが資本主義の本質で、資本はすべて国家のものとした労働者の国を作れば、不平等も帝国主義も無くなるというものだった。

ソビエト連邦が誕生した時、一番それを恐れたのはおそらく日本である。なぜならば、革命成立時に皇帝一家が惨殺されてしまったからだ。もし日本に革命が起これば、当然天皇御一家にも危険が及ぶと考えた人たちは共産主義者を憎んだ。逆に、日本人の中にも、日本が帝国主義グループの一員になったことを嘆き共産主義者になった人間もいた。だからこそ、大正デモクラシーの陰で、日本は**共産主義者に対する弾圧**を一層強めていく。ソビエト連邦を牽制《けんせい》するためのシベリア出兵もその一環で、他国が全部引き上げた後も居残ったのはそのためだ。

確かに、その当時の資本主義に欠陥があったことは事実である。それは「恐慌」という形でしばしば証明された。「恐慌」には様々な定義があるが、一言で言えば資本主義のシステムが機能不全になり、国家経済が破綻することだ。これが次の「戦争の時代」を招いた。そのことはきちんと認識しておかねばならない。

希望の星だった共産主義国家

共産主義は確かに、この時期に理想を求める正義感の強い青年たちの心をとらえた。一方で、帝国主義という人種差別に基づいた激しい搾取がある。

インドの民はイギリスの資本家によって奴隷的な労働でアヘンを作らされていた。イギリスはそのアヘンを清国に売りさばいて不当な利益を上げ、清国が抗議すると、アヘン戦争というイギリス国内ですら「最も恥知らずな戦争」と批判する人間もいた戦争を強行し、香港を「巻き上げた」。イギリスも王制の国であり、イギリス国王は一時「インド皇帝」の座にもついていた。そんな「悪」を滅ぼすためには労働者が主人の国を作ればいい。そこにソビエト連邦が誕生したからこそ、ソビエトを理想の国家と考える人々は世界中に生まれた。もちろん日本にも。

だが共産主義国家は民主自由平等の人類の理想に反するものであった。結局ソビエト連邦は新しい帝国となり、ポーランドやハンガリーなどの東欧の国々を半植民地化し、逆らう指導者は文字通り抹殺した。**「絶対的な権力は絶対的に腐敗する」**という政治の大原則を、共産党一党独裁体制の共産主義国家は克服することができなかった。ソビエトは結局七〇年もたず滅んだ。そして同じく共産主義体制の中国も北朝鮮も、民主主義とは程遠い国家である事は現在白日の下にさらされ、共産主義は人類の理想ではなく迷妄《めいもう》であり悪夢であったことが証明された。

もっとも日本にはかなり最近までソビエトや中国や北朝鮮を「労働者の天国」などと褒めそやし、その実態に全く目を向けなかったマスコミや文化人がいた。不思議なのは日本にはいまだに共産党があるということだ。今更共産主義で何をしようというのだろう。中国のように香港の民主主義を弾圧したり、北朝鮮のように軍備に金を注ぎ込み多くの国民を餓死させたりする国家にしようというのだろうか。まさかそうではあるまいが、それならなぜ悪夢と証明された共産主義の看板を下ろさないのか。

しかしこの時代はそうではない、**共産主義国家はむしろ希望の星**であった。それは間違いのない事実だ。そして帝国主義そしてその基本である資本主義に不満を持つ人々は、労働者の国という極端なところまでいかないにしても、少しは共産主義の良いところを見習って資本主義を改革しなければいけないと考えた。

実はその「モデル」を日本に示したのが、ナチスドイツの**アドルフ・ヒトラー**なのである。彼の始めた国家社会主義というべき体制は、もともとドイツびいきだった陸軍軍人たちの憧《あこが》れの的となった。ナチスドイツの政治は今では悪夢であったことが証明されているが、ではなぜドイツ国民がヒトラーに政権を与えたかが忘れられている。

彼は第一次世界大戦で日本と違って敗戦のどん底に突き落とされたドイツ経済を見事に立て直したからである。だからこそ国民もあれほど熱狂的にヒトラーを支持したのだ。ただし日本も資本主義のシステムがそのままうまくいっていれば、ドイツを見習って改革しようなどという気にはならなかっただろう。ところがこのあたりから日本は激しい経済破綻に何度も見舞われることになる。そのきっかけとなったのが一九二三年（大正一二）九月一日の**関東大震災**であった。

超一極集中の帝都を襲った関東大震災

関東大震災の被害は甚大であった。明治維新以来、日本は東京を近代化の中心と位置づけ、鉄道、工場、発電所などインフラ整備を行い、省庁も先進的な教育機関も東京に集中させていた。

「東京一極集中」という言葉が今もあるが、この時代は**「超一極集中」**だった。そのため日本全国から人間が集まってきたが、住宅建設が行き届かず、耐火性の弱い木造住宅が密集していた。しかも地震発生は午前一一時五八分、「昼飯どき」である。家庭でも職場でも炊事のために火を使っていた。そこへマグニチュード七・九、最大震度七の直下型地震が襲ったからたまらない。

実は地震によって直接死んだ人は意外に少ない（津波の被害は東京ではほとんど無かった）。**死者は約九万九〇〇〇人**だったが、そのうち約四万人は下町にある工場跡地に避難できていた。ところが地震と同時に発生した大火災がこのうち**約三万八〇〇〇人を焼死**（酸欠死も含む）させてしまったのである。人的損害だけでなく物的損害も大きかった。「損害額は推定約五五億円余にも及んだ。一九二二年度の一般会計予算が約一四億七〇〇〇万円であるのと比較すれば、その損害額がいかに莫大であったかがわかるであろう」（『日本大百科全書』小学館刊）。

話は変わるが、**関東は数十年ごとに必ず大地震が起こる土地**であり、それは、小田原城の年表などを見れば一目瞭然《りょうぜん》だ。必ず地震による被害と修復が記録されているのである。大河ドラマ「青天を衝け」に出て来る水戸《みと》斉昭《なりあき》の側近藤田《ふじた》東湖《とうこ》も関東を襲った大地震で死んだ。それなのに政府も国民もこのことを忘れてしまっている気がする。

一時盛んだった首都機能を地方へ移すという論議はどうしたのか。たとえば国会を、中央官庁の一部を、大阪や名古屋に移すという手もあるだろう。新幹線も飛行機もある。もう少しすればリニア中央新幹線もできる。それに今やテレワークの時代でもある。当面不自由はしないはずだ。

新型コロナウイルスによって亡くなられた方、罹患《りかん》されて苦しんでおられる方々には改めてお悔やみとお見舞いの言葉を申し上げるが、これを機に日本は次の地震に備え、もう少し首都

関東大震災発生直後の東京・日本橋室町

機能の分散を真剣に考えるべきではないだろうか。

前に述べたように、たまたま造幣局は大阪にあったので無事だったが、インフラ関係で無事だったのは山間部にある水力発電所ぐらいのものだった。あとは震災でことごとくやられてしまった。この損失は計り知れない。幸いにも軍隊はその性質上地方に分散されていたので、全く無傷の部隊が多数活動できる状態にあり、直ちに首都復興に乗り出した。

この時、「政府は一面焼け野原となった東京を見捨て、別の都市に遷都する」という流言飛語があった。実は九月一日の地震発生時、日本には総理大臣もいなかった。海軍大将でもあった首相加藤友三郎が地震のわずか一週間前にガンで亡くなっていたのである。そこで直ちに組閣の大命を受けた総理経験者で海軍大将の山本権兵衛が、震災翌日の九月二日に第二次山本内閣を発足させ、帝都復興の方針を公表し人心を安定させた。そして新内閣は被災者の救護、帝都の復興に乗り出したが、それにまさるとも劣らない使命が経済のコントロールであった。首都圏は確かに壊滅した。だが地方は生きているからである。

日本史上初のモラトリアムで大量不良債権

政府は関東大震災直後の七日、まず**モラトリアム**を出した。モラトリアムとは金銭債務の支払いを一定期間猶予させることだ。全財産を一夜にして失った企業や個人に債務の支払いをさせることは酷であるし、またそうしようと人々が一斉に銀行預金を引き下ろそうとしたら、取り付け騒ぎになってしまう。とりあえず経済が安定するまでの緊急非常措置として、現金の動きを凍結するのがモラトリアムで、日本史上初めてのことだった。これを直ちに実施したのは山本権兵衛内閣の英断である。

問題は企業間の取引は現金授受より**約束手形**によるものが大半を占めていたことだ。ビジネスマンにとっては約束手形とは何かなど説明をする必要はあるまいが、一般の読者もいるので簡単に説明する。Aという企業がBという企業から製品を買ったとする。当然代金を支払わねばならないが今はカネがない。そんな時Aは将来の何月何日に○○銀行において代金××を支払うと書いた証書を渡す。これを約束手形という。Bはもちろん期日まで待って代金を満額受け取ってもいいのだが銀行にその手形を持って行き、額面よりは安い値段で買い取ってもらうこともできる。これを**手形の割引**という。たとえば早く現金が欲しいとき、額面一〇〇万円の手形を九〇万円で買い取ってもらうということだ。

企業は早く現金を手にすることができるし、銀行は割引分の一〇万円（一〇〇万円－九〇万円）が利益となり双方メリットがある。ただしAが期日に一〇〇万円を支払わなければ**「(手形）不渡り」**となり、**信用取引停止つまり倒産**に追い込まれる。

ところが大震災によって震災地を振出地や決済地に指定した手形が決済困難になってしまった。決済銀行そのものが焼失してしまったケースすらある。これでは企業が大量倒産してしまう。そこで政府は日銀に、これら**「震災手形」**を再割引つまり銀行から買い取るように命じた。予算は総額一億円で、こうした形で民間企業を支援しようとした。

このこと自体は決して悪い政策ではなかったのだが、問題は第一次世界大戦後の好景気の反動で経営が悪化していた企業が、今こそ起死回生のチャンスとばかりに大量の決済不能の不良手形を持ち込んだことだ。この時代はデータが電子化されていなかったことに注意していただきたい。帳簿が焼けてしまうと優良企業と不良企業の見分けがつかなくなってしまうのだ。その結果、日銀が期限と定めた一九二四年三月末までに再割引した手形は一億円の枠を大幅に超えてしまった。一説には**約四億三〇〇〇万円にものぼった**といわれる。

言うまでもなく、これは多くのインフラを大震災で失い帝都復興に莫大なカネが必要な政府にとっては大打撃である。それだけ回収不能な不良債権つまり借金を背負ってしまったことになるからだ。

一方で、本来は不景気の中で整理淘汰《とうた》されるべき非効率な企業、放漫経営の銀行がこの「甘い汁」で生き残ってしまった。それでも第一次世界大戦の特需のような「神風」が吹けば日本経済は立ち直ったかもしれない。しかし、時代は逆方向に向かっていた。日本も世界も、資本主義の欠陥が生み出す恐慌の渦に飲み込まれようとしていた。

三、世界大恐慌――現代史の重大事

軍縮と日英同盟解消が逆風に

一九二六年（大正一五）一二月二五日、身体虚弱だった大正天皇は四八歳で崩御《ほうぎょ》した。摂政宮（昭和天皇）が即位し、同日から昭和になった。激動の昭和である。

政府は相変わらず大正年間からの「負債」とも言うべき震災手形の回収、つまり不良債権の処理に苦しんでいた。実は災害復旧の他に政府はやらねばならないことがあった。軍備それも主に**海軍力の拡張**である。

第一次世界大戦の戦勝国が集まって、二度と戦争を起こすまいと新しい国際組織を作った。国際連合ではない、この時は**国際連盟**といった。イギリス、フランス、イタリア、日本が常任理事国であり、のちにドイツなども加わったのだが、問題は根強い孤立主義を基調とするアメリカが加わらなかったことである。しかもアメリカはその後成長してきた日本をけん制するため、世界各国に「軍縮」を呼び掛け一九二二年（大正一一）、アメリカの首都ワシントンで会議を開いた。

この時、世界の五大海軍国といえばアメリカ、イギリス、日本、フランス、イタリアの五カ国であったが、その中でも突出していたのが米、英、日の三国である。ところがこの地で交わされた「軍縮」条約によって主力艦（戦艦）の保有比率は**英米がそれぞれ10**であるのに対して**日本は6**（仏伊は1・67）にされてしまった。

しかも、日本が列強にのし上がるために大きな役割を果たしていた**日英同盟も、この時解消**された。実は第一次世界大戦によって皇帝が君臨していたロシアもドイツも帝政が崩壊した。この両国が脅威で無くなればイギリスにとって「アジアの代理人」は必要なくなる。それに日本と軍事同盟を結んでいれば日米戦争が起こった場合、イギリスは日本に味方してアメリカと戦わなければならなくなる。それもあってイギリスは同盟継続の意思を失った。逆に日本からみれば、英米がタッグを組んだ場合20（10＋10）に対して6で戦わなければならなくなる。つまりこの建艦競争には絶対負けられない。どんなに財政が苦しくても予算は一切削れないということになってしまったのだ。

のちに日本は英米と対決して敗北する。だからこの時日英同盟を何とか続けるべきだったという意見があるが、私はそうは思わない。実は国際連盟が成立の準備を進めていた時（一九一九年）、世界各国の代表の前で「あらゆる人種差別を撤廃すべきだ」と日本が提案した。「国際会議において人種差別撤廃を明確に主張した国は日本が世界で最初である」(ウィキペディア)。

しかし、この画期的な提案は、当時国際連盟に参加する予定で議長国となっていたアメリカのウッドロー・ウィルソン大統領の「陰謀」でつぶされた。「陰謀」というのは参加国の過半数が賛成したのに、議長のウィルソンが全会一致でなければダメだ、としたからである。理由はおわかりだろう。現在でも黒人差別が激しい国である、黒人に権利を与えるようなことは絶対に認められなかった。

それはイギリスも同じでそんな決議が通ったらインドが大変なことになる。ただし徹底的に反対したのは白豪主義(白人至上主義)のオーストラリアであった。今日オーストラリアは民主主義国家として認められているが、当時は徹底的な人種差別国家だった。日本人はこれらの国を屈服させない限り、永遠に差別撤廃など無理だと思ったということだ。しかしカネは無い。

「ただいま東京渡辺銀行が破綻しました」

政府はあせっていた。昭和になっても震災手形の処理は一向に進まなかったからだ。約四億三〇〇〇万円に膨れ上がった不良債権のうち、まだ半分が回収できていなかった。そこで当時の憲政会内閣は首相若槻礼次郎《わかつきれいじろう》が蔵相片岡直温《かたおかなおはる》と組んで、国がすべての借金を肩代わりする形で決着をつけようとした。

カネが無いはずの政府がなぜそんなことができるかというと、第一次世界大戦の途中から各国は**非常事態ということで金本位制を停止**していたからだ。金本位制を実行していると紙幣の発行残高に見合う金を準備しなければならない。しかし、そうでなければあまり褒められたことではないが、不換紙幣を濫発することも、国債を大量発行することもできる。若槻・片岡コンビは国債の発行でとりあえず不良債権を清算しようと国会に法案を出した。不良債権の整理が終われば、再び一流国の証明である金本位制の再開を目指すつもりだった。

ところが、野党立憲政友会はこの法案に徹底的に反対した。国民の税金を使って特定企業を救うのは許されないというのが反対の趣旨であった。特定企業とは鈴木商店のことである。前にも述べたように、鈴木商店は三井三菱と並ぶ現代でいえば総合商社であったが、震災の影響もあって経営がうまくいかず台湾銀行に多額の借金があった。これも前に述べたように、台湾銀行は台湾銀行券を発行する中央銀行でありながら一般的業務もやるという特殊な銀行であった。特に鈴木商店との関係が深く、多額の融資をしていた。

したがって、もし**鈴木商店が破綻したら台湾銀行も共倒れ**になる可能性があった。そして台湾銀行が破綻すれば金融システムに関する信頼が一気に揺らぎ、**取り付け騒ぎや企業の連鎖倒産**が起こる可能性があった。まさに恐慌である。確かに震災手形という不良債権の中には、企業が不当な利益を得るために作りだしたものもあったから、それに対して税金を使って救済すべきではないという考え方も一理ある。野党の言い分もわからないではないが、やはり日本全体が恐慌に陥らないために、政府が鈴木商店そして台湾銀行を救おうとしたのは、正しい判断だったと私は思う。

ところが執拗《しつよう》な野党の抵抗で審議がストップし、片岡蔵相はいらいらしていた。これは想像だが蔵相は蔵相なりの使命感があり、一刻も早く法案を成立させるべきなのに、野党はなぜ妨害するのかという不満があったのだと思う。

そこへ大蔵省から有力銀行のひとつ**東京渡辺銀行**が「当日の決済ができないかもしれない」という情報が届けられた。そこで片岡蔵相は思わず「ただいま東京渡辺銀行が破綻しました」と国会の答弁席で述べてしまったのである。野党よ、お前たちが審議を妨害するからこんなことになったのだぞ、という思いがあったのかもしれない。

片岡直温

だが現役の蔵相が、しかも国会の場でそんな発言をしてはいけない。しかも東京渡辺銀行は実際には資金の手当てに成功し破綻は免れていたのだから、なおさらである。東京渡辺銀行は休業に追い込まれたばかりでなく、預金者は様々な銀行に押し掛け、取り付け騒ぎが始まってしまった。**昭和金融恐慌は大臣の失言から始まった**のである。

「取り付け騒ぎ」の全国伝播と台湾銀行問題

昔と今との大きな違いは、情報の伝わるスピードが遅いということである。インターネットがある現在では一つの情報が瞬時に全世界に伝わることも当たり前だが、この時代は一九二五年（大正一四）にようやくＮＨＫのラジオ放送が始まったばかりでそれも東京エリアだけだった。全国放送が始まったのは三年後の二八年（昭和三）で、その前年三月の「片岡蔵相失言」には間に合わなかった。だから**多くの人は失言の翌日の新聞朝刊でこの事実を知り、あわてて銀行に走った**。特に震災手形を多く保有しているとされた銀行には預金者が殺到し「取り付け騒ぎ」になってしまった。

すると、この「主に関東の銀行を中心に取り付け騒ぎが起こった」という記事が翌日の朝刊に載り、今度はそれが飛び火し日本全国の民間銀行が休業に追い込まれた。取り付け騒ぎというのは「自分の預金が消えてしまうのでは」という不安から起こるものだから、銀行に潤沢な資金があれば問題ない。そこで日銀は各銀行へ非常貸し出しを実施し事態の沈静化に努めた。

国会つまり衆議院ではこの混乱を招いた「片岡失言」の責任を野党政友会が厳しく追及し、与党憲政会は震災手形（不良債権）の一括処理を何とか進めようとした。ここにおいて**焦点は台湾銀行問題**になった。既に述べたように、台湾銀行は鈴木商店に多額の融資をしている。それにもかかわらず鈴木商店は経営が傾いていたから、台湾銀行はますます鈴木商店の命綱になってきた。

若槻内閣の方針はとにかく優良債権と不良債権を見分ける余裕は無い、一括して不良債権を処理し財政健全化を達成した後に他の問題を考えればいいというものだった。だが、あくまで一私企業である鈴木商店を国民の税金で救済するのはおかしいと野党は厳しく反発し、それを台湾銀行だけ特別扱いするなという形で表現した。台湾銀行と鈴木商店は一蓮托《たく》生《しょう》だから、台湾銀行が救済されなければ当然鈴木商店はつぶれる。台湾銀行問題が焦点になったというのはそういうことだ。

内閣は「すべてを救う」という方針だったから、その線に沿って震災手形関係二法の成立を目指した。国債の発行で不良債権の処理をするという内容である。すったもんだの揚げ句、野党側の抵抗に配慮し、**「台湾銀行の整理」を付帯条項としてつけること**で法案は可決、帝国議会は閉会した。

問題はこの「整理」という文言だ。内容を見てみると特別委員会を設置し台湾銀行の経理内容を精査するということであって、台湾銀行を初めから清算するというようなニュアンスではなかった。しかし、「言葉は独り歩きする」。台湾銀行に対する債権取り立てなどが進み、あわてた台湾銀行は「これ以上鈴木商店には融資しない」と宣言した。事態の沈静化を図ったのだろうが、完全に逆効果になり**鈴木商店は倒産**してしまい、台湾銀行の鈴木商店への貸し付けが焦げ付く結果となった。

今度は政府があわてた。日銀をして台湾銀行に緊急融資に踏み切らせようとしたのだが、日銀はこのような多額融資には法律の裏付けが必要だと抵抗した。しかし国会は閉会中である、そこで政府は窮余の一策として**「台湾銀行救済緊急勅令」**を出してくれと枢密院《すうみついん》を頼った。枢密院とは天皇直属の「諮問機関」で、その決定に憲法上の拘束力はないが、緊急勅令が出るならばそれは必ず実行される。ところが**枢密院はその議案を否決**した。

若槻内閣は総辞職に追い込まれた。

若槻・幣原内閣を追い込んだ枢密院

枢密院はなぜ、若槻礼次郎内閣が切望した台湾銀行救済策を否決したのか。そもそも枢密院とは何か、という疑問がわいているかもしれない。枢密院は明治の初期、まだ帝国議会どころか憲法も設定されていない時に、憲法草案の策定作業などにあたった**天皇の諮問機関**である。立法府の代替物のようなものだが、国会はまだスタートしておらず議員もいないため、**そのメンバーは元老や官僚OB**で占められるようになった。

憲法が発布され、正式な立法府である帝国議会が発足したのだから枢密院は用済みになったはずだが、その後も残された。「天皇の諮問機関」なのだからみだりに廃止すべきではない、という反対意見があったようだが、実際には議会や政府を何とかコントロールしたい官僚たちが残そうと画策したのであろう。古今東西、官僚は必ず行革に反対する。行革が行われればポストが減り、自分の出世の機会も減るからである。私見をいえば枢密院は憲法が発布された時点で廃止されるべきものだった。

しかし、残ってしまった以上、政党の方でもそれを利用しようという動きが出てくる。憲法では「枢密院の決定に従わなければならない」という規定はない。しかし天皇の「諮問機関」の言うことは、天皇の意志でもあると言えるし無視はできない。ましてや、緊急勅令が出されたら絶対に実行しなければならない。天皇の命令は絶対だからだ。

幣原喜重郎

前に述べたように、若槻内閣は台湾銀行救済の緊急勅令を出すように工作した。枢密院が緊急勅令出すべしという決議をすれば、野党が何とわめこうと台湾銀行救済を実行に移すことができる。そうすれば、この金融恐慌を脱却できるというのが若槻内閣の思惑だった。だが、実際は完全に裏目に出て枢密院は「緊急勅令は出すべきではない」と決めた。

なぜ、そんな決定をしたのか。頭の古い官僚ぞろいの枢密院のメンバーは、台湾銀行救済が恐慌を防ぐための緊急の方策であることを理解していなかっ

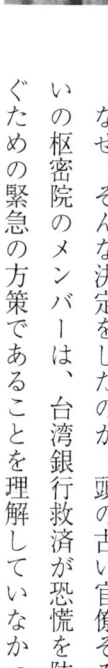

た、という見方もある。それとはまったく逆で、枢密院は若槻内閣のことが気に入らず総辞職に追い込むためにわざとそうしたという見方もある。私は後者の見方だ。

歴史に関心のある人なら**「幣原《しではら》外交」**という言葉を一度は聞いたことがあるのではないか。幣原喜重郎《きじゅうろう》（一八七二〜一九五一）がこの時期の日本の外務大臣として展開した、協調的つまり**平和路線の外交**のことである。幣原はワシントン軍縮条約の締結にも全権大使の一人として参加し、中国に対しては内政不干渉、ソビエト連邦に関してはロシア帝国滅亡以来絶えていた国交を回復させた。

ところがこの路線に対して不満を抱く人々がいた。陸軍は中国に対してもっと積極的に関与し、権益を広げるべきだと考えていたし、海軍もやたらに軍縮に応じることは「戦わずして敗北する」ことだととらえていた。

日本は明治維新以来、日清、日露、第一次世界大戦と戦争で拡大してきた国である、今なら平和路線といえば問題なく支持を得ることができるだろうが、この時代はそうではない。幣原外交は**軟弱外交**とよばれ、その幣原が外相を務める若槻内閣もこうした人々から目の敵にされていた。その若槻・幣原内閣が退陣に追い込まれれば、野党の政友会が政権を取ることは明らかだった。

政友会の総裁つまり次期首相は陸軍大将も務めた田中義一《たなかぎいち》である。

憲政会から政友会へ——歴史の曲がり角

何度もお断わりしているが、本書は『お金の日本史』つまり経済の話であって政治の話ではない。しかし政治と経済は表裏一体で相互に影響しあっている。そして多くの人が誤解しているのが「政治が先で経済は後」という考え方だ。もっとわかりやすく言うと「政治の主導で経済が動く」ということで、歴史年表も「政治、経済、文化」の順番になっている。それはむしろ逆で、**経済や文化の方が政治を動かす**というのが歴史の真実だ。

江戸時代は朱子学という「宗教」の時代で、その「文化」が尊王攘夷という形で政治を動かした。このことがよくわかっていないのが日本の歴史学界なのである。

明治維新という最大の「政治」事件も、背景に**尊王攘夷という「文化」**があっただけではなく、大量の金流出による**インフレという「経済」**があった。このままでは「日本はアヘン戦争でやられた清国の二の舞いになる」といくらインテリが叫んでも、一般庶民は「だから幕府を倒さねば」などとは思わない。

庶民にとって大切なのは日々の暮らしであり、それさえ変わらなければ政府打倒などという「犯罪行為」は考えない。食糧不足で一揆は起こしてもコメさえ得られればおとなしくなる、それが庶民だ。その庶民が「こんな政治ではどうしようもない」と絶望し立ち上がった時だけ大きく政治は動く。

フランス革命がそうだし、明治維新もそうだ。フランス革命の場合は食糧不足、明治維新の場合は金流出が招いたインフレで物価が極端に上昇したことである。「これじゃあ、やってられねえ」と叫び「ええじゃないか」と踊り、初めて「世直し」ということになったのだ。今後、北朝鮮が崩壊するとしたら、やはりこの形だろう。「民主」とか「自由」とかいったスローガンだけでは、子供のころから共産主義で洗脳された庶民は動かない。逆に言えば香港人は大したものだということがわかるだろう。

さて、この時代も不景気が続いていた。工業や商業の分野だけではなく、間の悪いことに気候も不順で東北は特に凶作続きだった。大正デモクラシーで政党政治が定着したはずだが、日本はまだこのシステムをうまく使いこなすことができなかった。政争に明け暮れ政治からの救済は期待できない。台湾銀行問題ですら手間取っている状況である。ここで憲政会の若槻礼次郎内閣から政友会の田中義一内閣へと政権が移ったことは極めて重要である、歴史の曲がり角といってもいい。

そもそも政友会は伊藤博文が「日本にも政党政治が必要だ」という観点から創立したバリバリの政府系与党であった。そこへ退役した陸軍大将が総裁として迎え入れられた。これが田中義一である。軍関係者は喝采した。これまで陸軍大将が首相を務めたことは何度かあったが、それは元老の推薦によるもので、政党の党首としてではなかった。**初めて民意に沿う形で陸軍**

のトップが日本の頂点に立ったのだ。

つまりこのころから「政党は頼りにならない、軍が何とかしてくれないか」という国民的願望があったということである。それでも経済状況が安定していれば庶民はそれほど軍を支持しなかっただろう。しかし前にも述べたように当時の資本主義には欠陥があり、それが不幸な形で露呈した。一九二九年(昭和四)、**世界大恐慌**が始まったのである。

世界大恐慌が与えた共産主義への確信

世界大恐慌、それは「一九二九年にアメリカで勃発し、全世界をまきこみ、資本主義の世界史上、最も長く、最も広範な影響を与え、その打撃が最も深刻であった恐慌」(『国史大辞典』吉川弘文館刊)であり、「第二次世界大戦を準備したものであり、現代史の重大事」(同)であった。

この世界大恐慌が**「現代史の重大事」**であるという認識が日本人には非常に低いと思われる。前にも述べたように、歴史はまず経済や文化から動いて最後に政治を動かすのである。この時もそうだった。

一九二九年一〇月二四日の木曜日、ニューヨーク株式市場の大暴落からそれは始まった。そして、そのニュースを知った人々が株を投げ売りしたため、大暴落はとまらず、週明けの二八日の月曜日、二九日の火曜日にさらに大幅に値を下げた。後にこの日は「ブラックマンデー」（暗黒の月曜日）あるいは「ブラックチューズデー」（暗黒の火曜日）と呼ばれた。その後も株価の下落は止まらなかった。

投資家からは自殺者が続出し、多数の企業が倒産、失業者は巷《ちまた》にあふれた。都会ではついこの間までバリバリのビジネスマンだった人が家を追い出され、家族も離散しホームレスとなる光景があちらこちらで見られた。アメリカは世界の工場であると同時に世界の消費地でもある。それが不況のどん底に落ちたことによって、その影響は世界に波及した。

二九年から**三年間で世界の国内総生産（GDP）は約一五パーセント減少**した、というデータもある。まさに、「最も長く広範に深刻な影響を与えた」大不況だったのである。

この大恐慌の与えた「文化」への影響、それがひいては戦争という「政治」に影響を与えていくのだが、おわかりだろうか？　それは「共産主義への確信」である。「共産主義は正しい」と言い換えてもいい。この大恐慌の影響を唯一受けなかった大国がソビエト連邦であった。ソビエトは計画経済を着々と遂行しつつあり、大恐慌の犠牲者はまったく出なかった。

それは皮肉な言い方をすれば、国民が株式投資する自由を奪われていたからなのだが、メシが食えなくなった人々にとってはそんなことは重要ではない。

頭の中でなんとなく共産主義は理解しても、そこまで踏み切るのはためらっていた人が、当時の社会には大勢いた。何事も新しいことには用心するのが人間の常であるし、民主主義の基本である複数政党制を排除した一党独裁国家は、やはり問題があるのではないかと特に知識階級は考えていたのだ。ところが、その資本主義の最先端を行く「自由の国アメリカ」が惨憺《さんたん》たる状態になったため、「経済の自由放任は誤りである」と多くの人が考えるようになった。

ならば**統制経済**にするしかない。しかし日本もイギリスも国民の多くはソビエト型国家改革を拒否していた。なぜなら革命が起これば皇室（王室）は滅ぼされるからだ。だからイギリスは支配下の植民地と閉鎖的な経済圏を作り、この苦境を乗り切ろうとした。**「ブロック経済」**と呼ぶ。しかし、日本はそんなことができるほど植民地を持ってはいないが、このままではいけない。その時、第一次世界大戦ですべての植民地を失った国が一党独裁体制で見事に国を立て直した。国家社会主義と呼ばれた、このやり方なら皇室を廃止する必要はない。

そのお手本の国こそ、ヒトラーのナチスドイツであった。

高橋是清の「裏白二百円札」の決断力

世界大恐慌は一九二九年一〇月に起こったが、少し時間を戻そう。その二年前の二七年（昭和二）、憲政会の若槻礼次郎内閣が総辞職したところまでである。

その後、成立した政友会の田中義一内閣は、蔵相に日本随一の財政通高橋是清《たかはしこれきよ》を起用した。片岡蔵相失言で始まった昭和金融恐慌を沈静化させるため、高橋是清は田中内閣が発足した直後、枢密院に緊急勅令を承認してもらい**三週間のモラトリアム（支払猶予）を実現**した。憲政会内閣にはあれほど冷たかった枢密院が政友会の田中内閣にはただちに協力したのである。

また取り付け騒ぎを収めるため**民間銀行に日銀が非常貸し出し**をすることも決めた。銀行に三日間休業をさせ、その間に大量に日本銀行券を印刷し全国にばら撒《ま》こうというのである。ところが印刷部門はそんな短期間で大量の紙幣は作れないと言ってきた。

古今東西、官僚というものは「前例の無いものはできない」と言い、物事を完璧《かんぺき》にこなそうとする習性がある。もちろん悪いことではない、特に政府の仕事は税金を使う仕事でもあるから完璧を期すのは当然だ。しかし、それは平時においての話である。一朝有事の際には何よりも大切なのはスピードだ。

「巧遅《こうち》は拙速《せっそく》に如《し》かず」ということわざをご存じだろうか。「仕事の出来がよくて遅いよりは、出来はわるくとも速いほうがよい」（デジタル大辞泉）ということだ。有事の際にはこの心構えが必要で、それは**官僚には不可能な政治家の仕事**だ。このとき高橋是清が取った手段はまさにそれで、現代の政治家にも参考になると思うので、ご存じない方はこの機会にぜひ知ってほしい。

「とても間に合いません」と言い訳する官僚に高橋是清は「だったら表だけ印刷しろ、裏は白紙でいい」と指示した。確かに不体裁ではあるが、片面印刷でも紙幣はその役割を果たす。だが官僚は「それでも間に合いません」と言ってきた。そこで高橋是清は言った「だったら額面を（倍の）二百円にしろ」と。それまで日本の紙幣の最高額面は百円だった。この時初めて、「前例の無い」二百円紙幣が発行されたのである。しかし、これで単純計算で手間は四分の一になり、見事に紙幣の大量印刷は期日までに間に合った。

もう一度言うが、これは政治家の決断であり仕事でもある。官僚にはできないことをするのが政治家の役割である。ちなみに、この世界でも珍しい**「裏白《ウラシロ》紙幣」**は平時においてほとんど回収処分されたため数が少なく、コレクターの垂涎《すいぜん》の的となっているという。

「裏白紙幣」乙二百円　表と裏

また懸案となっていた台湾銀行救済も田中内閣によって**救済法案が成立**し、日銀から政府保証による一億八五〇〇万円の融資が与えられた。これで台湾銀行は危機を脱した。

政友会内閣になって枢密院の「手のひら返し」の協力もあり、とりあえずは何もかもうまくいったように見えるが、実はここで満州方面に派遣されている日本の関東軍が、とんでもないことをしでかした。関東軍は日清、日露戦争で獲得した中国に対する権益、特に満州地方に対する権益を確定的なものにするため、この地の完全な支配を目指していた。そのために邪魔な現地軍閥の大物を、何と関東軍が直接手を下して殺してしまったのである。**満州某重大事件**と日本では呼ばれた。

第八章

敗戦から高度経済成長

一、満州こそ日本の生命線

陸軍が暴走「張作霖爆殺事件」

満州某重大事件とは当時の呼び方で、現在は「張作霖《ちょうさくりん》爆殺事件」と言う。日本陸軍から満州方面に派遣されていた関東軍の河本《こうもと》大作《だいさく》大佐が、独断専行で軍閥の大物の中国人を列車ごと爆破し殺害してしまった事件である。なぜそんなことが起こったのか？

話は明治維新まで遡《さかのぼ》るのだが、日本が明治維新を断行したのは、欧米列強の植民地にされないためであった。そして当面日本にとって最も危険だったのはロシアである。イギリスやフランスと違ってロシアは中国と国境を接する国である。そのロシアが強大な軍事力で南下政策を進めていた。もし、朝鮮半島がロシアの支配下に置かれれば、次は日本の番だというのは火を見るより明らかだった。

そこで日本は、日清戦争、日露戦争を戦って朝鮮を自らの領土として確保し、中国大陸の満州も勢力下に置いた。ここが奪われない限り日本は安泰だ。つまり「満州問題」とは日本の安全保障上の問題だったのだが、そのうち経済的問題にもなった。つまり欧米列強に対抗するためには、満州を朝鮮と同じく日本の領土として確保し、その豊富な資源を生かすべきだという国論が生まれてきたのである。

特に陸軍がこの方針を支持していた。**「十万の英霊と二十億の国帑《こくど》」**という言葉をご存じだろうか。実は戦前なら多分中学生でも知っていた言葉である。ところが、それが今の教育ではまったく教えられていない。これも歴史教育の大問題なのだが、それは日清日露戦争で日本が満州への利権を確立するため、どれくらいの犠牲を払ったかという数字なのである。そのために**一〇万人の尊い命が失われ、二〇億の金が費やされた**、ということなのだ。

つまりその死を絶対に無駄にしてはいけないという「思想」がここで生まれる。特に陸軍は「先輩たち」がそこで死んだこともあり、満州を日本の領土化してしまえという強硬路線の支持者だった。そのために日本の「道具」として使われていたのが、地方軍閥の長であった張作霖である。張は当初日本に協力的だったのだが、そのうち欧米諸国と結んで自分の地位を確立しようとした。日本にしてみれば「裏切り」である。

しかし陸軍軍人が上官の命令も無しに勝手に外国人を殺してはいけない。これは軍法会議で間違いなく死刑になるはずの罪である。ところが時の田中義一《たなかぎいち》内閣は厳罰を科さなかった。おそらく河本がこんな無茶なことをしたのも、陸軍大将出身の田中首相なら「大目に見てくれる」という甘えがあったのかもしれない。実際そうなった。

昭和天皇は激怒し、田中を問い詰めたため田中は恐れ入って内閣総辞職したが、結局関係者は死刑にはならなかった。しかも田中は総辞職した数カ月後に急死してしまった。

ここで昭和天皇は立憲君主制の枠を超えて国政に口を出し過ぎたと反省し、以後よほどのことがあっても首相を叱責《しっせき》しなくなった。そのお気持ちは誠に尊いと言うべきかもしれないが、やはりここは徹底的に責任を追及し、二度とこういうことが起こらないように手を打つべきであった。つまりこの事件をきっかけに陸軍の暴走が始まったのである。

しかし、いくら陸軍だけが暴走しようとしても国民がそれを支持しなければうまくいかない。**軍を選ぶか、政党政治を選ぶか、まさに歴史の分岐点だ。**ところがここで政党政治が大失敗をやらかしてしまった。

間の悪い「金解禁」で深刻なデフレに

政党政治がやらかした大失敗とは何か、それは**金解禁**である。もっともこの言葉は事態を非常にわかりにくくしている。金解禁とはもう少し丁寧に言えば金輸出の解禁、つまり日本が自由に金を輸出できることであり、なぜそんなことを目指すかと言えば**金本位制復帰**のためなのである。

金解禁などと言わずに金本位制復帰と言えばわかるのに、なぜこんなわかりにくい言葉を使うのか。政友会田中内閣が倒れた後に民政党の浜口雄幸《はまぐちおさち》が首相となって、井上準之助蔵相とともに金解禁を進めた。つまり当事者は金解禁という言葉をスローガンに使ってはいたのだが、それは結局、金本位制復帰を目指すためですよと言えばわかりやすいのに困ったものだ。

なぜ彼らは金本位制を目指したのか。かつて松方正義が必死にそれを目指したように、金本位制は一流の国家であることの証明であるからだ。そして金本位制を取る国家はその発行する兌換券《だかん》と金貨の交換を要求する人間に応じなければいけない。それが外国人なら金を輸出したのと同じことになる。つまり金解禁を実行しなければ、金本位制の国家とは言えないのである。

前にも述べたように、松方正義は大変な苦労をして金本位制を確立した。しかしそれがいったん崩れたのが第一次世界大戦の時代であった。世界中で金本位制が停止された。戦時下の経済は特別なもので大幅な赤字が計上されることもあり、金解禁などをすれば、あっという間に金が流出してしまう。そこで大戦中はどこの国も金本位制を停止していたのだが、戦争が終わった段階で、いわゆる欧米列強が次々に金本位制に復帰した。

ところがそれができなかったのが日本である。大戦特需の反動である不景気、そして片岡失言による金融恐慌などもあって日本は出遅れてしまった。何とか一流国に戻らねばと考えた民政党の政治家たちは、緊縮財政を敷きデフレ体制を築き、通貨の発行量を減らして金本位制復帰を行おうとした。

問題は、彼らがそれが絶対的な政治課題のように錯覚してしまったことだ。間の悪いことに日本が金本位制に復帰する寸前に、あのアメリカに端を発する世界大恐慌が起こったのである。ここで彼らは方針を転換すべきだった。ところがしゃにむに突っ走った彼らは、まさにアメリカの大恐慌の影響が日本に及んだ頃に、金本位制への復帰つまり金解禁を実現してしまったのである。

その結果どうなったか。「嵐のさなかに雨戸を開け放った」という批判があった。金が欲しい世界各国は日本に殺到し、輸出攻勢を浴びせて日本の金をむしりとったのである。せっかく明治維新以来営々として貯めた日本の金はここでまた流出してしまった。その結果、深刻なデフレ不況が日本を襲った。

会社は次々と倒産し、失業者が巷《ちまた》にあふれた。また冷害続きで農村も疲弊していた。デフレだから農産物や日本の輸出の切り札だった生糸の価格も暴落し農民はさらに貧しくなった。政党政治への信頼性は大きく損なわれた。

浜口首相は右翼の青年に東京駅で狙撃《そげき》され、その傷がもとで死んだ。井上蔵相も後に狂信的な右翼に殺された。だが、その死の姿を悼《いた》む声はそれほど上がらなかった。また彼らは国際的には協調外交をやろうとしており軍縮にも積極的だったが、その姿勢に対しても天皇の大権を犯すものだと言う批判が高まった。

いわゆる**統帥権干犯《かんぱん》問題**である。

軍拡路線者の錦の御旗「統帥権干犯問題」

統帥権干犯問題とは何か。

大日本帝国憲法では天皇が軍隊を統率することになっていた。それを統帥権と言う。つまりその権利に関しては、内閣といえども口が出せない形になっていたのである。当時の日本は政党政治による国際協調路線を取るべきか、軍部主導による領土拡張路線に進むべきか対立していた。いずれにせよ、**あまりの不景気に庶民が絶望していたことが重要**である。

フランス革命であれ明治維新であれ、庶民がその気にならなければ実行しなかっただろう。そして庶民をその気にさせたのは「食えない」という現実であった。この時代もそうで、政党政治の担い手である政党は、それを穏健な路線の中で解決しようとしていた。

となれば軍備拡張はとんでもない話で金がかかる上に国際緊張を招く。そんな金があるなら、国内経済の再建に回した方が良いということになる。先に政党内閣は主力艦の軍縮を決めたワシントン条約に調印していたが、この時代も補助艦の軍縮を目指したロンドン条約にも進んで調印した。これは軍拡を進める人間にとってはとんでもない逆行である。そこでそもそも軍の規模を決める権利は統帥権に属するもので、内閣（政府）ごときが天皇をないがしろにして軍縮条約に調印する事は許されない、それは統帥権の侵害だとする主張が出てきたのである。これを当時は統帥権干犯問題と呼んだ。

これは軍拡路線をとる人間にとってはまさに「錦《にしき》の御旗《みはた》」になった。実は浜口雄幸首相が狙撃されたのも、犯人の直接の動機はこの統帥権干犯問題であった。これが後に現役の海軍将校が首相を射殺するという、前代未聞の五・一五事件につながるのだが、その前に昭和史を決定づける重大事件が起こった。一九三一年（昭和六）の**満州事変**である。

その年の九月一八日に中華民国（当時）の奉天《ほうてん》郊外の柳条湖《りゅうじょうこ》において、関東軍が南満州鉄道の線路を爆破し、それを中国軍の仕業と決めつけ、わずか半年で満州（中国東北部）全土を占領してしまったのである。中央からの指令は一切なく、関東軍高級参謀**板垣征四郎《いたがきせいしろう》**大佐および作戦主任参謀**石原莞爾《いしはらかんじ》**中佐の立案によるものであった。

軍隊が武力を用いて他国の領土を占領したのだから、これは戦争であるし、板垣大佐、石原中佐は「陛下の軍隊」を勝手に動かしたのだから、これこそ統帥権干犯であるはずなのだが、そんな声は少なくとも庶民の間からは起こらなかった。政党政治つまり日本政府は、「事件」の不拡大を表明し何とか丸く収めようとしたのだが、軍中央は直ちに関東軍の行動を追認した。ただし、国際関係への配慮から関東軍がそのまま満州を日本の領土とするのには待ったをかけた。そこで関東軍は満州国建国に動いた。孫文《そんぶん》の辛亥《しんがい》革命でその地位を失った清朝最後の皇帝であった溥儀《ふぎ》を執政に立てて新国家とし陰から操ろうとしたのである。この一連の軍部の行動、今は忘れられていることがある。それは**当時の庶民はこの行動に拍手喝采《かっさい》した**ことである。

軍が日本を変えてくれることを望んだ民衆

満州国建国宣言は事変の翌年一九三二年（昭和七）三月のことだったが、その年の五月一五日に起こったのが現役の海軍士官による**犬養毅《いぬかいつよし》首相の暗殺つまり、「五・一五事件」**である。

その夜、犬養首相は公邸にいた。実は犬養首相は政府寄りの政友会系でロンドン条約には批判的だったのだが、もはや軍部の目には政党人はすべて敵と映っていた。首相が「話せばわかる」と言ったのに、彼らは「問答無用、撃て」と命令を下し、丸腰の首相を射殺した。

犬養毅

しかし、問題はこの後だ。これは現代で言えば警察官が支給された拳銃を使って市民を射殺したようなもの、いやそれ以上だ。なぜならば軍の士官は当然政府の重要人物も守る義務がある。それが軍人の任務でもあるのだが、その任務を放棄して、こともあろうに首相を殺したのだから「問答無用」で死刑になってもおかしくない。ところが主犯の三上卓《みかみたく》海軍中尉は禁錮《きんこ》一五年で済んだ。

なんと**数十万通にものぼる助命嘆願書が届**

いたのである。政党政治のだらしなさに飽き飽きし、軍が日本を変えてくれることを望んだ民衆の声だった。それでも、このとんでもない犯人たちは死刑にされるべきだった。軍法会議でもそれが相当だったし、何よりもそんなことを認めてしまったら日本の法秩序など吹っ飛んでしまうことになる。

しかし、数十万通の助命嘆願は重かった。結局彼らは全員が「助命」された。それどころか釈放後は社会で一定の地位を保ち、三上は戦後、参院選に立候補したほどである。要するに民衆が軍を支持していたというのは紛れもない事実なのである。

この年成立した満州国に話を戻そう。陸軍がなぜそこまでしたかと言えば、**「満州こそ日本の生命線」**であるというのが日本の世論になっていたからである。これを最初に公言したのは**松岡洋右**《まつおかようすけ》（のちの外相）だが、その主張を大衆に広め、確固たるものにしたのはマスコミであった。特に朝日新聞である。

朝日新聞は一般公募で満州が日本の生命線であることを広く訴える国民愛唱歌を作ろうというキャンペーンを始めた。満州事変直後のことだ。ところがどうも応募作に良い作品がなかったらしく、最終的に大江素天《おおえそてん》というペンネームを持つ朝日新聞の記者が作詞し、当時の一流作曲家であった堀内敬三に作曲を依頼した。

その時の依頼の条件が、あまり難しい旋律にせず、お座敷でも歌えるようにということだったという。このキャンペーンは大成功で、この**「満州行進曲」は大ヒット**した。それも一年だけのヒットではなく、長きにわたって歌いつがれたのである。

「過ぎし日露の戦いに　勇士の骨をうづめたる　忠霊塔を仰ぎ見よ（一番）」で始まり、「我らがいのち捨つるとも　なにか惜しまん日本の　生命線はここにあり　九千万の同胞《はらから》と　ともに守らん満州を（六番）」で終わるこの歌は子供でも知っていた。

皆がこの歌を歌っているのに、中国と妥協すべきだとか、アメリカとは協調しようなどといえば「十万の英霊の死を無駄にする気か！」と「極悪人」にされてしまうということだ。まさに、**このキャンペーンが日本の運命を決めた**といっても過言ではない。

日本のマスコミの嘘と罪

犬養殺首相の暗殺事件の主犯格、三上卓海軍中尉は「日本青年の歌」の作者でもある。この歌は「昭和維新の歌」という別名の方が有名だから、それなら知っているよという方も多いだろう。二・二六事件の陸軍若手将校の愛唱歌でもあった。もうおわかりだろうが五・一五事件の処罰が非常に軽かったため、二・二六事件は起こったのである。

斎藤実《さいとうまこと》内相や高橋是清《たかはしこれきよ》蔵相を殺したにもかかわらず、彼らは死刑になるとは思っていなかった。それがそうなったのは、あまりのことに昭和天皇が激怒し、彼らの行為を「反乱」と断定したからである。五・一五事件の時もそうしてくれればよかったのだが、既に述べたように田中首相急死問題があったので、昭和天皇は遠慮されたのだろう。残念なことである。

とにかく政党政治には期待できない、軍がやってくれ、というのが昭和初期の日本人の大衆感情であった。朝日新聞が徹底的にそれを扇動し迎合したのも、そうすれば新聞が売れたからである。

日本のマスコミ（新聞）というのは明治以来常にそういう存在で、日露戦争に勝った時もほとんどのマスコミは講和条件に不服を唱え、大衆の不満をあおった。その結果、唯一「正論」を述べていた国民新聞が焼き討ちされたのが有名な**日比谷焼討事件**である。国民作家司馬遼太郎はこれが「むこう四〇年（一九〇五年日露戦争から四五年敗戦）の魔の季節」、つまり日本の没落の出発点だったと言っている。その通りだろう。マスコミは正確な報道をして国民が誤った方向に行かないようにする役目があるが、それを放棄したということだからだ。

戦後、特に団塊の世代あたりが教えられた「歴史教育」では、戦前は軍部の強圧的な支配に国民は皆苦しめられており、人々はいやいや従っていた。特にマスコミは軍部に批判的なことを言うとすぐに弾圧の対象となった被害者だったと教えていたが、大嘘である。少なくとも**満州事変の始まった頃、国民は皆喜んでいた**のである。

そして、この傾向はますます助長された。戦後多くのマスコミが「ソビエト連邦や北朝鮮は労働者の天国だ」と報じていたように、満州国は日本の植民地ではなく各民族が共同で造り上げた「この世の天国（王道楽土）」であるとされていた。そして不況に苦しむ庶民にとってはまさに救いの神であった。

たとえば農家の次男坊に生まれたとしよう。農民はほとんど小作農であり極めて貧しい。自分が耕せる田畑などない。かといって都市に出稼ぎにでても大不況でろくな働き口は無い。しかし、満州国は開拓農民を募集した。そこへ行けば小作農も自作農になれるし、日本以上の広大な農地を耕すことも夢ではない。

これはサラリーマンにとっても同じことで、たとえば南満州鉄道に就職すれば、日本では華族や財閥以外は不可能な暮らしができた。マントルピースのある洋風の住宅で召使いを使って優雅な生活を送ることも可能だったのである。満州国はそういう意味でも**日本人にとって理想郷**になった。

そして、そうした世の中の流れに乗った陸軍の青年将校が二・二六事件を起こした一九三六年（昭和一一）、その年の夏に行われた世界的イベントが日本人の方向性を決した。

ベルリン・オリンピックである。

ヒトラーの五輪が平和を破壊

かつて、私は『中国　地球人類の難題』（小学館刊）という本を上梓《じょうし》した。正直言って私の本で最も売れなかったものと言って良いだろう。なぜかと言えばこれを出したのは二〇〇七年なのだが、**翌〇八年の北京オリンピック（夏季大会）を世界はボイコットすべきだ**、と書いたからである。

当時井沢の頭がおかしくなったなどという反応を示す人もいたらしいし、何よりも「平和」が大好きな朝日新聞系の週刊誌からは名指しこそされなかったものの、奇人変人扱いされた。オリンピックに反対するなどは「平和の敵」で、特に中国開催をボイコットせよ、などは「超国家主義者」だということらしい。

しかし、私がそういうことを主張したのは歴史家としての確たる根拠があってのことだ。一九三六年の**ベルリン・オリンピック開催が世界の平和を破壊した**という、歴史の教訓に基づいてのことなのである。第一次世界大戦でボロボロになったドイツが「復興」を叫んで主催国に立候補したため、ライバルのスペインを破って当選した。その時ドイツは、まだヒトラーのナチスドイツ政権ではなかったのだが、その後ヒトラーが政権を取った。

実はヒトラーはオリンピックをやめようと思っていたらしい。そういう世界的なイベントは、グローバル化が大好きなユダヤ人の陰謀だと思い込んでいたのだ。しかし側近が説得した。オリンピックを成功させることは世界にナチスドイツの栄光を示し、ドイツ国民の絶対的な支持を得ることになるから、やるべきだと言うのである。それでヒトラーも納得した。

そこでヒトラーは、オリンピックが有色人種のものではなく、正統なギリシャ・ローマ文明の後継物（後にヒトラーは第三帝国という言葉を使っている。ローマ帝国の継承者という意味）であることを示すために、あるイベントを始めた。そのイベント、何かおわかりだろうか？　その後はオリンピックの定例行事となり、日本でもそれをやったと言えばわかるだろう。聖火リレーなのである。

そればかりではない。ヒトラーは全世界に初めてオリンピックをテレビ中継したし、何よりも競技者を全面的にバックアップし、ドイツは金メダル獲得数でも二位のアメリカを圧倒した。この記録はもう破られることはないだろう。またこの大会を記録した映画『民族の祭典』「美の祭典」（原題「オリンピア」）は素晴らしい芸術作品であり、記録映画を作ることが定番になったのもこのベルリン大会からである。

アドルフ・ヒトラー

だが、ナチスドイツに絶対にオリンピックを開催させるべきではないと主張する反対者もいた。なぜなら、その頃からヒトラーはユダヤ人こそ劣等民族であり排除されるべきだという人種差別理論を声高に唱えていたからである。しかし当時アメリカ・オリンピック協会のトップだったアベリー・ブランデージ会長は、オリンピックは平和の祭典なのだからやるべきだと反対派を押し切った。実はブランデージはナチスびいきだった、とも言われている。

ヒトラーも大会開催に向けてユダヤ人差別を一時封印するなどの行動に出たため、世界は完全に騙《だま》された。そしてベルリン・オリンピックの大成功で、国民はヒトラーに心酔し、何よりも青少年たちがヒトラーのファンになってしまった。自信をつけたヒトラーは直ちに世界侵略に乗り出した。**平和の祭典が平和を破壊した**のである。

ベルリン・オリンピックの教訓を忘れるな

一九三六年のベルリン・オリンピックの大成功により、独裁者アドルフ・ヒトラーは自己の政策に自信を深め、国民はヒトラーに心酔した。もちろんナチスドイツ最大の犯罪であるユダヤ人数百万人が大虐殺されたホロコーストもこの後から始まったのである。

ヒトラーにオリンピックを開催させてしまったという、この**人類の歴史的な大失敗の教訓**は何か。それは独裁者が牛耳る国にオリンピックをやらせ、それが成功してしまうと、その独裁国家は調子に乗って民族虐殺や世界征服を始めるということである。

ナチスドイツはその後、オーストリアを併合、チェコスロバキア、ポーランドに侵攻し、たまりかねたイギリス、フランスがドイツに宣戦布告すると、フランスを撃破し、イギリスもあと一歩の所まで追い詰められた。アメリカ、ソビエトが反撃に成功しなければ、まさに第三帝国は確固たるものになっていただろう。

一方、二〇〇七年当時、すでに中国がチベットやウイグルなどの民族を押し込めた「自治区」で、ナチスのような差別政策を進めていることは明らかになっていた、ところがIOCも世界もベルリン・オリンピックの教訓を忘れ、中国共産党が一党独裁で支配する中華人民共和国という独裁国家にオリンピックをやらせてしまった。その結果はもうおわかりだろう。チベットは漢民族の大量移住によって「国」が乗っ取られてしまった形となった。ウイグルではアメリカがジェノサイド（民族大虐殺）と断定するほど深刻な状況である。

だから私は声を大にして言う。二〇二二年、冬季オリンピック北京大会を世界は断固ボイコットすべきだった、と。確かにオリンピックを目標に必死に練習を重ねてきた競技者には大変申し訳ないと思う。しかし、オリンピックの政治的効果というのは極めて高く、それを習近平《しゅうきんぺい》に利用させてしまえばアドルフ・ヒトラーの二の舞いになることが確実である。オリンピックの開催を認めるということは、その国がやっている蛮行を国際社会が承認したということになってしまうのだ。特に若者がその路線の支持者になってしまうことが恐ろしい。

そして、もうおわかりだろう。一九三六年、ヒトラーの大成功に幻惑された日本は、政党政治を捨てて国家社会主義による独裁国家の道を突っ走ることになる。この方向性を散々煽《あお》ったのが、例によって朝日新聞に代表される戦前のマスコミだった。「バスに乗り遅れるな」と煽られた国民はドイツとの連携を熱望し、一九三六年のうちにまず共産主義を敵とした**日独防共**

協定を結び、それが翌三七年（昭和一二）**日独伊三国防共協定**に発展していく。これは明らかにソビエトを仮想敵国としたものだった。

軍事同盟なのだから共同してソビエトを攻略するという手もあったはずだが、ソビエトにてこずったヒトラードイツは一九三九年（昭和一四）、独ソ不可侵条約をスターリンと結んでしまう。日本はダシにされたわけで、時の首相平沼騏一郎《ひらぬまきいちろう》は「欧州の天地は複雑怪奇」という日本憲政史上に残る迷セリフを吐いて政権を投げ出してしまう。こうして本来は対ソ同盟だった日独伊三国防共協定は対英米同盟に変質していくのである。

二、資源なき国の戦中戦後

石炭から石油へのエネルギー革命

突然ですが質問です。あなたは何問答えられるでしょうか？
①内燃機関とは何か
②欧米と中東（イスラム世界）はなぜ激しく対立するのか
③日本がアメリカとの戦争に踏み切った最大の原因は何か
私の印象だが、どうも文科系の人は①番の質問に答えられない人が多い。これは日本の教育の欠陥と言うべきで、こんな大切なことはきちんと教えておいてほしい。

内燃機関とはその内部で燃料を燃焼爆発させ駆動力を得るエンジンのことである。この反対語が外燃機関で、蒸気機関が典型的だが、まず石炭を燃やしその熱で水を蒸気に変え膨張させ駆動力を得るエンジンのことである。逆に理科系の人からはそれはちょっと不正確だよと言われそうだが、重要なことは基本を覚えることである。細かいことは後からいくらでも修正できる。

実は今話題にしているこの時代、つまり二〇世紀に入ったばかりの頃に産業革命に匹敵するような重大な技術革新があったことを、あなたは認識しているかが重要なのだ。産業革命の主役は蒸気機関であった。つまり外燃機関で、その燃料に使われたのは石炭であった。石炭で水を「煮る」。ゆでたまごをボイルドエッグと言うように、水を熱して水蒸気に変える機械をボイラーと言った。日本はこれを「汽罐《きかん》」と訳した。外燃機関で最も進歩したのはタービンである。蒸気機関のようにピストンの上下運動をギアで回転運動に換えるのではなく、ちょうど風車を回すように熱した蒸気で回転運動を起こす。

肝心なことだが燃料はもう石炭ではなく石油だ。エンジンの種類によって重油とかガソリンとか呼ばれることがあるが、原材料は石油（原油）である。そして、そのタービンより燃料効率の良いエンジンが、ピストンなどの内部で石油系の燃料を燃焼爆発させる内燃機関で、この時代に自動車が盛んに作られるようになったのもそれが理由だ。蒸気機関では自動車に使うような小型軽量のエンジンは作れないのである。

日本海軍のテーマソングとも言うべき「軍艦マーチ（軍艦行進曲）」の出だしは「守るも攻むるも黒鉄《くろがね》の浮かべる城ぞ頼みなる」だが、そのメロディーに該当する二番の出だしは「石炭《いわき》の煙は大洋《わだつみ》の龍《たつ》かとばかり靡《なび》くなり」である。日露戦争のとき東郷平八郎が指揮した聯合《れんごう》艦隊旗艦の戦艦「三笠《みかさ》」は蒸気機関で動く船だった。だから煙突があり高速で前進すれば、排出する煙が後ろになびいていく、その様子を描写したのがこの歌詞だが二〇世紀に入るとこうした船はすべて燃料効率の悪い「前世紀の遺物」になってしまった。**石油の時代**が始まったのだ。エネルギー革命といってもいい。

おわかりだろうか、前出の三問の質問全てに通じるキーワードが石油なのである。

黄海海戦で破損した戦艦「三笠」の後部砲塔

②番についてはキリスト教とイスラム教の対立が原因だとする人もいるだろう。

確かにそれは正しく、十字軍の昔から両者はそれで争ってきた。しかし、二〇世紀に入って対立が激化したのは、イスラム教徒のテリトリーである中東の砂漠地帯が石油の宝庫だからなのである。だからそれまで(農業不可能な)砂漠には何の関心もなかったキリスト教徒の白人たちがやたらとちょっかいを出すようになった。

現在の中東問題も経済的に煎《せん》じ詰めれば石油問題なのである。日本もこれが悩みの種だった。

大艦巨砲主義を捨てられなかった日本

この時代を理解するのに内燃機関の知識がいかに大切か、わかっていただけただろうか。これは**飛行機と自動車の時代**になったことでもある。蒸気機関などの外燃機関は燃料効率が悪いため小型軽量化できない。だからそれまでの輸送の主役は鉄道で、戦争の主役は大型戦艦つまり両方とも蒸気機関（外燃機関）で動くものであった。燃料は石炭だから日本でも自給自足ができる。ところが内燃機関の発達によって、輸送は自動車で、戦争は航空機でもっと効率よくやれる時代がやってきたのだ。

この時代に最も敏感だったのはアドルフ・ヒトラーだった。ヒトラーは世界最初の高速道路であるアウトバーンを作ったことでも有名だが、もう一つ重要なのは、**フォルクスワーゲン構想**を打ち出したことである。このドイツ語は日本語に訳せば「国民車（大衆車）」、具体的に言えば「一家に一台車が持てる国になろう」ということである。

第一次世界大戦後のドイツは多額の賠償金を取られ、海外植民地はすべて失い、経済はボロボロ、失業率は記録的で、国民は二度と一流国家になれるとは思っていなかった。それをヒトラーが変えた。失業率の問題も軍備を大増強し数十万人の失業者を兵士として雇用することで解決した。もっともそれだけ多数の兵士を食わせるためには海外領土を獲得するしかない。そこでベルリン・オリンピックの大成功で国民から熱狂的に支持されるようになったヒトラーは世界侵略に乗り出したのである。

ヒトラーは同時に「ユダヤ民族は撲滅すべきだ」という狂気の思想にもとづいてホロコーストも始めたが、ドイツ国民がそんなヒトラーについて行ったのは、その思想に共感したというよりは、**ヒトラーについていけば「メシが食える」「豊かな生活ができる」と思った**からだろう。根底にあるのは政治よりも経済問題なのだが、政治史中心の日本ではこの視点が見逃されがちだ。だから「お金の日本史」が必要なのである。

内燃機関に話を戻せば、ナチスドイツは人類最初のミサイル兵器V2号も開発した。あれもロケットエンジンつまり内燃機関ができてこその兵器だ。また海戦ではそれまで外燃機関で動く巨大戦艦同士が戦うのが常識だった。そうした巨大戦艦を海の守りの切り札とする考え方を大艦巨砲主義と言うが、動きが遅い巨艦を作るより多数の航空機を作り、小回りの利く性能を生かして巨大戦艦を攻撃した方が良いという考え方が生まれた。

実はこの戦略を人類最初に採用し、後に海洋帝国イギリス艦隊の旗艦であるプリンスオブウェールズを沈めたのは日本海軍航空隊なのだが、日本は大艦巨砲主義がもはや過去の遺物であることを証明した国でもあるのに、一方でそれにこだわって戦艦大和を作っていたのである。そんなものを作るぐらいならば、もっと空母を作り航空戦力を重視すべきであった。なぜ、そうしなかったのか？

最大の問題は、**日本は海外領土を含めても昔から石油が自給できない国**だったことだ。航空戦力をいくら拡充しても、石油がなければ動けない。また陸軍も戦車、トラックなどを中心とした機甲化部隊を作ろうとしてもやはり石油が問題になる、結局海軍では航空戦力を重視しつつも大艦巨砲主義を残し、陸軍では主力を歩兵に依存した。歩兵には「ガソリンは不要」だからである。

日本を敗戦に導いたフランクリン・ルーズベルトの陰謀

戦前の日本が破綻《はたん》したのは様々な原因があるが、やはり**中国に固執しすぎた**というのが原因だろう。満州を得た以上、それ以上中国に深入りすべきではなかった。実際、日本軍が当時の中国(中華民国)の首都である南京を陥落させた一九三七年(昭和一二)、ここで和を結べばいいという強い意見が陸軍の方からあった。ところが一般には戦争不拡大を貫いていたと考えられている海軍が強く反対し、結局「日中戦争」の泥沼化につながってしまった。満州をとりあえず拠点として磨き上げ、重工業などを充実し、ソビエト連邦に備えるべきだという意見も当時からあった。

しかし、それができなかった理由も実は石油なのである。当時、満州国には石油が出なかった。石炭時代から石油時代に変わりつつあるのに、日本は肝心の石油を安定的に確保するめどが立たない。実際、日本は**石油の大部分をアメリカからの輸入に頼っていた**のである。それを脱却するためにはどこかの油田地帯を確保する必要がある。それが日本の焦りであった。

　実は日本が敗戦した後、なんと満州から石油が発見された。しかも高水準の巨大油田であった。喜んだ中国（中華人民共和国）は大慶《たいけい》油田と名付けた。地名ではない。日本でも大慶至極（実にめでたい）という言葉があるが、まさにその言葉を冠したのである。この油田が満州国の時代に発見されていたら、歴史は変わっていたかもしれない。なぜ日本は発見できなかったのか。今のところ考えられるのは、古くから石油に注目し、油田の発見技術に長《た》けていた欧米に比べて、やはり日本のそうした技術は遅れていたのではないかという見方である。

フランクリン・ルーズベルト

　日本はドイツと同盟を結んだ。日本は対ソビエト同盟のつもりだったが、ドイツはソビエトと不可侵条約を結んでしまったので、日本もやむを得ずソビエトと中立条約を結び、必然的に同盟は対英米のものとなってしまった。

　既に述べたように、日本は日露戦争のときにアメリカのサポートで勝てたのに、その後満州の利権からアメリカを排除してしまった。煮え湯を飲まされたアメリカは日本と対抗するために、接近してきた中華民国の蔣介石《しょうかいせき》の工作もあって日本を敵視するようになった。

アメリカは日本を戦争に引き込むことを考えていた。日本の戦略は当初アメリカとは対立せず、イギリスだけを攻撃するというものだったからである。イギリスが南アジアに確保している油田地帯を奪取し、これを拠点にインドやマレーシアを解放していき、大英帝国の基盤を弱めていこうという作戦である。

第二次世界大戦が終わった後、英米側ではもし日本がそれをやっていたら勝っていただろうという意見が有力だった。現に一九四一年（昭和一六）の太平洋戦争開戦以来、日本はイギリス軍にはほとんど負けていないのである。逆にアメリカには徹底的にやられた。

では、日本はイギリスとだけ戦い、アメリカには仕掛けないという作戦をなぜ取れなかったのか？　それは日本を徹底的に叩《たた》き潰《つぶ》そうとした当時のアメリカ大統領フランクリン・ルーズベルトの陰謀である。

まずルーズベルトは日本に対する石油の輸出を禁止した。

敗戦後に吹いた神風

何度も言うが、本書は『政治の日本史』ではないので、日本がアメリカとの戦争に踏み切った理由について詳しくは分析しない。ただアメリカはもちろんルーズベルト大統領の指示だが、国務長官のコーデル・ハルの名で**ハル・ノート**という「最後通牒《つうちょう》」を突きつけてきた。日本は「中国から一切手を引け」というのがその内容だが、それでは満州を得るために犠牲になった「十万の英霊と二十億の国帑《こくど》（国家の財貨）」が無駄になってしまう。アメリカは日本の一番痛いところを突いてきたのだ。

ハル・ノート（一部）

ハル・ノートには交渉の余地も示されていたという見方もあるが、これが**対日石油禁輸措置と「セット」になっていた**ことを忘れてはいけない。交渉が重なれば重なるほど時間が食われ、石油の備蓄がなくなり日本は戦わずして自滅する。そういうところに追い込まれて、とうとう日本はやってはいけないアメリカとの戦いに踏み切ってしまった。

戦後日本に占領軍総司令官として乗り込んできた**ダグラス・マッカーサー大将**（正式には元帥ではない）は、日本に一度は敗北し、煮え湯を飲ませられたこともある男だが、戦後のアメリカ上院軍事外交合同委員会で当時の日本の状況を述べ、「日本人が戦争に入った目的は主として自衛のためであった」

と証言している。裏を返せばアメリカの挑発はやり過ぎだった、ときちんと認めているのである。マッカーサーは日本人に深い好意を持っていた人間ではない。だからこそ、この証言は重大なのだが、戦後の日本ではほとんど報道されなかった。

とにかく日本は、アメリカと戦ったために本土の主な都市が爆撃で破壊され、広島と長崎には原爆まで落とされた。海軍は保有していた大艦隊のほとんどを失い、すべての植民地を失った。いわゆる戦没者の総数は約三一〇万人として知られているが、経済的損失はどれほどのものだったのか。

戦後、政府が公表した「太平洋戦争による我国の被害総合報告書」によると**当時の金で六五三億円**だったという。現在の予算は昭和二〇年当時の国家予算規模の約五〇〇倍はあるそうだから、**単純計算すると約三三兆円**になる。膨大なカネだが、この数字には日本が台湾や朝鮮に投資したインフラ、つまりダムや鉄道などは計算に入っていない。これらも全て失ったのだから、日本の損失は天文学的なものであった。しかもアメリカは、手ごわいライバル日本を二度と立ち直らせないように、軍備を認めず重工業の再開も認めなかった。農業国として細々と生きていけばいい、という方針だったのだ。

ところがそんな日本に「神風」が吹いた。なんと、それをもたらしたのは皮肉なことに中国共産党だった。アメリカは**蔣介石の国民党**が中国全土を支配し、資本主義国となった中華民国と大いに貿易をやって栄える予定であった。だから日本などどうでもよかった。ところが、**蔣**

介石が毛沢東《もうたくとう》に敗れ、巨大な共産国家中華人民共和国が誕生してしまった。

アメリカは、もうひとつの巨大な共産国家ソビエト連邦と合わせた、共産主義の脅威に恐れおののいた。キリスト教を母体とする民主主義とは全くそりの合わない共産主義国家と対決するためには、曲がりなりにも民主主義国家の日本が昔のような強国となりアメリカの同盟国になってくれたほうがいい。

そこで、まさにアメリカは手のひら返しで日本に再軍備を求めてきた。

「憲法改正の歌」の意義

戦前の日本と戦後の日本はまったく変わっていないと言ったら驚くだろうか。戦前は「十万の英霊と二十億の国帑」が誰もが逆らえない「ご神体」であった。それは天皇以上である。だから大戦争を避けられるなら満州なんか放棄してもいいじゃないか、などとは絶対に言えなかった。そんなことを言えば「お前はどれだけの日本人が満州を得るのに血を流したと思っているんだ！」と極悪人にされてしまった。

ところが、それにこだわったため、今度は「三一〇万の戦没者と六五三億の損失」を出した。すると今度はそれが「ご神体」になってしまい、それを無駄にするような言動は極悪人の所業だということになった。問題はこの**「ご神体」と日本国憲法が結びついた**ことだ。憲法を守ることが、「三一〇万の戦没者」を無駄にしないことだという形ができてしまった。かくして**改憲を唱える人間は極悪人**になってしまった。

しかし。日本国憲法、特に第九条を読んでみれば明白なことに、日本は軍隊を持てないのだから、自力で国を絶対に守れない。そして設定の経過から見れば、日本国憲法の制定は世界平和を希求するのが目的ではなく、日本に二度と軍備を持たせないことが目的だったことは明白だ。それが人類の理想であるならば、アメリカだってこの憲法に改めるべきだし、中華人民共和国の誕生という情勢の変化があったとしても、「いや日本もまた軍備を持っていいよ」などと絶対に言わないはずだ。

ところが日本は特に朝日新聞系のマスコミが戦前は散々戦争を煽ったくせに、戦後は憲法作成に関わった少数の理想主義者（理想主義者はどこにでもいる）の見解だけを強調し、これがまるでアメリカの善意の贈り物であるような神話を作り上げてしまった。それに反発した中曽根康弘元首相が若いころ作詞したのが「憲法改正の歌」だが、そこには「平和民主の名の下に占領憲法強制し　祖国の解体を計りたり」「この憲法のある限り　無条件降伏続くなり　マック憲法守れとは　マ元帥の下僕なり」とある。こちらの見方の方が、当時の日本人の心情を正確に表現していると思う。

しかし、中華人民共和国が誕生し、その後押しを受けて北朝鮮が韓国を侵略しようとした朝鮮戦争（一九五〇年）以降は、ほかならぬアメリカが日本に再軍備を求めてきた。ここが、憲法を改正し、自分の国は自分で守れるようにする最大のチャンスだった。あのナチスドイツに苦しめられたヨーロッパですら、新生ドイツが国軍を持つことを各国は認めた。それは世界の常識であるからだ、ところが日本はこの方向を選択しなかった。

選択しようにも「三一〇万の戦没者の死を無駄にするな」「憲法改正はそれを無駄にすることだ」という他の国では全く通用しない「論理（むしろ宗教と言っていい）」が国民の常識となってしまっていた。日教組なども盛んにこの「論理」で子供たちを洗脳し、その結果「独立国は国防軍を持つのが当たり前」という世界の常識が日本だけ通用しなくなってしまった。

そこで吉田茂、岸信介《きしのぶすけ》といった政治家は、日本を再建するためにおそらく**ほかの国では考えられない奇想天外な手**を打った。「日本をアメリカ軍の基地として提供する代わりに、アメリカ軍に日本を守ってもらう」という手である。これなら国防費を使わずに日本を守り、余ったカネは経済再建に回すことができる。

国防費を経済再建へ回す奇想天外な国

私が日本史を書いているのは、いわゆる歴史学者の先生方が各時代の専門家であっても全体を見通してはいないからだ。つまり、日本史の研究も「縦割り行政」のような状態になっている。だから、日本史の持つ、世界の歴史には無い特徴がわからない。それには良い事例も悪い事例もあるが、日本史だけ見ていてもわからないことは結構多いのだ。

この事例もそうで、外国に自国の防衛のほとんどを委託し、その結果浮いた国防費を経済再建に回すというアイデアは、世界の常識からみれば奇想天外と言っていい。なぜなら、**自国の防衛を他国に委《ゆだ》ねるのは、占領されているのと同じこと**だからだ。とうてい独立国とは言えない。

近代以前の朝鮮半島の国家も軍事は中国に依存しており、独立国とはとても言えない状況だったが、東洋史はともかく西洋史ではこうした事例は考えられない。それでも大国の周辺にある弱小国だったら、可能性として考えられないわけではない。だが、それまで世界の三大海軍国のひとつであり「列強」でもあった国が、一転してこのような政策を打ち出した事例は私の知る限り世界には無い。

ともかく、この路線は吉田茂首相および後継の岸信介首相によって**日米安全保障条約締結**という形で確定した。それにしても、日本はユニークな国である。団塊の世代にとっては懐かしいところかもしれないが、この岸の方針に対して日本全国で**安保反対闘争**が激化した。国会がデモ隊に取り囲まれる事態にまで発展したのだ。

もし、日本のことを何も知らない外国人が、このニュースを聞けば、安保条約に対する反対運動とは、「そうか、自国の防衛を外国に委ねることに対する反対運動なのだな」と思うだろう。ここでは詳しく書く余裕はないが、安保反対運動とはそれとはまったく違うものであった。

「あつものに懲りて膾《なます》を吹く」という諺《ことわざ》があるが、まさにそれで、あまりにも手痛い敗戦を被ったために、日本人は軍事とか国防とかいったことを一切考えまいとする体質に変わってしまったのだ。それに前に述べた「論理」いや「宗教」の影響が重なるから話はややこしくなる。

マスコミの多くも、この日本人の「変質」に迎合し、「ソビエト連邦、あるいは中国や北朝鮮は労働者の天国で平和国家だ」などというデタラメ報道を繰り返した。その方が新聞も売れ、視聴率も上がるからである。読者も共産主義国家群が本当の平和国家であれば、国防という「考えたくない問題」を考えなくてすむから、こうしたマスコミを支持した。だからこそ拉致《らち》問題の解明は遅れ、ぐずぐずしている間に日本全土が北朝鮮のミサイルの射程圏に入ってしまった。

いずれにせよ、改めて憲法九条を読んでみればわかることだが、行政府が真剣に「護憲」しようとすればするほど、国民の生命財産を（軍隊を持てないから）守れないという憲法は、世界の常識では欠陥憲法以外の何物でもない。ところが、それを言うと怒る人間がまだまだ相当いるのが、日本のダメなところである。論理的に考えれば本来は高校生でもわかる話のはずだが、「宗教」の信者はそれができないのだ。

ただし、どんな政策にも長所と短所がある。短所についてさらに言えば、沖縄の基地問題などもこれが原因だが、もちろん良いこともある。後に「ジャパンアズナンバーワン」と呼ばれたほどの経済大国への発展の道はまさにこの政策で切り開かれた。

詐欺に等しい新円切替

日米安保条約で日本の防衛はアメリカに任せ、浮いた国防費を経済再建に回して日本は確かに経済大国となることができた。しかし、その道筋を語る前に、まず一九四五年（昭和二〇）の終戦直後、いや本当は「敗戦直後」なのだが、政府がとりあえずどんな形で財政破綻を切り抜けたかを語っておかねばなるまい。それは一言で言えば「詐欺」に等しいものであったからだ。

年表には**「新円切替」**という一行が載っている。「政府のインフレ対策のために行なわれた経済政策の一つ。昭和二一年（一九四六）に、それまでの旧円を封鎖して、新しく発行した新日本銀行券にきりかえた特別措置の呼称」（『日本国語大辞典』小学館刊）であり、その用例として小説家大岡昇平の『神経さん』に「三月政府は突如新円切替へを発表した時、わが家には新円と交換すべき現金は百円しかなかった」と載っている。

これを見れば大体見当がつくと思うが、政府は敗戦の結果起こったハイパーインフレーションを沈静化させるために、まず預金を封鎖し、その間に新しい日本銀行券（新円）を用意したうえで、これからは新円しか使えないと布告し旧円と新円の交換できる上限を厳しく制限して**事実上国民の財産を奪う形で財政を「健全化」させた**のである。

そもそも戦争に負けたのは、いや負ける戦争に国民を引き込んだのは政府の責任である。「お国のためだ」と国債を買わせ、ダイヤモンドは「ぜいたく品」として接収しておきながら、国はその「借金」を返さなかった。それどころかさらに奪ったのである。

しかも敗戦の結果、円の価値は**一ドルに対して三六〇円**にまで落ち込んだ。この時代はまだ金本位制が続いていたからわかりやすいが、**戦前は一ドル＝一円**だったのに、日本の貨幣価値はここまで下落したということだ。これでは輸出で外貨を稼ぐといってもなかなかカネはたまらない。

この状況、何か思い出すことはないだろうか？　そう、幕末である。あの時も幕府のマヌケな金融政策で日本の貴重な「金」が大量に海外へ流出し、激しいインフレを招いた。そればかりではない、本来はじっくりと（たとえばオランダにアドバイザーになってもらい）対等な国際条約を結ぶチャンスもあったのに、それをすべて棒に振って不平等条約を結んでしまった。

この不平等条約が日露戦争に勝ってようやく解消されるまで、日本の経済的損失はどれほどのものであったか、まだ正確に計算した人はいないが天文学的なものであったろう。しかも、台湾、朝鮮を領土として獲得したとはいえ、日本の植民地経営は収奪ではなく投資が主体だった。もちろんこれは評価すべきことだが結局日本は投資しただけでそこから果実を得ることはできなかった。

この投資も国民が一生懸命働いて納めた税金が原資である。この一ドル＝三六〇円というレートも「円安は輸出に有利」という長所をはるかに超えた重大なハンデである。よくここから立ち直ったものだと思うのは、私だけではあるまい。

日本を「お金の歴史」で見れば、実は**「マヌケな政府と尻ぬぐいする国民」の歴史**であったと言ってもいい。日本の政府は経済政策はあまりうまくない。理由は正直な国民性（だまされやすい）にあるのかもしれないが、日本の政治家はこの歴史を認識し将来の対策としてほしいものだ。

三、経済大国ニッポンの行方

「貧乏人としての工夫」が世界文明に貢献

さて、冒頭からクイズ仕立てにしたい。しかしこれは、テレビのクイズ番組でやっているような、些末《さまつ》な知識を求めるものではない。むしろ誰もが知っていることであるのに、それがどんな意味を持つか意外と気づかれていないので、それをクイズにしようということだ。

前置きはやめて、本題に入ろう。実は日本そして日本人は、世界の文明に対して大きな貢献をしている。それは戦後の経済成長と密接に結びつくものなのだが、それがおわかりだろうかということだ。

ここで団塊の世代の方々には、あなたが子供のとき大富豪というのはどういうイメージだったか思い出してほしいのである。金持ちと言えばアメリカ人だろう。まず大豪邸に住む、プールもあったほうがいい。次は備品で、運転手付きの豪華な車、そしてアメリカの金持ちと言えば、とびきりの贅沢《ぜいたく》として考えられるのが、自宅に映画館を持つことだろう。自分だけのための大スクリーン、客席そして映写機と映写技師を備え、好きな映画を好きなだけ楽しむ。昔ハリウッド映画でこんなシーンを見たとき、さすがアメリカの金持ちは違う、日本人には無理だなと思った人も少なからずいるのではないか。

でも気がついていただきたい。今では開発途上国のかなり貧しい家庭でもアメリカの金持ちと同じ贅沢が味わえる。家庭用の**ビデオホームシステム（VHS）**が普及したからだ。そのVHSを作ったのは誰か？ 少なくともそれを安く作り世界に広めたのは日本人である。日本のおかげで世界中の人々が、かつては大富豪しかできない贅沢をできるようになったのだ。素晴らしいことではないか。

それは自動車についても言える。自動車と言えば、ロールスロイスに象徴されるようにイギリス貴族が運転手に任せて乗るものであった。貴族の中で運転好きな人間はスポーツカーを走らせることもあったが、いずれにせよ、世界で最も豊かな国であった大英帝国でも限られた人しか乗れないものであった。

後にアドルフ・ヒトラーがフォルクスワーゲン（大衆車）構想をぶち上げた時も、完全には成功しなかった。また仮にその時点でドイツ車がそれを成し遂げていたとしても、開発途上国でそんな高価な車を買えるわけがない。だが今インドで大衆車となりつつあるのは**日本発の軽自動車**である。オートバイのエンジンを四輪に応用することによって、これも金持ちにしかできなかった贅沢を、日本人が世界の多くの人が味わえるようにしたのである。

それどころか、人類すべての人に恩恵を与えたものもある。時計である。かつて時計は正確なものを作ろうとすればするほど、あるいは小型化しようとすればするほど、コストがかかりメンテナンスにも費用がかかるものであった。スイスの高級時計がそれである。もちろん誰もが入手できるものではなかった。

しかし、日本人の開発したクオーツ時計は、スイスのどんな高級時計よりも正確であるのに、価格は比較にならないほど安い。これで腕時計を身につけるなど夢の夢だった貧しい人々がすべて当たり前のように時計を持つことができるようになった。

こうなったのも、皮肉なことに日本が敗戦で経済的には奈落《ならく》の底に落とされたことがきっかけだ。つまり「貧乏人としての工夫」が必要だったのである。しかし、こうした形で、日本は世界の人々に限りない幸せを今も与えているのである。

人類に貢献した「夢の超特急」

アメリカでビジネスマンの体験がある人なら「シャトル」のことをご存じだろう。ニューヨーク—ワシントンD.C.間が代表的なものだが、予約なしに乗れる定期航空便で、二四時間飛んでいる。空港と都心を結ぶシャトルバスの航空機版と思えばいい。

実は、かつてこのシャトルは世界に広がると誰もが予想していた。たとえば日本の東京―大阪間のような路線でシャトル便が運営されることは世界の誰もが予測していたことだった。これからは航空機の時代で鉄道は完全に時代遅れになる。いずれ鉄道は航空機ではカバーしきれない貨物専用になるだろうと、世界が予想していたと言っても過言ではない。

それを見事に覆したのが、「敗戦国」日本が作った**新幹線**だった。シャトルに代わる高速鉄道が実現可能であり、それを実現すれば極めて有意義だということを、一九六四年（昭和三九）の東海道新幹線の開通で示したのである。

この成功がいかに画期的だったたか、フランス、イギリス、イタリア、ドイツ、スペインなどヨーロッパの各国が争って高速鉄道開発に乗り出したことでもわかるし、後に中国もそれに加わった。先進国の中で最も航空機にシフトし、高速鉄道に無縁だったアメリカまで今や日本を見習って導入しようとしているし、台湾では日本の新幹線をそのまま取り入れている。高速鉄道は安全に大量に人を運べるばかりか、最近はそのCO_2削減効果も見直されているからだ。

もともと日本にはそうした技術の蓄積があった。戦前の満州国では南満州鉄道（満鉄）が、冷暖房完備の超特急「あじあ」を、大連《だいれん》―ハルビン間最高速度一二〇キロで走らせていた。ただし、これは蒸気機関車である。さらに高速を目指すには電気鉄道（電車）にする必要があった。国鉄（日本国有鉄道）の技術陣は東京オリンピックの開催に合わせて「夢の超特急」を走らせることを計画していた。

実は日本国内でも「それは不可能だ」とか「鉄道はもはや時代遅れだ」と危惧《きぐ》する声もあったのだが、昭和の東京オリンピックを見た方は覚えているだろう、まさにその開催の年に「ひかり」は間に合ったのである。これは国鉄技術陣の偉大な勝利であり、それをバックアップした日本政府の功績でもある。これだけ人類に貢献した偉業を日本人はもっと誇りにすべきだろう。

ちなみに日本は戦争に敗れたことで、航空機開発からは完全に撤退する形となってしまった。戦前海軍がゼロ戦（零式艦上戦闘機）を作った時点で日本の航空機技術も世界最高水準だったのだが、「戦勝国」アメリカが日本の技術発展を止めようとしたのだろう。鉄道技術はアメリカが重視していなかったので助かったのかもしれない。もし航空機開発競争に日本が参加できていたら「軽自動車」ならぬ「軽ジェット旅客機」を開発して世界に貢献することができたかもしれない。

ジェット旅客機はなぜ高価で騒音をまき散らし、長い滑走路を必要とするのか？　世界一金持ちのアメリカ人が作るからだ。アメリカは国土もバカでかく、騒音をまき散らしても苦情は出ないし、長い滑走路も確保できる。「貧乏人」で狭い土地に住む日本人が作れば安く静かで滑走路が短くて済むジェット旅客機を開発できたに違いない。今からでも遅くないような気はするが。

技術は一流でも世界一原発管理に向いていない国民性

日本が世界に誇る新幹線とは対照的に、それほどうまくいっていないのが原子力発電所だろう。

そもそも若い人は、なぜ地震国日本でこれほど多くの原発を作ったのか疑問に思うかもしれない。日本は素晴らしい国だが石油資源を生み出さないという、内燃機関全盛の時代には致命的な欠点がある。日本がアメリカとの戦争に突入したのも直接のきっかけは石油禁輸だ。だから戦後はその反省のもとに、何とか自前のエネルギーを確保したいという国民的願望があった。その時、「希望の星」として日本人の前に現れたのが原子力発電であった。備蓄するには膨大な数と面積が必要な石油と違って、ウラニウムなら少量で膨大な電力をカバーできる。それればかりではない。原子力にはそれまで全く考えられなかった夢の可能性があった。それが高速増殖炉「もんじゅ」で実験されていたプルサーマル計画である。

これも理科系の人のツッコミを受けそうだが、ごく簡単に言うと天然のウランを核反応させて燃料に使うと、「燃えかす」のウラニウムとプルトニウムができる。それらを再処理して再び原発の燃料にするというものだ。木炭でも石炭でも石油でも、一度燃やしてしまえば燃えかすができるだけだ。ところが原子力の場合はその「燃えかす」が再び燃料になる。だからこそ

「増殖」炉なのであり、まさに「夢の超特急」ならぬ「夢のエネルギー」だ。

日本だけでなくアメリカもフランスもドイツもこの開発に力を入れた。フランスは現在原子力発電の割合が七割を超えている。フランスも石油資源を海外からの輸入に依存していたため、日本が「もんじゅ」を廃炉にした後も、最後まで高速増殖炉スーパーフェニックスを稼働させていたが、近年このプロジェクトを停止した。結局うまくいかなかったのだ。これがうまくいけば、ノーベル賞どころか人類に対する大貢献になったのだが。

実は日本人が原子力発電を続けていくには、もうひとつ大きなリスクがある。それは危機管理が苦手な国民性ということだ。何しろ憲法すら改正できないのだから、原発の守りも十分では無い。

東京電力柏崎刈羽《かしわざきかりわ》原発のあまりにもずさんな安全管理が話題になったり（二〇二一年）、そもそも福島第一原発事故も危機がもっと想定できていればあれほどの惨事にはならなかっただろう。日本人には「言霊信仰」があり、嫌なことを考えたくないという意識が働くので、どうしてもこうなってしまうのだ。残念ながら**世界一原発管理に向いていない国民性**と言わざるを得ない。

これから日本は人口が減っていき、電力需要も下がるわけで、もう原発は不要との意見は一理あるが、問題はやはり中国である。中国はかつての一人っ子政策の影響もあり、日本と比較にならないほどのスピードで老齢大国になる。そうなると絶対に必要なのは電力だ。

ところが水力はもう頭打ちだし、これ以上火力発電をされれば、CO_2の削減ができなくなる。すると原子力発電、ということになるのだが、もし中国の原子力発電所が一基でも事故を起こしたら、放射能にさらされるのは黄砂を見てもわかるように「風下」の日本である。あまり愉快な話ではないが、日本は原発技術に磨きをかけて温存し、中国に供与していく道を取るべきかもしれない。それにはまず中国自体が、国民が政府を監視できる民主主義国家になることが必要なのだが。

「神武→岩戸→オリンピック→いざなぎ」好景気

戦後日本はアメリカの「日本無力化（武装解除）」の方針を逆手にとって、日米安全保障条約で自国の防衛費をセーブすることに、とりあえずは成功した。アメリカの強い要望で自衛隊は創設したが、これも「軍隊ではない」という立場をとった。

そうしておいて、まず朝鮮戦争がもたらした**「朝鮮特需」**で日本経済は復興の第一歩をしるした。アメリカ軍から戦争遂行のために日本に発注された膨大な物資やサービスに対し、戦争勃《ぼっ》発《ぱつ》の一九五〇年（昭和二五）から休戦となった五三年までの日本に、数十億ドルのカネが利益として入ってきた。それを基盤に日本はあらゆる産業が復興し、一九五四年一二月から五七年六月まで**三一カ月もの長きにわたる空前の好景気**が訪れた。これを日本建国以来つまり初代神武《じんむ》天皇以来の好景気ということで**「神武景気」**と呼んだ。

そしてそのさなか、経済規模が戦前の水準を超え、五六年版の『経済白書』は**「もはや戦後ではない」**と高らかに宣言した。好景気の内容は輸出拡大に基づくものだったが、一般家庭では「白黒テレビ、洗濯機、冷蔵庫」が「三種の神器」と呼ばれ憧《あこが》れの的となり、内需拡大にも貢献した。

高度成長はこれで終わらなかった。神武景気の直後の約一年間は一時的に不況となったが、復興によってサラリーマン層の雇用が拡大し、誕生した中流層が内需をさらに拡大し、輸出も好調で神武景気を上回る好景気となった。そこで神武天皇よりも前の「出来事」であるアマテラスの天《あま》の岩戸神話にちなんでこの景気は**「岩戸景気」**と呼ばれた。「三種の神器」も大量生産されることによって価格も下がり、ますます内需拡大に貢献した。日本初のスーパーマーケットが開業したのもこの頃で、それまでは昔ながらの商店街だったのである。問屋を通さない低価格の実現が流通革命と評された。

そこで政府は国内景気をさらに高め、日本の復興を世界にアピールするため、オリンピックの開催国に立候補した。実は戦前ベルリン大会の後に東京大会が行われることが決まっていたのだが、戦争の影響で中止となっていたのである。「復興」をスローガンにした立候補は世界に支持され、一九六四年（昭和三九）の東京大会の開催が決まった。それに合わせて、一大建設ブームが起こり好景気が訪れたのでこれを**「オリンピック景気」**と呼ぶ。

既に述べたように、東海道新幹線はこの年開業したし、日本初の本格的高速道路「名神高速道路」は前年に一部開通し工事が続けられていた（東名高速はまだない）、首都高速道路が整備されだしたのも、この頃からである。そしてオリンピックは大成功に終わり日本は経済大国への道を歩み始めた。

その後、再び好景気が訪れた。これは「神武」「岩戸」を上回るものだったので、それ以前の神話にちなんで**「いざなぎ景気」**と呼ばれた。これは一九六五年（昭和四〇）一一月から七〇年（昭和四五）七月までなんと**五七カ月間も続いた**。この間、GNP（国民総生産）は統一前の西ドイツを抜きアメリカに次ぐ二位となったし、「新・三種の神器」の車（car）、クーラー（cooler）、カラーテレビ（colorTV）、いわゆる「3C」が各家庭に常備されるようになった。この経済大国日本をリードしたのが、フランスのシャルル・ド・ゴール大統領に「トランジスタラジオのセールスマン」と呼ばれた、**池田《いけだ》勇人《はやと》**首相である。

三億二〇〇〇万ドルで沖縄返還

ド・ゴール大統領が、訪ねてきた日本の池田勇人首相を「トランジスタラジオのセールスマン」と言ったのは皮肉だろうが、そう言ったのは彼が「まったく新しいタイプの政治家」だったからだろう。

政治家とはまず国防、軍事を語り、外交を語るものだというのが世界の常識だった。国の独立と安全を確保しなければ、経済も教育も福祉も手が付けられない。しかし、ド・ゴールとの対談で池田が熱弁をふるったのは「日本製品は優秀でもっと輸入してくれ」ということだった。

池田は経済のリーダーとしては極めて優秀だった。天才と言ってもいいくらいだ。**「所得倍増計画」**つまり「月給を二倍にする」というのが池田の公約だったが、一九六〇年（昭和三五）の首相就任以来、約一〇年間で日本のＧＮＰ（国民総生産）は倍々ゲームで増え続けた。当然給料も上がる、所得倍増はまさに実現した。

そのあとを継いだ**佐藤栄作**首相は、この路線を決した岸信介首相の実弟だが、経済だけでなく本来の政治家に必要な軍事、外交のセンスも持ち合わせていた。当時、アメリカは共産主義を世界から駆逐しようとベトナム戦争に介入し、泥沼に引き込まれていた。ベトナムが共産党政権にならないように、アメリカは南北ベトナムのうち「南」を応援していたのだが、問題はこの南ベトナム政権が腐敗し、北ベトナム軍の方がはるかに強かったことである。

そのアメリカのアジアにおける最前線基地になってしまったのが「沖縄」だ。日本国沖縄県ではない。敗戦以来当地はアメリカの占領下におかれた琉球《りゅうきゅう》自治政府だった。もっとも自治とはいっても事実上はアメリカのやりたい放題。特にベトナム帰りで心がすさんだアメリカ兵による現地の女性に対する婦女暴行事件が頻発したうえ、犯人に対する公正な処罰が行われなかったこともあり、ついに現地住民が暴動を起こした。「本土復帰」つまり「日本人にもどりたい」という運動である。

それでもアメリカは、今も「北方領土を返さない」ソビエト連邦（現ロシア共和国）と同じく、頑《かたく》なに「沖縄返還」を拒んだ。ちなみに、この時のアメリカ大統領は民主党のジョン・Ｆ・ケネディである。しかし、ケネディが暗殺され民主党が国民の支持を失い、ベトナムからの撤兵を公約とした共和党のリチャード・ニクソンが大統領になると流れは変わった。

沖縄は相変わらず中国や北朝鮮ににらみを利かすアメリカ軍の重要拠点ではあったが、ベトナムへの最前線ではなくなった。これ以上、民衆の反抗に悩まされるより米軍基地を維持した形（本土並み）で日本に返還したほうがいい。その方が何事も丸く収まる。またベトナム戦争で発生した膨大な赤字を清算するためにも、ここは沖縄を返還する見返りとして日本に経済的譲歩をさせるのが得策だとニクソンは考えそれを表明した。つまり日本の佐藤首相に「サイン」を送ったのだ。

佐藤はこれを受けアメリカへの輸出の自主規制に応じ、特別支出金として総額三億二〇〇〇万ドル（実際は裏金がもっと積まれたという説もある）を支払って一九七二年（昭和四七）五月、沖縄を本土復帰させせた。戦争でアメリカに負けた日本が、**取られた領土を戦争ではなくカネで取り返した**のだ。まさに経済大国の勝利と言いたいところだが、ニクソンはその前にとんでもない方向転換をしていた。

ニクソン・ショックの衝撃

アメリカのリチャード・ニクソン大統領は沖縄返還の一年前の一九七一年(昭和四六)八月一五日(日本時間一六日午前)、それまでアメリカ政府が保証していたレートすなわち一オンス=三五ドルでの米ドルと金の兌換を停止した。これは「お金の世界史」でも最大級の事件で**ドル・ショック(あるいはニクソン・ショック)**と呼ばれる。

なぜそんなに「衝撃」だったのかと言えば、**その時点でのドルは世界唯一の金と交換可能な兌換券であり、そのドルを共産圏も巻き込んだ基軸通貨として世界経済は回っていた**からだ。たとえは悪いが、レートを決めて賭《か》けマージャンをしていたのに、メンバーのアメリカが「もう点棒と現金は交換しない」と言い放ったようなものだ。こんなことをされたら検察庁の幹部でも激怒するだろう。

しかも、この話には続きがある。ニクソンがこれを宣言したのは東京外国為替《かわせ》市場が開かれていた時間だった。もちろんアメリカから事前通告などない。だからショックなのだが、問題はニクソンが宣言した瞬間に、ドルは大幅に価値が下落したということだ。当然、ドルを保有しているアメリカ以外の国は一刻も早くドルを売り払って別の通貨に換えようとする。

しかし、その時刻にはヨーロッパ市場は開かれていない。ということは先進国で唯一開いているといってもいい東京市場に「ドル売り円買い」が殺到することは、火を見るより明らかなことである。市場を開きっ放しにしておけば、日本は価値の下落したドルを大量につかまされて大損することになる。ならばやるべきことはただひとつ、東京外国為替市場を一刻も早く閉鎖することである。

ところが、この東大法学部を出ていなくても頭の良い高校生でも理解できるはずのことを実行しなかったのが、当時の大蔵省なのである。結果的に、日本は膨大なドルを買い込む結果となり多額の損益を出した。この事態を「八月一五日」にかけて「第二の敗戦」と評する向きもある。

本書の読者なら、幕末の日本が金銀交換レートの改定をしなかったために、せっかく保有していた膨大な金を流出させたこと、あるいは世界大不況の際に金解禁を実行し、同じく膨大な金を流出させた浜口《はまぐち》雄幸《おさち》内閣のことを想起するかもしれない。

なぜ日本の財政当事者は時々このような失敗をするのか。特に七一年八月一六日になぜ市場を閉鎖しなかったのか、いくら考えてもわからない。

このドルを基軸とする体制が決められたのは、実は一九四四年（昭和一九）、アメリカニューハンプシャー州ブレトン・ウッズで開かれた連合国通貨金融会議においてだ。ＩＭＦ（国際通貨基金）もここで創設されたため、これを**ブレトン・ウッズ体制**と呼ぶ。第二次世界大戦によって、敗戦国のみならず戦勝国のヨーロッパ諸国も疲弊したため、アメリカは軍事でも経済でも文字通りの世界一の国家となり、いわば世界の「胴元」となって資本主義経済を支えてきた。

しかし、復興したヨーロッパや日本が貿易などで手ごわい競争相手となった上に、ベトナム戦争の敗戦による痛手は極めて大きく、ドルの金交換に応じられないほど金保有量が目減りしてしまった。そこで、いわば「世界の胴元はやめる」と叫んだということなのである。一ドル＝三六〇円の固定相場も崩れた。

スミソニアン体制崩壊、変動相場＆オイル・ショックへ

ドル・ショック（ニクソン・ショック）によって**金一オンス＝三五ドル、一ドル＝三六〇円の固定相場が崩れた**ため、先進各国が集まって新しい貨幣秩序を作った。アメリカのワシントンD.C.にあるスミソニアン博物館で決定されたので**スミソニアン体制**と呼ばれる。ニクソン・ショックの年、一九七一年一二月のことだ。

これは簡単に言えば、もはや兌換券ではなくなったドルの新しい価値を決めたということで、金一オンス＝三八ドル、日本円に対しては一ドル＝三〇八円の新レートが決められた。つまり円はドルに対して約一七パーセント切り上げられた（価値が上がった）ことになる。

しかし、アメリカの地盤沈下はこんな措置では食い止められなかった。ドルが実力以上に

「ドル高」で円が実力以下の「円安」だと、どうしてもアメリカの対日輸入は増え、輸出は減る。アメリカにとってみれば優秀な日本製品が「安く」買えることになるからだ。すなわち対日貿易は赤字となり、国内の製品（自動車など）が競争に負けることになる。

スミソニアン体制で決められたドルと各国通貨（円や英ポンド）のレートは完全な固定相場制ではなく、状況に応じてプラスマイナス二パーセント以内の幅（円だと三〇二円から三一四円程度）なら変動相場でもいいということになっていた。

しかし、経済は生き物だ。各国も好況もあれば不況もある。この変動幅は経済の実態に即していなかったので、スミソニアン体制は一年ちょっとしかもたなかった。それ以前のブレトン・ウッズ体制が約二七年も続いたのと対照的だが、実は日本の田中角栄《たなかかくえい》内閣が一九七三年（昭和四八）、**変動相場制に移行**し、ヨーロッパ各国もこれに追随した。

ちなみに私は、田中首相はこうしたアメリカから見れば「敗戦国のくせに生意気な」行動をとったがゆえに「にらまれた」のではないかと想像している。田中は後に「ロッキード事件」で失脚することになる。

ところで「海の向こう」の中東では相変わらずイスラエルと、イスラエルに追い出されたパレスチナ難民を支援するアラブ諸国の紛争が続いていた。手ごわいライバルであるイスラエルを屈服させるためにアラブ諸国が思いついたのは、自国の領土で豊富に産出する最大の資源「石油（原油）」を戦略物資とすることだ。具体的にはアラブ系（つまりイスラム教徒）の産油国がカルテルを作って原油価格をコントロールするシステムを作り上げたのだ。

これが**アラブ石油輸出国機構**（ＯＡＰＥＣ）で、よく間違えられるが南米の国も加盟している石油輸出国機構（ＯＰＥＣ）とは別の組織だ。しかし、先にできたＯＰＥＣは、長い間原油価格を決めていたキリスト教徒白人による「国際石油メジャー」から価格決定権を奪い取り、産油国から見れば不当に安く抑えられていた原油価格を「リーズナブルなものに修正」するという「功績」をあげていた。この流れを受け継いでＯＡＰＥＣはイスラエル支持のアメリカなどに石油輸出禁止措置を取ってパレスチナを応援する一方、ＯＰＥＣも原油価格自体を一気に四倍値上げしたというわけだ。

この**国際原油価格の高騰（オイル・ショック）**で、特に原油の九九パーセントを輸入に頼っていた日本はニクソン・ショックとのダブルパンチとなり、深刻な不況に突入した。不況になれば物価は下がるものだが、石油不足はモノ不足を生み、「狂乱物価」と呼ばれるほど物価が上昇した。

高度成長時代はここで終わった。

バブル崩壊後の日本はどこへ向かうか

高度経済成長は終わったが、日本はオイル・ショックのもたらした狂乱物価にも「省エネ」

つまり原油節約という対抗策で見事に乗り切った。この間、日本が開発した「省エネ家電」「省エネカー」は使用エネルギーを従来の半分以下に減らせるものもあり、その分石油などの化石燃料の節約になるわけだから、軽自動車のように人類全体に貢献した「モノづくり」と言える。

オイル・ショック後のアメリカは一九八〇年代前半ロナルド・レーガン大統領が景気刺激策として独自の経済政策「レーガノミクス」を実行し、減税策などで国内経済は安定したが、ドル高による輸出減少と輸入拡大に悩まされていた。特に対日赤字は膨大だった。これを改善するためには円高ドル安に意図的に誘導するしかない。

そこでレーガン大統領は一九八五年（昭和六〇）、ニューヨークのプラザホテルに日、仏、英、西独の四カ国の蔵相を招き、ここで各国が外国為替市場に協調介入し、各国通貨に対してドル安に誘導するという合意がなされた。ドル安になればアメリカの貿易における競争力が復活し輸出が伸びて国際収支が改善されるからだ。これを**プラザ合意**と呼ぶ。日本からは中曽根康弘内閣の竹下登蔵相（のち首相）が参加した。

当時は一ドル＝二三五円だったが、合意が公表されると、短期間に一ドル＝一二〇円台まで円は値上がり（値下がりではない）した。円は一ドルに対して一五〇円前後（二〇二四年春現在）だから、今もこのプラザ合意の延長線上で経済は動いているといっていいだろう。そして、このプラザ合意がもたらした円高は、日本にそれまで類を見なかった大好況をもたらした。それがいわゆる「バブル」すなわちバブル景気である。

バブル景気が本格的に始まったのは一九八七年（昭和六二）あたりからだが、発端はプラザ合意による急激な円高がもたらした不況を克服するため、**政府が内需拡大のための大減税、日銀が大幅な金融緩和に踏み切ったこと**だろう。

いわば「カネあまり」状態となり当然優良な投資先が求められた。多くの日本人が投資対象として選んだのは土地だった。もともと投機が苦手な国民性の日本人にとっては確実な資産であったし、当時土地は絶対値下がりしないという「土地神話」もあった。金利が緩和されているから銀行はいくらでも金を貸してくれる。

いくら高額の借金をしても、それで土地を買えばいずれ処分して高額な利益が得られるという形ができてしまった。銀行も、土地が担保であれば喜んで金を貸した。こうして日本は大インフレに突入したが、インフレの時は社会が活性化し、人間は元気なのである。バブルの時、日本人の目が輝いていたことは既に述べた。

しかし、土地はいつまでも値上がりを続けるわけではない。物価にはそれ相応の裏付けがあるのが実体経済だが、それを超えて「泡（バブル）」のような「付加価値」がつけば必ず破綻する。それが「バブルがはじけた」ということであり、現在の状況もその影響下にある。では今後どうなるのか？

私は、**第三次世界大戦は既に始まっている**と思っている。共産主義の最後の牙城《がじょう》「中国」とアメリカを中心とした自由主義国家群との戦いだ。この戦いがどう決着するかで、人類の未来はまったく違ってくる。もし「お金の現在史」を書くなら、その「大戦後」になるだろう。

現在はまさに歴史の分岐点なのである。

〈図版所蔵・提供〉

無文銀銭、富本銭（奈良文化財研究所）

和同開珎、開元通宝（日本銀行金融研究所貨幣博物館）

袈裟襷文銅鐸、皇朝十二銭、蒙古襲来絵巻（模本）、古甲州金 無背極印一分金、天正長大判、日本・朝鮮図、南鐐二朱銀（ColBase〈https://colbase.nich.go.jp/〉）

天正遣欧使節肖像画（京都大学附属図書館）

渋沢栄一写真二葉（渋沢史料館）

『極秘　明治37・8年海戦史　付録』黄海海戦で破損した戦艦「三笠」の後部砲塔、『明治三十八年　日本海海戦一　五月二十七日報告』「皇国興廃此ノ一戦ニアリ」（アジア歴史資料センター 公開／防衛省防衛研究所 所蔵）

明治38年8月14日の日露講和会議の様子、ハル・ノート（アジア歴史資料センター 公開／外務省外交史料館 所蔵）

旧造幣寮鋳造所正面玄関、旧横浜正金銀行本店本館（PIXTA）

東洋紡績株式会社の一工場内の様子（国会図書館デジタルコレクション「大阪府写真帖」）

アドルフ・ヒトラー、フランクリン・ルーズベルト（ニューヨーク公立図書館デジタルコレクション）

往時の独立門、府民館（京城）（京都大学貴重資料デジタルアーカイブ「絵葉書からみるアジア」）

関東大震災発生直後の東京・日本橋室町（東京都復興記念館）

右記以外、紙幣は日本銀行金融研究所貨幣博物館、人物肖像（単独）は国立国会図書館「近代日本人の肖像」、その他は著者または編集部提供による

〈系図〉

小林美和子

〈クレジット〉

憲法改正の歌（公益財団法人中曽根康弘世界平和研究所）

本書は、小社単行本『お金の日本史　和同開珎から渋沢栄一まで』（二〇二〇年一一月）、『お金の日本史　近現代編』（二〇二一年一〇月）の二冊を合本化し、一部加除修正のうえ、新たにタイトルを付して刊行するものです。

歴史《れきし》・経済《けいざい》・文化《ぶんか》の論点《ろんてん》がわかる　お金《かね》の日本史《にほんし》　完全版《かんぜんばん》
和同開珎《わどうかいほう》からバブル経済《けいざい》まで

2024年6月19日　初版発行

著者／井沢元彦《いざわもとひこ》

発行者／山下直久

発行／株式会社KADOKAWA
〒102-8177　東京都千代田区富士見2-13-3
電話 0570-002-301（ナビダイヤル）

印刷所／株式会社KADOKAWA

製本所／株式会社KADOKAWA

●お問い合わせ
https://www.kadokawa.co.jp/（「お問い合わせ」へお進みください）
※内容によっては、お答えできない場合があります。
※サポートは日本国内のみとさせていただきます。
※Japanese text only

定価はカバーに表示してあります。

ISBN 978-4-04-811302-1　C0021

◆◇◇